I0886949

Coram Deo versus Homo Deus

**GEORGIANA.**

Neue theologische Perspektiven Bd. 6

Herausgegeben von Thomas A. Seidel und Sebastian Kleinschmidt im Auftrag der Evangelischen Bruderschaft St. Georgs-Orden (StGO)

Die Reihe verdankt sich einem Sommer-Gespräch zwischen dem (2018 verstorbenen) Ordensgründer Ulrich Schacht, dem (damaligen Spiritual und jetzigen) Leiter der Bruderschaft Thomas A. Seidel und der Programmchefin der Evangelischen Verlagsanstalt Annette Weidhas. Die 2015 erstmals publizierten *Neuen theologischen Perspektiven* nehmen das lebendige Selbstgespräch einer wesentlich von Martin Luther und Dietrich Bonhoeffer inspirierten geistlichen Gemeinschaft auf, ergänzen es um verwandte Motive und entwickeln auf diese Weise eine buchförmige Einladung zum Nachdenken über „das, was die Welt im Innersten zusammenhält" (Goethe).

Grundlage und Absicht dieser facettenreichen, populärwissenschaftlichen Perspektivwechsel spiegeln sich leitmotivisch in dem prophetischen Wort Bonhoeffers (Brief vom 14. Januar 1935): „Die Restauration der Kirche kommt gewiss aus einer Art neuen Mönchtums, das mit dem alten nur die Kompromisslosigkeit eines Lebens nach der Bergpredigt in der Nachfolge Christi gemeinsam hat. Ich glaube, es ist an der Zeit, hierfür die Menschen zu sammeln." Auf der Grundlage einer leidenschaftlichen Christusnachfolge, die Bezug nimmt auf monastische Traditionen der Christenheit, verfolgen Herausgeber, Autorinnen und Autoren die Absicht, auch im 21. Jahrhundert reformatorische Wege zur Erneuerung unserer Kirche zu suchen. GEORGIANA möchte Menschen einladen, Teil jener von Bonhoeffer angeregten Sammlungsbewegung zu sein.

# Coram Deo versus Homo Deus

## Christliche Humanität statt Selbstvergottung

Herausgegeben von Thomas A. Seidel
und Sebastian Kleinschmidt

EVANGELISCHE VERLAGSANSTALT
Leipzig

Bibliographische Information der Deutschen Nationalbibliothek
Die Deutsche Nationalbibliothek verzeichnet diese Publikation in der Deutschen Nationalbibliographie; detaillierte bibliographische Daten sind im Internet über http://dnb.dnb.de abrufbar.


Printed in Germany



Das Buch wurde auf alterungsbeständigem Papier gedruckt.

Gestaltung: FRUEHBEETGRAFIK, Thomas Puschmann · Leipzig
Coverbilder: Michelangelo, Erschaffung Adams, © akg images / Erich Lessing; Roboter hält einen Finger am Kopf. 3D-Illustration, © shutterstock_638342005, Tatiana Shepeleva
Druck und Binden: CPI books GmbH

ISBN 978-3-374-06735-0 // eISBN (PDF) 978-3-374-06736-7
www.eva-leipzig.de

# Vorwort

*Coram Deo versus Homo Deus. Christliche Humanität statt Selbstvergottung* lautete das Thema des LIII. Konvents der Evangelischen Bruderschaft St. Georgs-Orden, der im Oktober 2018 im Augustinerkloster in Erfurt stattfand. Was die Selbstvergottung anging, bezog sich der Titel auf das weltweit debattierte Buch *Homo Deus. Eine Geschichte von Morgen* des israelischen Historikers Yuval Noah Harari. Angesichts der phänomenalen Errungenschaften der digitalen Revolution und des ungeahnten Entwicklungsstandes der Biotechnologie entwirft der Autor darin eine „neue menschliche Agenda". Er spricht von drei großen Projekten des 21. Jahrhunderts:

> *Nachdem wir die Sterblichkeit durch Hunger, Krankheit und Gewalt verringert haben, werden wir nun darauf hinarbeiten, das Altern und sogar den Tod zu überwinden. Nachdem wir die Menschen aus bitterstem Elend gerettet haben, werden wir uns nun zum Ziel setzen, sie im positiven Sinne glücklich zu machen. Und nachdem wir die Menschheit über die animalische Ebene des Überlebenskampfes hinausgehoben haben, werden wir nun danach streben, Menschen in Götter zu verwandeln und aus dem Homo sapiens den Homo deus zu machen.*[1]

Transhumanismus als höchste Form des Humanismus, Göttlichkeit als höchste Stufe der Menschlichkeit – das ist die Verheißung. Ihr Kern: ein neuer Mensch. Ihr Gelöbnis: höchstes Glück für alle Erdenkinder. Wieder einmal, könnte man sagen. Kaum ist der Kommunismus passé und das eine Zeitalter der Utopien zu Ende, beginnt schon das nächste.

Fortschrittsglaube und Vergesslichkeit sind die Krankheiten des modernen Menschen – davon war der im September 2018 verstorbene Ordensgründer Ulrich Schacht, der die Tagung noch mitkonzipierte, überzeugt. Er wusste um das Potential an Versuchung und Verblendung, das in Utopien steckt. Und er

1 Yuval Noah Harari, *Homo Deus. Eine Geschichte von Morgen* (deutsch bei C. H. Beck), München 2017.

wusste um die menschliche Hybris, die aus der Gottvergessenheit emporsteigt.

Die Erfurter Referate bilden den Grundstock des vorliegenden Buches. Es sind die Beiträge von Hanna-Barbara Gerl-Falkovitz, Klaus Raschzok, Klaus Scholtissek und Jobst Landgrebe. Um das Thema zu vertiefen, werden sie ergänzt durch Artikel von Wolfgang Huber, Thomas A. Seidel und Friedhelm Wachs.

Das Titelbild nimmt das Motiv *Homo Deus – Coram Deo* auf. Ein Cyborg, ein Maschinen-Mensch, tippt sich mit der Computerhand an die Stirn und strahlt uns mit erleuchtetem Scheinwerferauge an. In der unteren Hälfte des Covers, scharf gegengeschnitten, sehen wir die Erschaffung Adams, des ersten Menschen, wie Michelangelo sie auf seinem berühmten Deckenfresko in der Sixtinischen Kapelle dargestellt hat. Dietrich Bonhoeffer hat dazu eine luzide Betrachtung angestellt:

> *Der am jungen Erdboden ruhende Adam ist so fest und innig mit dem Boden, auf dem er liegt, verbunden, daß er selbst in seinem noch träumenden Dasein ein höchst seltsames, höchst wunderbares – aber eben doch ein Stück Erde ist, ja gerade in diesem völligen Hingeschmiegtsein an den gesegneten Boden der Schöpfungserde wird die ganze Herrlichkeit des ersten Menschen sichtbar. Und in diesem Ruhen an der Erde, in diesem tiefen Schöpfungsschlaf erfährt nun der Mensch durch die leibliche Berührung mit dem Finger Gottes Leben – es ist dieselbe Hand, die den Menschen gemacht hat, die ihn nun wie aus der Ferne zart berührt und zum Leben erweckt. Nicht hält die Hand Gottes den Menschen mehr in sich gefaßt, sondern sie hat ihn freigegeben und ihre schöpferische Kraft wird zur verlangenden Liebe des Schöpfers zum Geschöpf.*[2]

Eine Grundthese des nunmehr sechsten Bandes der Reihe GEORGIANA. *Neue theologische Perspektiven* lautet: Sobald der Mensch seine Geschöpflichkeit verleugnet, verliert er die Bodenhaftung. Und zugleich seine Himmelsorientierung. Das eine ist mit dem andern untrennbar verwoben. So wie Gottesbild und Menschenbild miteinander verbunden sind.

---

2 Dietrich Bonhoeffer, *Schöpfung und Fall. Eine theologische Auslegung von Genesis 1–3*, zitiert nach: Bonhoeffer-Brevier, München 1963, 81.

In der transzendenzfeindlichen Aufklärung des Westens wird dieses Band zerrissen. Von nun an geht es darum, das prometheische Versprechen zu erfüllen: Autonomie des Menschen, unbeschränkte Machbarkeit, innerweltliche Erlösung. Die Selbsterschaffung des Menschen wird zum höchsten Prinzip erklärt, das Geschöpf zum Schöpfer nobilitiert. So vollzieht sich die Selbstvergottung des Menschen. Wie Gott zu sein, meint nicht „Theosis", „Vergöttlichung" oder „Imago-Dei-Verähnlichung". Im Gegenteil. Wie Gott zu sein – doch ohne ihn zu glauben, zu denken und zu leben –, zielt darauf, die Natur zu überwinden, die eigene des Menschenwesens und die andere der Mutter Erde. Am Ende steht die große Konstruktion: der Mensch als Maschine, perfekt, präpotent, unsterblich: *Homo deus*! Und die Welt als Maschinenpark und algorithmische Struktur.

Löst diese Version des „Neuen Menschen" die klassischen Utopien à la Thomas Morus ab? Entworfen und entwickelt in den Laboratorien des Silicon Valley und des chinesischen Perlflussdeltas, wird der szientistische Glaube an den großen Umbau über milliardenschwere Thinktanks und globale Medien weltweit verbreitet. Der „neue Mensch" hat keine Biografie mehr, keinen Charakter, kein Gesicht. Als technomorph gestyltes Individuum geistert er nerven-, körper- und gedankenoptimiert durch sein planes Leben, ohne Tod, ohne Leid, störungsfrei und maximal glücklich.

Was ist aus christlicher Sicht zu solchen Entwürfen zu sagen? Auf diese Frage versucht der Band Antworten zu geben.

Wir danken der Evangelischen Kirche in Mitteldeutschland (EKM) für großzügige finanzielle Unterstützung. Besonderer Dank gebührt Stefanie Schacht für Mithilfe bei der Lektorierung und für das Erstellen des Personenregisters.

*Thomas A. Seidel / Sebastian Kleinschmidt*
Weimar und Berlin, Ostern 2021

# Inhalt

## IV



## Anhang

# Kapitel I

Thomas A. Seidel

# Humanität, Humanismus und die Entdeckung der Menschlichkeit
Herder. Szczesny. Dalferth.

*Für George Alexander Albrecht,*
*den Musiker, Seelsorger und Freund*

## „Weil ich ein Humanist bin"

Erich Mielke, der Minister für Staatssicherheit (MfS) der vormaligen DDR, wurde 1993 rechtskräftig wegen Mordes zu einer Freiheitsstrafe von sechs Jahren verurteilt. Nach zwei Jahren Haft wurde er auf Bewährung entlassen. 1982, etwa zehn Jahre vor dem Ende der „Diktatur der Arbeiterklasse" (so die Selbstbezeichnung der SED-Führung für ihr Gesellschaftsexperiment), hatte Mielke die Tötung politischer Gegner als einen Akt des Humanismus bezeichnet:

> *Wir sind nicht davor gefeit, dass wir einmal einen Schuft unter uns haben. Wenn ich das schon jetzt wüsste, würde er ab morgen nicht mehr leben. Kurzer Prozess. Weil ich ein Humanist bin. Deshalb habe ich eine solche Auffassung. Lieber Millionen Menschen vorm Tode retten, als wie einen Banditen leben lassen, der uns dann die Toten bringt, damit ich mal richtig erkläre, warum man so hart sein muss. Das ganze Geschwafel von wegen nicht Hinrichtung und nicht Todesurteil – alles Käse, Genossen. Hinrichten – wenn notwendig auch ohne Gerichtsurteil.*[1]

---

1 Erich Mielke (1907–2000) auf der „Erweiterten Kollegiumssitzung des MfS" am 19. Februar 1982, in: Joachim Walther: *Erich Mielke – Ein deutscher Jäger* (inkl. Tondokument), Homepage von Eva-Maria Hagen; (zuletzt) abgerufen am 14. März 2014, Sprecherin: Eva-Maria Hagen, Regie: Holger Jackisch, Produktion: Deutschlandfunk/HR/MDR 1995.

Dieser krasse O-Ton zeigt nicht nur den skandalösen Missbrauch des Begriffs „Humanist", sondern auch den totalitären, gewaltförmigen Zynismus und die politische Praxis einer Ideologie, die sich selbst im revolutionären Dienst zur Schaffung „eines neuen Menschen" sah.[2] Diejenigen, die in der DDR aufgewachsen sind, haben die entsprechenden Plakate vor Augen und auch die Fistelstimme Erich Honeckers noch im Ohr, mit der er zum Beispiel am 1. Juni 1969 in Chemnitz, der sächsischen SED-Vorzeigestadt, die 1953 (wenige Wochen vor dem Arbeiteraufstand vom 17. Juni) in „Karl-Marx-Stadt" umbenannt worden war, seinen Genossen zurief: „Wahrlich: Der Mensch steht im Mittelpunkt unserer Aufmerksamkeit und unseres Handelns." Honecker hatte zu jener Zeit emsig gegen Walter Ulbricht intrigiert, um ihn, ganz in tschekistischer Manier, abzusetzen und beerben zu können. 1974 ließ er sein Lieblingsmotto vom sozialistischen Menschen, der stets im Mittelpunkt stehe, in der geänderten DDR-Verfassung verankern.[3]

Doch abgesehen von der hemmungslosen propagandistischen Nutzung zentraler Topoi wie „Mensch" oder „Humanist" zum Zwecke der Kaschierung fehlender demokratischer Legitimation in der zweiten deutschen Diktatur, gehören auch in unseren Tagen die Begriffe „Humanität" oder „Humanismus" zu

---

2 Vgl. dazu Gottfried Küenzlen, *Der neue Mensch. Eine Untersuchung zur säkularen Religionsgeschichte der Moderne*, München 1997.

3 „Der Mensch steht im Mittelpunkt aller Bemühungen der sozialistischen Gesellschaft und ihres Staates", (geänderte) DDR-Verfassung von 1974, Artikel 2./Für einige vormalige DDR-Bürgerrechtler nicht sonderlich überraschend, zitierte Angela Merkel in ihrer Regierungserklärung vom 29. Januar 2014 (außer vom Tagesspiegel) unbemerkt und unbekümmert Erich Honecker: *Genau darum hat es zu gehen: um den Menschen im Mittelpunkt unseres Handelns. Das leitet mich seit meinem Amtsantritt im November 2005 in meinem Verständnis als Kanzlerin aller Deutschen und aller in Deutschland lebenden Menschen, gleich welcher Herkunft, das leitet mich auch in Zukunft*. Siehe „Der Tagespiegel", Robert Ide, vom 30. Januar 2014, https://www.tagesspiegel.de/meinung/der-mensch-steht-im-mittelpunkt-merkel-zitiert-erich-honecker/9410980.html.

den inflationär gebrauchten Vokabeln politischer Reden und Leitartikel. Es scheint so, als würden diejenigen, die sie besonders gern im Munde führen, politische Entscheidungen schon dann als gute Taten ansehen, sofern sie nur gut gemeint sind. Doch bei genauerem Hinsehen erweist sich dies nicht selten als äußerst zweifelhaft, im Mehrfachsinne des Wortes.

Der Untertitel dieses (sechsten) GEORGIANA-Bandes grenzt „christliche Humanität" von menschlicher „Selbstvergottung" ab und impliziert damit die Notwendigkeit einer Begriffsklärung. Die folgenden Überlegungen möchten diese Klärung anhand dreier Protagonisten vornehmen, die zu unterschiedlicher Zeit und in unterschiedlicher Weise über die conditio humana, die Bedingungen des Menschseins, nachgedacht und publiziert haben:

**Johann Gottfried Herder** (1744–1803) gilt als der kongeniale „Theologe unter den (Weimarer) Klassikern".[4] Er hat den Begriff der „Humanität" in den deutschen und europäischen Intellektuellen-Diskurs sowie den allgemeinen Sprachgebrauch eingeführt. Sein Hauptwerk „Ideen zur Philosophie der Geschichte der Menschheit" (1784/1791) entfaltet Überlegungen, die zuvor in kleineren Schriften veröffentlicht wurden. Im Zentrum steht die (ganzheitliche) Bildung des Menschen und der Menschheit zur Menschlichkeit, zur Humanität. Herder wird hier als Denker einer christlich-geprägten Aufklärungs-Humanität porträtiert.[5] Seine christologischen, an einer johanneischinspirierten Schöpfungstheologie orientierten Aufsätze und Dichtungen sind bisher nur Insidern bekannt. Sie verdienen jedoch besondere Aufmerksamkeit und nachhaltige Würdigung in allen geisteswissenschaftlichen Disziplinen (insbesondere in der zeitgenös-

---

4 Martin Keßler, *Der Theologe unter den Klassikern. Johann Gottfried Herder als Generalsuperintendent von Sachsen-Weimar*, Berlin 2007, und Ders. mit Volker Leppin, *Johann Gottfried Herder: Aspekte seines Lebenswerks*, Berlin 2005.

5 Thomas Zippert, *Bildung durch Offenbarung. Das Offenbarungsverständnis des jungen Herder als Grundmotiv seines theologisch-philosophisch-literarischen Lebenswerkes*, Marburg 1994.

sischen Philosophie und Theologie!), in kirchlich-liturgischer Feier, in der schulischen und außerschulischen Bildung und auch in einer modernen, das heißt traditionsbewussten und experimentierfreudigen Kunst und Kultur.

**Gerhard Szczesny** (1918–2002) gehörte einst zu den bekanntesten und einflussreichsten Intellektuellen der frühen Bundesrepublik. Heute ist er weitgehend in Vergessenheit geraten. Das hat der Vordenker und Gründer der „Humanistischen Union" (1961) nicht verdient. Wir wollen deshalb fragen, was er in die Humanismus-Debatte der „alten" Bundesrepublik (nach 1945) eingebracht hat und was davon in der „neuen" Bundesrepublik (nach 1989) von Bedeutung sein könnte. Wir sehen in seinem dem Christentum dezidiert kritisch gegenüberstehenden Konzept eine besondere Form des (west)deutschen *Säkularisierungs-Humanismus.*[6] In der DDR war eine (vulgär-)marxistische Variante dieses Konzepts Staatsdoktrin. Die SED, als die „herrschende Partei der Arbeiterklasse", sah ihre Mission darin, diese Doktrin unter der Überschrift „dialektischer Materialismus" via Schul- und Hochschulbildung und mittels bürokratischer Herrschaftsinstrumente repressiv in der „sozialistischen Gesellschaft" zu verankern.[7] Eine revolutionär-romantische Variante dieses Denkens trägt (in den letzten Jahren zunehmend) Züge eines

6 *Säkularisierung* meint hier nicht allein den, mit dem (westlichen) Christentum verbundenen kulturell-soziologischen Prozess, sondern versteht „Verweltlichung" als zivilreligiöses, „schwärmerisches", innerweltliches „Heilsprojekt"; als Diesseitigkeit ohne Jenseitigkeit, als Leben ‚sine deo' oder ‚contra deo' oder ‚homo deus'. (siehe Küenzlen, *Der neue Mensch …*, Anm. 2) Dies ist zu unterscheiden von dem, was Ingolf U. Dalferth als „säkular", d. h. als Leben in dieser Welt, das nicht als zu wenig, *„so dass es mystisch oder religiös vertieft werden müsste"*, zu verstehen ist, *„sondern es ist ‚coram deo' mit oder ohne Religion alles, was wir haben."*. Siehe: Ingolf U. Dalferth, *Radikale Theologie*. Leipzig 2010, 191.

7 Alfred Hoffmann, *„Mit Gott einfach fertig". Untersuchungen zu Theorie und Praxis des Atheismus im Marxismus-Leninismus der Deutschen Demokratischen Republik.* Leipzig 2000, dort auch weiterführende Literatur.

(hyper-)moralischen *Humanitarismus.* Weite Teile der heutigen deutschen Intelligenzia in Politik, Kultur und Medien sind davon beeinflusst und beeinflussen ihrerseits den herrschenden Zeitgeist.

**Ingolf Ulrich Dalferth** (*1948) ist einer der weltweit bekanntesten und einflussreichsten deutschen Religionsphilosophen. Der evangelische Theologe lutherischer Provenienz gilt als methodischer Grenzgänger zwischen Analytischer Philosophie, Hermeneutik und Phänomenologie. Wie kaum ein anderer Philosoph und Theologe hat er sich mit dem „Bösen" als „kulturelle Denkform des Unbegreiflichen" und den damit in Zusammenhang stehenden Fragen einer christlichen Anthropologie „kreativer Passivität" beschäftigt. Sein hermeneutischer Grundansatz einer „Radikalen Theologie" (2010) weist ihn als Denker für die Theologie des 21. Jahrhunderts aus, der die Horizonte der Religions-, Kultur-, Philosophie- und Theologiegeschichte des Westens abschreitet und auf diese Weise die „reformatorische Einsicht in eine elementare und umfassende Korrelation von Gotteserkenntnis und Menschenverständnis" fruchtbar macht.[8] Gott ist in seiner Schöpfung bedingungslos als Kraft der Veränderung zum Guten anwesend, er allein ist der Erste, alles andere das Zweite.[9] Gottes Gegenwart in seinem Wort und Geist lässt sich weder historistisch noch biblizistisch verfügbar machen. Eine protestantische Theologie unkritischer Gleichsetzung von Schrift und Bibel verfängt sich in der „Gutenberg-Falle".[10] Mit seinem jüngsten Werk „Sünde" hat Dalferth nicht nur einen eindrucksvollen Überblick über die Eck- und Knotenpunkte christ-

---

8 Ingolf U. Dalferth, *Radikale Theologie*. Leipzig 2010, 2014 und 2020.

9 Ders., *God first. Die reformatorische Revolution der christlichen Denkungsart*, Leipzig 2019.

10 Ders., *Wirkendes Wort. Bibel, Schrift und Evangelium im Leben der Kirche und im Denken der Theologie*, Leipzig 2018.

licher Dogmen- und Theologiegeschichte vorgelegt. Vielmehr ermöglichen seine historische Analyse und seine kritische Würdigung des Sündenbegriffs Denkwege und Handlungsschritte zur „Entdeckung der Menschlichkeit".[11] Wir sehen in ihm den gegenwärtig klarsten Protagonisten einer *evangelischen Coram-Deo-Humanität*, die sich weder kirchlich-moralistisch noch liberal-theologisch vereinnahmen lässt.

Der kursorische Blick auf das Humanismus-Verständnis bzw. die theologisch-philosophisch-anthropologischen Grundeinsichten dieser „drei weisen Männer" soll uns ein (vorläufiges) Fazit zu der Frage ziehen helfen: Welchen Beitrag leistet der geistesgeschichtlich informierte, von ideologischen Vorurteilen unbelastete, analytisch klare, in der Sache streitbare und im Stil faire Dialog von christlichen und nicht-christlichen Freunden eines barrierefreien Denkens für die Humanisierung in Kirche und Kultur, Politik und Gesellschaft?

## „Vergiß Dein Ich; Dich selbst verliere nie"[12] Herder – eine Skizze seiner Denklinien

Unter den großen Söhnen Weimars, den „fantastischen Vier": Johann Wolfgang Goethe (1749–1823), Friedrich Schiller (1759–1805), Christoph Martin Wieland (1722–1813) und Johann Gottfried Herder steht der Schriftsteller, Theologe und Pädagoge Herder hinsichtlich Nachwirkung und Popularität tief im Schatten Goethes und Schillers.[13] Das liegt nicht zuletzt daran, dass er zeit

---

11 Ders, *Sünde. Die Entdeckung der Menschlichkeit*, Leipzig 2020.

12 Johann Gottfried Herder: *Gedichte*, Werke. Erster Theil. Berlin 1879, 208–212: *Vergiß Dein Ich; Dich selbst verliere nie! / Nichts Größres konnt' aus ihrem Herzen Dir / Die reiche Gottheit geben als Dich selbst.* – bildet den Einstieg in ein langes Lehrgedicht, in welchem Herder seine anthropologische Theologie und sein spirituellhumanistisches Bildungsideal entfaltet.

13 Vgl. Michael Zaremba, *Johann Gottfried Herder – Prediger der Humanität. Eine Biografie*, Köln 2002; Michael Maurer, *Johann Gottfried Herder – Leben und Werk*,

seines Lebens zwar ein gern gelesener, doch meist unerwähnter „Anreger" war. Er schöpfte aus verborgenen Quellen der Poesie und der Wissenschaft originelle Gedanken, die dann andere neben und nach ihm prägnanter oder populärer formulierten und auf diese Weise zu „Bestsellern" machten. Dass Herder und seine Familie vom geistigen Erbe nicht oder nur zum Teil profitieren konnten, hatte häufig mit kommerziellen Interessen und harten Karriereerwägungen zu tun, die dazu führten, dass die Entdecker oder Urheber zahlreicher „Quellen" nicht genannt wurden.

In der Philosophie verhindert bis auf den heutigen Tag das (Todes-)Urteil Kants, das er 1785 über die „Ideen zur Philosophie der Geschichte der Menschheit" – ein Hauptwerk seines einstigen Schülers – fällte, eine angemessene Neubewertung. In der Theologie stand das Verdikt Karl Barths einer gründlichen, vorurteilsfreien Untersuchung des herderschen Werkes lange im Wege. Barth nannte Herder einen „Meister der Umgehung Kants". Gleichwohl ist seine Bedeutung für die (protestantische) Theologie des 19. Jahrhunderts sehr hoch einzuschätzen. Nicht zuletzt wegen Herders Ausstrahlung auf Schleiermacher und damit auf die von Barth scharf kritisierte liberale Theologie.[14]

Dass Herder zu DDR-Zeiten als „Künder der Ideen des Fortschritts und der Humanität" in das ideologische Korsett der „Diktatur der Arbeiterklasse" gepresst wurde, war für eine positive, unvoreingenommene Rezeption auch nicht gerade förderlich.[15] Um Herder zu verstehen, muss man diese Hindernisse überwinden und sich auf den Weg in die Biografie und in die

---

Köln 2014; Marie-Elisabeth Lüdde: *Johann Gottfried Herder. Licht – Liebe – Leben*, Weimar 2016.

14 Siehe: Christoph Bultmann, *Herderforschung 1985–2000*, in: Theologische Rundschau, Neue Folge, Band 67, Mohr Siebeck, (2002), 35–60 und den Sammelband *Herder – Luther. Das Erbe der Reformation in der Weimarer Klassik*, hg. v. Michael Maurer und Christopher Spehr, Mohr Siebeck 2019.

15 Hans Dietrich Irmscher, *Probleme der Herder-Forschung*, Deutsche Vierteljahresschrift für Literaturwissenschaft und Geistesgeschichte, Band 37, (1963), 266–317.

mitunter fremdartig anmutenden Texte dieses Mannes machen. Was hat ihn als Theologen geprägt, und was prägte er selbst?[16]

Denken und Fühlen des jungen Herder wurden außer von der urwüchsigen, gleichsam verträumten Landschaft Ostpreußens sowie der wirtschaftlichen Kargheit seiner Zeit stark vom Pietismus beeinflusst. Die fromme Erziehung mit Bibel und Gesangbuch, vorgetragen von seiner jugendlichen Mutter, und die kindliche Erfahrung der lutherischen Gottesdienste, bei denen sein Vater als Kantor mitwirkte, wurden wichtige Pfeiler von Herders Ideenwelt und Sprachvirtuosität. Auch der Einfluss des pietistischen Autors Sebastian Friedrich Trescho, eines ostpreußischen Theologen, der seit 1760 als Pfarrer in Herders Geburtsstadt Mohrungen wirkte, sollte nicht unterschätzt werden. Die Bibliothek des Ortspfarrers verschaffte dem wissbegierigen Schüler erste Einblicke in die Welt der Literatur. Begeistert las der Heranwachsende, der lebenslang ein „Viel-Leser" blieb, die Werke von Hamann, Rousseau sowie von anderen zeitgenössischen Dichtern und Philosophen. Zudem verschlang er die vorhandene religiöse Erbauungsliteratur, die offenbar stilbildend für sein späteres Predigen wirkte. „Mein Mann", so berichtet Herders Ehefrau, „predigte einmal ein ganzes Jahr über das Leben Jesu. Da war selbst der gemeinste Bauer so aufmerksam auf die Fortsetzung an jedem Sonntag, dass er um keinen Preis auch nur eine Predigt verfehlt hätte."[17]

Der Sprachforscher und Publizist war ein Kenner der naturwissenschaftlichen Forschungen und der geistigen Auseinandersetzungen seiner Zeit. Dabei war und blieb er ein begeisterter Liebhaber und Ausleger der Bibel in der Übersetzung Martin Luthers, als dessen geistiger Nachfolger er sich, ganz und gar unbescheiden, sah und (offen oder versteckt) auch inszenierte. Herder

---

16 Thomas A. Seidel, *Herder und Luther. Szenen einer Fernbeziehung. Geburtstags-Festvortrag.* Weimar, Herderkirche, am 25. August 2017, siehe https://www.kirchenkreis-weimar.de/asset/OiVXMT4dR3GpFskKTcNH7g/festrede–2017.pdf.

17 Zaremba, *Herder* …, 104.

verstand die Sprache der Heiligen Schrift als spirituelle, lebensdienliche Poesie – ähnlich wie der Reichsgraf Nikolaus Ludwig von Zinzendorf. Herder versteht in seinem Spätwerk „Adrastea“ das Idiom der Herrnhuter Brüdergemeine als „eigne vertraute Hof- und Herzenssprache“, eine „Seelenversammlung“, die das Streben vereint, „herzlich zu seyn“. Der lutherische Prediger scheint sich in Zinzendorf zu spiegeln, wenn er darauf hinweist, dass dessen „Leidenslehre eine Universal-Theologie in Theorie und Praxis“ sei.

Wählt man den Weg zu Herder allein über eine paulinisch-lutherische Theologie barthscher Prägung, wird man an manchen Ecken über Herder stolpern. Gott ist nicht einfach „das ganz Andere“; über Augustinus (354–430 n. Chr.) hinausgehend, ist die Natur nicht nur ein Gleichnis der göttlichen Offenbarung, sondern Gott offenbart sich für Herder in wundersamer Weise auch in „Mutter Natur“. Welt und Wort, das Buch der Schöpfung (liber naturae) und das Buch der Bücher (liber salvatoris) gehören zusammen. Nicht nur in Herders großartigem Aufsatz „Vom Erkennen und Empfinden der menschlichen Seele“ von 1778 hat man zuweilen den Eindruck, als haben Meister Eckhart oder andere Mystiker Pate gestanden. In einem Gedicht hält der theologische Poet fest: „Vergiß Dein Ich; Dich selbst verliere nie. Nichts Größres konnt’ aus ihrem Herzen Dir die reiche Gottheit geben als Dich selbst.“[18]

18 Thomas A. Seidel, *Herder, der Mystiker, Seelsorger und Theologe – Die „Bildung der Menschheit zur Humanität“ war Grundton seiner Arbeit,* in: GuH, Nr. 51 (2003), 13.

## „Jesus ist der Mittelpunkt und Eckstein des Ganzen“[19] Herder – ein Protagonist logoschristlicher Humanität?

Obwohl Herder gedanklich und stilistisch von der pietistischen Ausdrucksweise geprägt war, überstieg er den Subjektivismus bloßen Gefühlskultes oder rein quietistischer Herzensfrömmigkeit: Dichtung, Philosophie und Theologie besaßen für ihn niemals einen esoterischen oder weltfernen Charakter. Er wollte „alles praktisch denken“. Grundton und Antrieb seiner unermüdlichen Arbeit als Gelehrter wie als herzoglicher „Kultusminister“, kirchlicher Vorgesetzter oder Seelsorger blieb die „Bildung der Menschheit zur Humanität“. Dies brachte den aufgeklärten Theologen auch in Gegensatz zu Schiller und Goethe, die seiner Meinung nach das sittliche Ziel der Kunst, eben die Bildung zur Humanität, vernachlässigten. Er lehnte bloßen Ästhetizismus ebenso ab wie mönchisch-asketische Religionsformen oder rein spekulatives Denken; denn „diese ganze Philosophie [ist mir] im feinsten Organ zuwider: sie ist selbstisch, abgöttisch, untheilnehmend und für mein Herz desolirend“.[20] In seinen „Briefen. Die Fortschritte der Humanität betreffend“ (1793ff.)[21] fragt er rhetorisch (die missbrauchsoffene philosophische Hybris Nietzsches vorausahnend …[22]): „Soll und kann der

19 Aus: Johann Gottfried Herder, *Erläuterungen zum Neuen Testament aus einer neueröffneten morgenländischen Quelle* (1775); siehe auch: Martin Keßler und Volker Leppin, *Johann Gottfried Herder. Aspekte seines Lebenswerkes*, Berlin 2005, dort: Eilert Herms, *Bildung des Gemeinwesens aus dem Christentum. Beobachtungen zum Grundmotiv von Herders literarischem Schaffens*, 133.

20 Vgl. dazu Ernst Koch, *Humanität und christlicher Glaube bei Johann Gottfried Herder*, in: *Fundamente. Dreißig Beiträge zur Thüringischen Kirchengeschichte*, Berlin 1987, 195–200.

21 Johann Gottfried Herder, *Briefe. Die Fortschritte der Humanität betreffend (künftig: Humanitätsbriefe)*, zitiert nach: *Herder. Ein Lesebuch für unsere Zeit*, Berlin/Weimar 1989, 252.

22 Friedrich Nietzsche, *Der Übermensch*, in: *Also sprach Zarathustra, Vorrede (1883)*, in: http://www.nietzschesource.org/#eKGWB.

Mensch mehr als Mensch, ein Über-, ein Außermensch werden?" Um klar zu antworten:

> *Das soll und kann er nicht; das hoffet und wünschet von uns niemand. Nur aber Mensch soll er sein; in allen Gliedern des Geschlechts soll Menschlichkeit (Humanität) anerkannt werden, wirken und leben.*[23]

Das erinnert an Martin Luthers berühmtes Diktum „Wir sollen Menschen und nicht Gott sein. Das ist die Summa".[24] Und es impliziert die Frage: Welches Menschen- und Gottesbild ist hier gemeint?

Claas Cordemann hat detailgenau vorgeführt, wie Herder von der Schöpfungsgeschichte ausgehend „das Bild einer sich entfaltenden Menschheit [entwirft]. Das in ihr liegende Bild Gottes drängt im Individuum wie in der Gattung auf seine Verwirklichung."[25] Herder befindet sich damit in kritischer Distanz zu der für die Westkirchen seit Augustinus wirksam gewordenen quasi-biologischen Harmatologie (Sündenlehre), nach der Adam (= die Menschheit und der einzelne Mensch) „nach dem Sündenfall" (Genesis 3,1–24) erst durch Taufe, Umkehr und Rechtfertigung in der Nachfolge Christi seine ursprüngliche Gottesebenbildlichkeit, als „neuer Adam" (Römer 5,18–19) (wieder-)erlangen kann. In seiner Auseinandersetzung mit Kants Lehre vom radikal Bösen wendet sich Herder explizit gegen jene Erbsündentheologie, die er auch in der Rechtfertigungslehre von Anselm von Canterbury entdeckt und nach der für Herders Geschmack dem Teufel zu viel Macht zukomme, wenn Christus ihm die Erlösung der Menschheit abtrotzen müsse:

> *Unwürdigeres gegen Gott, Falscheres gegen die Menschheit, [...] Widersprechenderes endlich gegen den ganzen Entwurf der Schrift läßt sich kaum denken. Der Satan wird Monarch: der Schöpfer ein sich irrender, und der Erlöser der Welt ein der List des Satans untergeordneter, zu Notplanungen gezwungener Kleinling.*"[26]

---

23 Herder, *Humanitätsschrift ...*, 252.

24 Martin Luther in einem Brief an Georg Spalatin, 1530 (WA Br 5, 415,45), 9.

25 Claas Cordemann, *Herders christlicher Monismus. Eine Studie zur Grundlegung von Johann Gottfried Herders Christologie und Humanitätsideal*, Tübingen 2010.

26 Herder, *Erläuterung zum Neuen Testament* SWS 7, 3; zitiert nach Cordemann,

Bemerkenswert ist gleichfalls, dass Herder mit seiner intrinsischen Anthropologie – nach der das „Ziel Menschlichkeit" für den Menschen nicht „außer seiner Sphäre" liegt, sondern „es vielmehr seine Art, das Gesetz seiner Natur ist, auf welches Vernunft, Wille, Bedürfnis ihn hinweisen" – anschlussfähig ist an die aktuelle Deutung der Imago-Dei-Formel durch prominente Vertreter der zeitgenössischen alttestamentlich-altorientalischen Wissenschaft.[27]

Klaus Koch verweist in seiner Auslegung von Genesis 1,26–31 auf die sich in Herders *Aufklärungs-Humanismus spiegelnde* „Unbefangenheit, mit der eine *generelle Qualität menschlichen Daseins* [Hervorhebung im Original] unabhängig von jeder religiösen Komponente behauptet wird".[28]

Folgt man dem Alttestamentler Koch, so könnte sich noch eine zweite, implizite Linie zu Herder ergeben, nämlich zu seiner „Sprachursprungstheorie".[29] Ob Herder hier die Eigenart altsemitischer respektive althebräischer Sprachen vor Augen stand, nach der *„allen Seinsarten* sowie den für die Volksgeschichte bedeutsamen Vorgängen *ein worthafter Ursprung* [Hervorhebungen im Original] zugrunde liege, der letztendlich auf den Schöpfer selbst zurückzuführen" ist, kann hier nicht näher untersucht werden.[30] Doch die biblische Einsicht, dass die „Sprache ein entscheidendes Medium göttlichen Weltverhaltens" und das Sprachvermögen das „ausschlaggebende Merkmal menschlichen Daseins" ist, wird man auch dem Theologen unter den Klassikern zugestehen können, ja müssen.[31]

---

*Christlicher Monismus* ..., 224.

27 Herder, *Humanitätsbriefe* ..., zitiert nach Herder-Lesebuch ..., 252.

28 Klaus Koch, *Imago Dei – Die Würde des Menschen im biblischen Text*, Hamburg/Göttingen 2000, 6.

29 Johann Gottfried Herder, *Abhandlung über den Ursprung der Sprache* (1770/72), Stuttgart 1997.

30 Koch, *Imago Dei* ..., 36.

31 Ebd, 37.

**Gott sprach durch seine Welt. Ich kann ihn sehn!**
**Er sprach durchs Wort. Nun kann ich ihn verstehn.**[32]

Diese anthropologisch-theologische Linguistik-Auffassung wird im Johannesevangelium aufgenommen und fortgeführt: „Im Anfang war das Wort (Logos), und das Wort war bei Gott, und Gott war das Wort" (Joh 1, 1).

Am Rande sei erwähnt, dass mit Blick auf die „Sprachursprungsschrift" immer wieder der Versuch unternommen wurde und wird, Herders vermeintlichen A-Theismus zu begründen. Besonders einseitig ideologisch motiviert bei marxistischen Interpreten, wie zum Beispiel bei Hannelore Pallus. Für diese DDR-Wissenschaftsfunktionärin liegt die Bedeutung der herderschen Sprachursprungstheorie nicht nur im philologischen und philosophischen Bereich, sondern „vielmehr in ihrer offenen Parteinahme für die progressive Anschauung des Bürgertums. Der Ablehnung des göttlichen Ursprungs der Sprache liegt Herders gesamte Einstellung zum geistlichen Despotismus und zu den theologisch-feudalistischen Anschauungen, die er auf das entschiedenste bekämpft, zugrunde."[33]

Um die unverkennbar christliche Grundierung der herderschen Anthropologie aufzuzeigen, folgen wir weiter der Linie von Cordemann, der das Fazit von Herders theologischer Argumentation unter der Überschrift fasst: „Christus

---

32 Zitiert nach: *Herders ausgewählte Werke in einem Bande,* Stuttgart/Tübingen 1844 (et alii), 105.

33 Hannelore Pallus, *Bemerkungen zu den philosophischen Auffassungen Herders in seiner Schrift „Über den Ursprung der Sprache"*. In: Herder-Kolloquium 1978, Weimar 1980, 238; Pallus erkennt in diesem Text *„[Herders] offenes Eingreifen in die politisch-ideologischen Kämpfe seiner Zeit"*. Jüngst euphorisch aufgenommen 2004 an der Universität Düsseldorf in einer Hausarbeit im Studiengang Germanistik (Note 1,3) unter der Überschrift „Sprache und Denken und der Ursprung der Sprache in J. G. Herders Sprachphilosophie" (Anonym).

als vollendete Humanität".[34] In der Diktion Herders hört sich das so an:

> *Die Religion Christi, die er selbst hatte, lehrte und übte, war die Humanität selbst. Nichts anders als sie; sie aber auch im weitsten Inbegriff, in der reinsten Quelle, in der wirksamsten Anwendung. Christus kannte für sich keinen edleren Namen, als daß er sich den Menschensohn, d. i. einen Menschen, nannte.*[35]

Oder in den Versen eines Lehrgedichtes die Quellen der Erkenntnis von Gottes Schöpfung und Gottes Wort verbindend:

> *Natur eröffnet dir den Blick,*
> *die Schrift das Ohr.*
> *Wer gibt nur einen Sinn zurück?*
> *Verbinde beide, Thor!*
>
> *Willst du, o Mensch, in der Natur*
> *der Gottheit Abglanz finden,*
> *Such' in dir, seinem Bilde, nur,*
> *und Funke wird dir zünden.*
>
> *Und werden alle Funken dir*
> *dann lohe Gottesflammen,*
> *sieh Jesum Christum hier!*
> *Dann flammen sie zusammen.*[36]

Herders (durch Hamann inspirierter, von Rousseau beeinflusster, lutherisch gefärbter) Blick sieht die Religionsgeschichte auf Christus zulaufen. Sie findet in ihm die (schöpfungsursprüngliche) Vollendung. Cordemann fasst das so zusammen:

> *Der Logos, der in der ganzen Welt und in allen Religionen tätig ist, inkarniert sich in Christus und schließt so den Sinn der Geschichte der Menschheit auf.*[37]

---

34 Cordemann, *Christlicher Monismus* …, 220.

35 Herder, *Humanitätsbriefe* …, zitiert nach Herder-Lesebuch …, 261.

36 *Herders ausgewählte Werke* …, 105.

37 Cordemann, *Christlicher Monismus* …, 236.

So gesehen transponiert sich der gelegentlich kritisierte Gegensatz der herderschen Gleichwertigkeit aller Kulturen einerseits und der Höchstgeltung des Christentums andererseits in ein „sowohl als auch".

> *Weil und insofern alle Kulturen abgeschattete Formen des Logos in sich tragen, hat jede derselben ihren unaufhebbaren Wert in sich. Zugleich gilt aber auch: weil und insofern dieser universale Logos in Christus in die Geschichte eintritt, ist in ihm Urbild und Ziel der Menschheit in Reinform verkörpert. Christus allein ist die vollkommene Humanität.*[38]

Von hier aus wird auch Herders lebhaftes Interesse für die „Stimmen der Völker in Liedern"[39] verständlich, seine ganz und gar nicht-nationalistische Grundhaltung, die imstande ist, die nationalen und kulturellen Eigenarten aller Völker und Länder wertzuschätzen. Diese, einem aufgeklärten Christentum herderscher Art innewohnende lebenskluge Verbindung von nationalem (Selbst-)Bewusstsein, von der Zuneigung zum „eigenen" Volk, in unserem Fall: zu den Höhen und Tiefen deutscher Nationalkultur einerseits und einer internationalen (Welt-)Offenheit gegenüber „fremden" Völkern und Kulturen andererseits, scheint zahlreichen Vertretern des derzeitigen deutschen Justemilieu nicht oder nur eingeschränkt möglich.[40] Anleitungen zu einer streitbaren und friedlichen Verknüpfung von kultureller, ethni-

---

38 Ebd.

39 Johann Gottfried Herder, *Stimmen der Völker in Liedern*, (1807) u. a. bearbeitet und hg. v. Heinz Rölleke, Leipzig 1975. / Herder wurde damit nicht allein der Schöpfer des Begriffs „Volkslied", sondern auch der Initiator der deutschen Volksliedforschung. / Gerhard Szczesny weist in seiner Autobiografie auf Herders zweifelsfrei „nicht nationalistisch gemeinten, sondern universalen Denkansatz" hin, vgl. Szczesny, *Lebenslauf* …, 63f.

40 Siehe die SPD-Ausgrenzungsversuche und die ideologische Diskussion um einen Artikel von Wolfgang Thierse zur Problematik identitätspolitischer Narrative, in der FAZ vom 22. Februar 2021, zur Frage: *Wie viel Identitätspolitik stärkt die Pluralität einer Gesellschaft, ab wann schlägt sie in Spaltung um?* https://www.faz.net/aktuell/feuilleton/debatten/wolfgang-thierse-wie-viel-identitaet-vertraegt-die-gesellschaft–17209407.html.

scher und sexueller Identität und Pluralität, die Unterscheidung von inhumaner Ausgrenzung, von Humanität befördernder Abgrenzung und Einbindung gegensätzlicher Auffassungen und Identitäten lassen sich bei Herder finden und von ihm ausgehend fruchtbar machen.

Herders Erkenntnisse über Natur und Kultur, über Schöpfung und Geschichte und damit über den Menschen gipfeln in der Conclusio:

> *Der einzige Daseinszweck [des Menschen] ist auf Bildung der Humanität gerichtet, der alle niedrigen Bedürfnisse der Erde nur dienen und selbst zu ihr führen sollen.*[41]

Oder, mit Eilert Herms formuliert: Die Bildung des Menschen zur Humanität ist das „Grundmotiv von Herders literarischem Schaffen". Dieses Grundmotiv bildet zugleich den Dreh- und Angelpunkt seiner lebenslangen Überlegungen und seiner eigenen kirchlichen, pädagogischen und kultuspolitischen Praxis: nämlich als das umfassende Projekt einer „Bildung des Gemeinwesens aus dem Christentum".[42]

Ob und inwieweit Herder als ein (lutherisch-orthodoxer) Gegner jedweder *Selbstvergottung* zugleich (vor dem Hintergrund seiner logostheologischen Einsichten) als ein Vertreter der altkirchlichen, in den heutigen Ostkirchen noch immer gelebten *Theosis,* der (heilsnotwendigen) *Vergöttlichung* des (sündigen) Menschen, gesehen werden kann, bleibt eine spannende Frage. Sie soll am Ende des Beitrags noch einmal aufgenommen werden.

---

41 Johann Gottfried Herder, *Ideen zur Philosophie der Geschichte der Menschheit,* (1784/1791), 221.

42 Eilert Herms, *Bildung des Gemeinwesens aus dem Christentum,* in: Keßler/Leppin, *Herder. Aspekte …,* 309–326.

## „Übergangsepochen in Zeiten falscher Orientierung“[43] Szczesny – Lebenslinien eines intellektuellen Grenzgängers

Gerhard Szczesnys Nachdenken über die conditio humana und sein Humanismus-Konzept könnte man in Anknüpfung und Abgrenzung zum eben skizzierten Herder-Porträt als „Bildung des Gemeinwesens aus Fundamentalkritik am Christentum“ apostrophieren. Zumindest in den ersten zwei Jahrzehnten seines publizistischen Schaffens. Er wird im Folgenden als einflussreicher Denker, Journalist und Publizist vorgestellt, der, ausgehend von einem christentumskritischen bis kirchenfeindlich-linkssozialistischen Ansatz ab Mitte der 1970er Jahre, Grundzüge eines christentumsfreundlichen bis liberal-konservativ-sozialdemokratischen Humanismus zu formulieren sucht.

Wer war Gerhard Szczesny, was hat ihn geprägt? Zu unserer Überraschung durften wir feststellen, dass er – wie Herder – aus Ostpreußen stammt und durch diese besondere Kulturlandschaft starke Prägungen erfahren hat. In seiner Autobiografie „Als die Vergangenheit Gegenwart war – Lebensanlauf eines Ostpreußen“ (1990) schildert er seine Herkunft und die wesentlichen Eckdaten seiner, besonders durch die Teilnahme am Krieg (1941–1945 an der Ostfront) stark geprägten Vita.

Szczesny wurde am 31. Juli 1918 in Sallewen (polnisch Zalewo) in Masuren geboren, einem „ostpreußischen Bilderbuchdorf“, das für ihn der Inbegriff von Heimat blieb, obwohl er seine Kindheit und Jugendzeit vor allem in Königsberg verbracht hatte. Er studierte Philosophie, Literaturgeschichte und Publizistik in Königsberg, Berlin und München. Im Alter von vierzehn Jahren begann er zu schreiben, Gedichte, sodann zahlreiche Artikel für

43 Gerhard Szczesny, *Die Zukunft des Unglaubens. Zeitgemäße Betrachtungen eines Nichtchristen*, München 1958, 16–24.

die Regionalzeitungen seiner Region. Hinsichtlich seiner religiösen Prägung hält er fest:

> *Ich bin also in einer dem Christentum nicht feindlich gesinnten, sondern es respektvoll, aber verständnislos akzeptierenden Atmosphäre aufgewachsen.*[44]

Seine Jugendjahre reflektiert er unter den Leitbegriffen „Romantik, Heroismus und Humanität" sowie „Anpassung und Widerstand". Szczesny verweist auf die Prägungen seiner Generation durch die Jugendbewegung, sowohl in Affinität wie in Resistenz gegenüber den totalitären Zugriffen der NS-Staates. In jenen Jahren war er in einer evangelischen Jugendgruppe auch Johannes Bobrowski (1917–1965) begegnet.

Geprägt haben ihn in den ersten Königsberger Studienjahren (ab 1937) der Indologe Helmuth von Glasenapp (1891–1963), der Soziologe und Philosoph Arnold Gehlen (1904–1976) und, über Gunther Ipsen (1899–1984), die Bekanntschaft mit Ernst Troeltsch (1865–1923), dessen Auffassungen des Religiösen seinen eigenen „freireligiösen" entsprachen.

Auf der Suche nach „Heimat" sowie nach den Wurzeln seiner individuellen religiösen Gestimmtheit, die sich, wie er sagt, „unbefangen zwischen den Petrefakten der christlichen Überlieferung und der Modernität einer aggressiven Weltgläubigkeit entfaltet hat", sei er immer wieder auf die Bilder und Realien seiner ostpreußischen Kindheit gestoßen. Dort ließe sich auch jenes „Ur-Vertrauen" finden, „gegründet in der kindlichen Erfahrung der Übereinstimmung von Innen- und Außenwelt, einem emotionalen Prozeß, der die spezifischen Anlagen eines Individuums in der Symbiose mit einer spezifischen Umwelt zur Entfaltung" bringe.[45]

---

44 Gerhard Szczesny, *Als die Vergangenheit Gegenwart war – Lebensanlauf eines Ostpreußen*, Frankfurt am Main 1990, 43. Dennoch trat er im Jahr seiner Konfirmation (1934) zur Überraschung seiner Eltern und Großeltern aus der Kirche aus.

45 Szczesny, *Lebenslauf* …, 48.

Etwa die Hälfte seiner Lebenserinnerungen widmet er in schonungsloser Offenheit und Klarheit unter der Überschrift „Was haben wir gewußt und was konnten wir tun?" der Auseinandersetzung mit dem Nationalsozialismus und den ab den 1960er Jahren zunehmend totalitär werdenden „Bewältigungsformen" der Auseinandersetzung mit den Verbrechen der NS-Zeit.

Scharf kritisiert Szczesny diverse Formen eines „demagogischen Moralismus", zum Beispiel Theodor W. Adornos (1903–1969) seit 1949 geschichtspolitisch unheilvoll wirkendes Diktum, dass es „nach Auschwitz barbarisch sei, ein Gedicht zu schreiben". Szczesny hielt demgegenüber an der Überzeugung fest:

> *‚Nach Auschwitz' war es mindestens so legitim, Gedichte zu schreiben wie Leitartikel. Ich sage ‚mindestens', weil die Poesie der Substanz aller Menschlichkeit näher ist als jede humanistische Belehrung, weil Mitfühlen und Mitleiden eine Frage des seelisch-geistigen, nicht des intellektuellen Vermögens ist.*[46]

Unter Bezugnahme auf seinen Landsmann Herder formuliert Szczesny seine national-kosmopolitisch-osteuropäisch (identitäre) Confessio:

> *Ich bin ein Liebhaber des Preußentums und der deutschen Kultur und zugleich ein Bewunderer des amerikanischen Traums von Freiheit und Glück für jedermann; ich halte die repräsentative Demokratie für eine verteidigungswürdige Staatsform und verabscheue den Kommunismus. Aber ich fühlte mich immer den Völkern des europäischen Ostens zugehöriger als der Tüchtigkeit, Geschäftigkeit und Rationalität der westlichen Welt. Auch unter dem Terror eines stupiden Kollektivismus haben sich die östlichen Völker jene gefühlsbestimmte Humanität bewahrt, deren Zerstörung durch Triebbefreiung einerseits, Kopflastigkeit andererseits keine Bereicherung, sondern eine Verarmung der menschlichen Natur darstellt.*[47]

---

46 Ebd, 141.

47 Ebd, 63. / In einem Nachwort wirft er einen kleinen, klugen Blick auf die Friedliche Revolution und Wende 1989/1990, 194: *Nachdem das Kriegsfolgeprodukt DDR und sein kommunistisches Besatzungsregime durch ein friedliches, aber drastisches Votum der Bevölkerung hinweggeschwemmt wurden, ist die ‚Wiedervereinigung' (in den Grenzen von 1947) eine pure Selbstverständlichkeit, die weder einer besonderen völkerrechtlichen Begründung noch auch besonderer patriotischer Aufwallungen bedarf.*

Als Szczesny am 27. Oktober 2002 im Alter von 84 Jahren starb, erschien auf der Website und im Blatt der „Humanistischen Union" (HU) ein Nachruf von Tobias Baur.[48] Baur benannte den Verstorbenen als „den Initiator der Humanistischen Union und ihren ersten Vorsitzenden". In dem (erkennbar pflichtschuldigen) Nachruf sind einige wichtige Stationen Szczesnys, der nach Krieg und Gefangenschaft nach München übergesiedelt war, angerissen. Von 1947 bis 1962 war er als Redakteur beim Bayerischen Rundfunk (BR) beschäftigt, zunächst als Leiter des Nachtstudios, dann des BR-Sonderprogramms. In dieser Zeit hatte er regen Kontakt zur „Föderation freiheitlicher Sozialisten" (FfS), die sich 1947 aus einer Gruppe vom NS verfolgter Linksintellektueller gegründet hatte und die nach 1945 erneut politisch verfolgt wurden.[49] Szczesny erhob Protest und verstärkte sein Engagement, indem er die Überlegungen einer zentralen Figur des FfS, des international bestens vernetzten Anarchosyndikalisten Rudolf Rocker (1873–1958), dem Rundfunk-Publikum bekannt zu machen suchte.[50]

---

48 *Zum Tode von Gerhard Szczesny,* Nachruf von Tobias Baur, Humanistische Union, *Mitteilungen Nr. 179, 55 und* http://www.humanistische-union.de/nc/publikationen/mitteilungen/hefte/nummer/nummer_detail/back/mitteilungen-179/article/zum-tod-von-gerhard-szczesny/.

49 Hans Jürgen Degen, *Anarchismus in Deutschland 1945–1960. Die Föderation freiheitlicher Sozialisten.* Münster 2002. / Im Unterschied zu ihrem gewerkschaftlichen (Vorkriegs-)Ansatz wollte die FfS nach 1945 weder Gewerkschaft noch Partei sein, sondern sich vor allem auf kulturpolitische Aktivitäten konzentrieren. Als Mitglied der SPD begrüßte Szczesny das konsequent pazifistische Eintreten für Völkerverständigung. Als die FfS 1948 in Leipzig (konspirativ) eine „Konferenz der libertären Bewegung" organisiert hatte, wurden im Nachgang alle Teilnehmer verhaftet. 1949 kam es zu erneuten Verhaftungen von über 270 Anarchosyndikalisten und libertären Sozialisten. Einige von ihnen kamen somit zum zweiten Mal in ein Konzentrationslager (von denen manche nach 1945 als Internierungs- bzw. Speziallager fortgeführt wurden).

50 Rudolf Rocker, *Zur Betrachtung der Lage in Deutschland. Die Möglichkeiten einer freiheitlichen Bewegung.* New York-London-Stockholm 1947; 1978 erneut aufgelegt unter dem Titel: *Die Möglichkeit einer anarchistischen und syndikalistischen Be-*

Im Rückblick des Funktionärs der Humanistischen Union Tobias Baur wird herausgestellt, dass der streitbare Intellektuelle „Maß gebend zum Aufbau einer kritischen Öffentlichkeit hierzulande" beigetragen habe. Allerdings seien „sein Feingefühl für weltanschauliche Fragen und seine Bestrebungen zu einem religionsübergreifenden Diskurs […] im Adenauer-Staat der Nachkriegszeit und erst recht in Bayern grob verkannt" worden:

> *Nachdem Szczesny als verantwortlicher Rundfunkredakteur immer wieder beim CSU-Staat und den Kirchen aneckte, verließ er konsequent den Bayernrundfunk, um unabhängig für eine kritische Öffentlichkeit zu wirken: Am 6. Juni 1961 rief Gerhard Szczesny zur Gründung der HUMANISTISCHEN UNION [Hervorhebung im Original] auf. Sein offener Brief „an circa 200 Persönlichkeiten des politischen, wirtschaftlichen und kulturellen Lebens" forderte, „für die Wahrung oder Wiederherstellung unserer Grundrechte zu sorgen, die gemeinschaftlichen Werte und Einrichtungen unseres Staates zu verteidigen, für eine freie und weltoffene Erziehung, Bildung und Forschung einzutreten". Der Aufsehen erregende Aufruf wurde zur Geburtsurkunde der HU. Von einem Sammelbecken kritischer Intelligenz mit aufklärerischem Programm mutierte die neuartige Interessenorganisation („einer der merkwürdigsten Vereine Nachkriegsdeutschlands" SPIEGEL, Nr. 22/1967) alsbald zu einem bundesweiten Verband zum allgemeinen Schutz der Grundrechte und zum Vorbild für weitere außerparlamentarische Organisationen.*[51]

Szczesny hatte noch zwei weitere, von Baur nicht erwähnte, prominente und für die Nachkriegsdebatten der „alten" Bundesrepublik wichtige Mitstreiter bei der Gründung der Humanistischen Union:

Zum einen den deutsch-jüdischen Juristen und hessischen Generalstaatsanwalt Fritz Bauer (1903–1968), der sich zeit seines Lebens für die Verfolgung und Verurteilung von NS-Straftätern eingesetzt hat und dessen Recherchen maßgeblich zur Auffindung, Gefangennahme und Hinrichtung von Adolf Eichmann

---

*wegung … Eine Einschätzung der Lage in Deutschland*, im Verlag Freie Gesellschaft, Frankfurt am Main; siehe auch: Peter Wienand: *Der „geborene" Rebell. Rudolf Rocker. Leben und Werk.* Karin Kramer Verlag, Berlin 1981.

51 Baur, *Nachruf …*, ebd.

(1962 in Ramla bei Tel Aviv) beigetragen haben. Und für das anfänglich radikale Säkularisierungs-Engagement Szczesnys sehr bedeutsam: den umtriebigen, parteipolitisch wechselhaften deutschen Juristen Erwin Fischer (1904–1996), dessen Lebensthema der radikal-laizistische Kampf gegen die „unvollendete Trennung von Staat und Kirche in der BRD" war und blieb.[52]

Eine andere Bemerkung im Nachruf Baurs verdient ebenfalls Aufmerksamkeit. Bedeutsam für Szczesnys Vita wie für sein *säkulares respektive atheistisches Humanismus-Konzept* ist nicht allein die „grobe Verkennung" seiner Person und seines Anliegens seitens des von Baur so genannten „Adenauer-Staats, des CSU-Staats und der Kirchen". Gegen Ende des kurzen Textes verweist Baur auch auf eine andere „grobe Verkennung", nämlich die der Beziehung zwischen Szczesny und der HU selbst. Baur nennt einige Bestseller Szczesnys und zuletzt auch dessen Autobiografie von 1990, um dann zu erwähnen, dass er zu diesem Zeitpunkt bereits aus der HU ausgetreten war, weil „deren radikal demokratische und streng pazifistische Ausrichtung dem Konservativen nicht mehr gefallen wollte".[53]

Szczesny hatte diesen Bruch mehrfach und Ende der 1990er Jahre dann mit einem „Abschieds-Schreiben" an seine vorma-

---

52 Erwin Fischer, *Trennung von Staat und Kirche. Die Gefährdung der Religionsfreiheit in der Bundesrepublik*; München: Szczesny Verlag, 1964; ab der 4., völlig neu bearb. Auflage unter dem Titel: *Volkskirche ade! Trennung von Staat und Kirche. Die Gefährdung der Religions- und Weltanschauungsfreiheit in der Bundesrepublik Deutschland*; zuletzt: Berlin IBDK-Verlag 1993. Von 2000 bis 2006 vergab der „Internationale Bund der Konfessionslosen und Atheisten" (IBDK) den „Erwin-Fischer-Preis" an Personen und Organisationen, die sich „in herausragender Weise um Weltanschauungsfreiheit, Trennung von Staat und Kirche, Förderung vernunftgeleiteten Denkens und Aufklärung über Wesen, Funktion, Strukturen und Herrschaftsansprüche von Religionen verdient gemacht haben". Der Preis wurde eingestellt, nachdem 2007 Erwin Fischers NSDAP-Mitgliedschaft bekannt wurde.

53 Ebd.

ligen Weggefährten in der Humanistischen Union selbst eingeräumt:

> *Dennoch halte ich die Mitglieder der HU nicht für meine „Feinde", sondern einfach für meine politischen Gegner. Und davon gibt es auch in meinem engsten Freundeskreis eine ganze Reihe, mit denen ich heftig streite.*[54]

Ganz und gar unerwähnt bleibt bei Baur eine weitere, nicht unwichtige biografische Wegmarke des Humanisten Szczesny. In den 1980er Jahren war er nicht nur aus der Humanistischen Union, sondern auch aus der SPD ausgetreten. Fortan engagierte er sich bis zu seinem Tod in der „Katholisch Integrierten Gemeinde" (KIG) in München. Die in kommunenartigen Hausgemeinschaften lebende Gemeinde galt zeitweise als hoffnungsvoller Aufbruch in der katholischen Kirche. Sie wirkte und wirkt in verschiedenen Diözesen in Deutschland, Österreich, Italien und Tansania, unterhält einen „Lehrstuhl für die Theologie des Volkes Gottes" an der Lateran-Universität in Rom und will nach eigener Darstellung „ein Ort für ein aufgeklärtes und unverkürztes Christentum" sein. Sie wurde vom ehemaligen Münchener Bischof Joseph Kardinal Ratzinger, dem späteren Papst Benedikt XVI., stark gefördert und vom derzeitigen Münchener Bischof Reinhard Kardinal Marx 2009 (in seiner Diözese) kirchenrechtlich aufgelöst, nachdem die Aktivitäten der Gemeinde als sehr gering eingeschätzt wurden.[55]

---

54 Szczesny in einem Schreiben an die HU, zitiert nach: Baur, *Nachruf …*, ebd.

55 Zur „Katholischen Integrierten Gemeinde" siehe: https://de.wikipedia.org/wiki/Katholische_Integrierte_Gemeinde. Inzwischen hat sich der einstige Förderer der KIG, Papst em. Benedikt XVI. kritisch zu diesem geistlichen Gemeinschaftsprojekt geäußert, nachdem es der harten Kritik der Nachgeborenen ausgesetzt wurde. Siehe: Benjamin Leven/Lucas Wiegelmann: *Der Gottesbeweis. Die fragwürdigen Praktiken der Integrierten Gemeinde und die Nachsicht der Kirche*. In: *Herder Korrespondenz*, 74. Jg., Heft 11/2020, 13–18.

## „Die Zukunft des Unglaubens“ Eine radikal-säkularistische Humanitätsschrift

In seinen „zeitgemäßen Betrachtungen eines Nichtchristen“, die er 1958 unter dem Titel „Die Zukunft des Unglaubens“ veröffentlichte, beschreibt Gerhard Szczesny „Humanität als Naturereignis“.[56] Dieses Naturereignis, diesen dem Menschen „eingeborenen humanitären Trieb“[57], gelte es in der „Übergangsphase des Westens“ in eine unwiderruflich post-christliche Ära zu entdecken und weltanschaulich sowie politisch fruchtbar zu machen. Uns fällt auf, dass dieser intrinsisch-anthropologische Ansatz Szczesnys auch bei Herder zu finden ist. Wir erinnern an dessen „Humanitätsbriefe“. Darin wird betont, dass das Ziel der Humanität des Menschen (in großzügiger Auslegung der Sündenlehre Thomas von Aquins[58]) nicht „außerhalb seiner Sphäre“ liege, sondern dass es vor allem „seine Art, das Gesetz seiner Natur ist, auf welches Vernunft, Wille, Bedürfnis ihn hinweisen, selbst Neigungen und Leidenschaften ihn ziehen müssen, oder die äußere Not wird ihn dahin beugen“.[59]

Die Zeichen solcher „äußeren Not“ und auch die große „innere Not“ stehen Szczesny, wie vielen klar denkenden Zeitgenossen, in den Jahren nach der „deutschen Katastrophe“ (Friedrich Meinecke) deutlich vor Augen. Er wendet sich vor dem Hintergrund der politischen, der mentalen und geistigen Folgen der NS-Diktatur ganz ausdrücklich „an jene Menschen, denen die ‚Glaubenslosigkeit‘ selbstverständlich geworden und von denen eine ‚Rückkehr zum Christentum‘ nicht mehr zu erwarten ist“.[60]

---

56 Szczesny, *Zukunft des Unglaubens* …, 186ff.

57 Ebd, 207.

58 Siehe: Ingolf U. Dalferth, *Sünde. Die Entdeckung der Menschlichkeit,* Leipzig 2020, 161.

59 Herder, *Humanitätsbriefe* …, zitiert nach: Herder-Lesebuch …, 252; siehe Anm. 23.

60 Szczesny, *Zukunft des Unglaubens* …, 10.

Seiner Meinung nach sei „‚Glaubenslosigkeit' nicht mehr das Vorrecht einer besonders aufgeklärten Minderheit, sondern Schicksal eines sich wahrscheinlich in der Mehrheit befindenden […] Typs des zeitgenössischen westlichen Menschen".[61] Dieser Menschentyp sei nun Resultat und Prototyp zugleich. Er stünde gewissermaßen am Ende der Moderne und somit am Ende einer Ära, einer „letzten unruhevollen Phase der verlöschenden Gestaltungskraft des christlichen Glaubens".[62]

Szczesny zeichnet Bilder einer Apokalypse, die die im Untergrund schwebende, düster-tragische Prophetie Friedrich Nietzsches ahnen lassen[63].

> *Die Folgen dieses Verlustes [christlicher Orientierung] sind unabsehbar. […] Es werden Deutungs- und Ordnungsversuche unternommen, die infolge der falschen Bewertung aller Lebensbereiche zu immer neuen Krisen und Katastrophen führen. Demagogen bemächtigen sich der glaubenssüchtigen Massen, und dem Fanatismus der Ersatzreligionen fallen mehr und mehr auch die moralischen Werte zum Opfer.*[64]

Mit dem seiner Meinung nach unvermeidbaren Schwinden „einer den kosmischen Standort des Menschen bestimmenden Glaubensüberzeugung" würde auch seiner ethischen (Be-)Gründung zunehmend der Boden entzogen:

> *Da die alte Begründung der Humanität nicht mehr geglaubt wird, kommen Zweifel an der Notwendigkeit sittlichen Verhaltens überhaupt. […] Dem weltanschaulichen folgt somit der moralische Nihilismus.*[65]

Szczesny liegt mit seiner Analyse und Nihilismus-Ansage nahe an der von Dietrich Bonhoeffer, die er keine zwanzig Jahre zuvor in seinem Ethik-Fragment formuliert hat. Allerdings mit dem entscheidenden Unterschied, dass Bonhoeffer die von ihm

---

61 Ebd., 12.

62 Ebd., 17.

63 Friedrich Nietzsche, *Fröhliche Wissenschaft* (1882), 3. Buch, Aphorismus 125, mit dem Titel „Der tolle Mensch", Leipzig 1990, 147.

64 Szczesny, *Zukunft des Unglaubens …*, 19.

65 Ebd., 20.

prognostizierte „abendländische Gottlosigkeit“ als furchtbares Verhängnis beschreibt, Szczesny dasselbe jedoch als fruchtbare Verheißung zu buchstabieren versucht.

Während Bonhoeffer davon überzeugt ist, dass „die Befreiung des Menschen als absolutes Ideal […] zur Selbstzerstörung des Menschen [führt]“, und dass am Ende des Weges, „der mit der französischen Revolution beschritten wurde, […] der Nihilismus [steht]“,[66] ist Szczesny davon überzeugt, dass Befreiung und Humanität des Menschen in der sukzessiven Überwindung der jüdisch-christlichen Tradition zu finden seien.[67] Doch diese Überwindung wird nicht als revolutionärer Akt verstanden. Sie ist vielmehr eine Folge der von Szczesny konstatierten „Wandlungsunfähigkeit“ des Christentums. Weil in der neuen Welt „Christliches jedoch noch wirksam ist“, sei es ein Gebot der „intellektuellen und moralischen Redlichkeit“, dieser Herkunft achtungsvoll zu begegnen. Die erkenntnisleitende Frage laute deshalb:

> *Wie lassen sich die neuen, den alten Glauben aufhebenden Erfahrungen und Erkenntnisse in einem Weltbild überhöhen [sic!], das auch die Sphäre dessen, was über alle menschliche Erfahrung und Erkenntnis hinausgeht, miteinbegreift.*[68]

Szczesny schließt seine „Einladung zum Unglauben“ mit der Prognose:

> *Solange die öffentliche Meinung des Westens darauf besteht, daß nur das Führwahrhalten der christlichen Glaubenspostulate die Welt retten kann, wird sie die glaubenslose Zeit gewaltsam verlängern und immer neue Generationen dem Zynismus, der Oberflächlichkeit und dem Stumpfsinn in die Arme treiben.*[69]

---

66 Dietrich Bonhoeffer, *Ethik*, (Fragmente, 1940), München 1998, zitiert nach GEORGIANA 1, *„…wenn Gott Geschichte macht! 1989 contra 1789*, hg. v. Ulrich Schacht und Thomas A. Seidel, Leipzig 2015, 59.

67 Szczesny, *Zukunft des Unglaubens …*, 50: *Das Judentum war weltfremd, aber nicht lebensfeindlich. Diese Haltung entwickelte sich erst im Christentum.*

68 Ebd., 21.

69 Ebd., 246.

Nun kann man diese gleichsam als Drohung daherkommende Mahnung durchaus auch als Provokation, als „Weckruf" an die Kirchen verstehen. In dieser Weise ist die zeitgenössische Debatte mit Szczesny seitens der Kirche von einigen „aufgeweckten" Akteuren auch geführt worden. In Heft 242 der „Sammlung gemeinverständlicher Vorträge und Schriften aus dem Gebiet der Theologie und Religionsgeschichte" regte der lutherische Theologe Wilhelm F. Kasch (1921–1983) „zur Auseinandersetzung mit Gerhard Szczesny und der humanistischen Union" an.[70]

Kasch setzt für den radikal-säkularistischen Ansatz Szczesnys und seines Umfeldes den Begriff „Atheistischer Humanismus", den er wie folgt definiert:

> *Atheistischer Humanismus ist eine menschliche Haltung […], die gekennzeichnet ist durch die praktische und theoretische Anschauung, daß die Gottesvorstellung bei aller Wichtigkeit in der vergangenen Geschichte von der menschlichen Vernunft überholt ist, daß der Mensch daher für sich und seine Welt allein und total verantwortlich ist.*[71]

Nietzsches Bild vom „tollen Menschen" aufgreifend, bezeichnet atheistischer Humanismus in der Analyse von Kasch jene (modern-antimoderne) Haltung, „die ihren Gottesmord eingeholt hat".[72]

Wir können den kritischen Kommentaren von Kasch über weite Strecken zustimmen, insbesondere dort, wo er aufzeigt, dass Szczesny und etliche seiner Mitstreiter in ihrem antichristlichen Furor weniger auf das Christentum selbst als vielmehr auf die Kirchen als einflussreiche Institutionen in den Wieder-

70 Wilhelm Friedrich Kasch, *Atheistischer Humanismus und christliche Existenz in der Gegenwart. Theologische Erwägungen zur Auseinandersetzung mit Gerhard Szczesny und der Humanistischen Union,* Tübingen 1964.

71 Kasch, *Atheistischer Humanismus …,* 6.

72 Ebd.

aufbau-Machtkämpfen Nachkriegsdeutschlands zielen. Auch Szczesnys theologiegeschichtliche Reflexionen bleiben, bei aller Eloquenz, meist klischeehaft bzw. zeichnen einen Popanz abendländisch-christlicher Theologie, den abzulehnen pfiffigen Konfirmanden leichtfallen sollte.

Im Kern ging und geht es den atheistischen Humanisten um kulturell-medialen Einfluss und linkssozialistische Machtpolitik, getrieben von der demagogischen Befürchtung, „daß die Bundesrepublik sich heute bereits wieder in einem unverkennbar präfaschistischen Zustand befinde".[73]

Allerdings ist auch zu konstatieren, dass die theologische (in vielen Punkten respektable) Kritik von Kasch an Szczesny wiederum selbst nicht frei ist von Klischees und Zügen einer gewissen (semi-)christlichen Selbstgerechtigkeit. So übersieht er bemerkenswerte Einsichten und „Komplimente", die Anknüpfungspunkte für einen streitbaren Dialog bilden könnten und die fragen lassen, ob das Prädikat „atheistisch" auf den „ungläubigen Szczesny wirklich in vollem Umfange zutrifft. Genannt sei an dieser Stelle der Bezug Szczesnys auf die Predigt Christi. Diese sei zwar ein (mit Nietzsche zu kritisierender) Ausdruck einer „schwärmerisch-idealistischen Ethik", ein Aufruf zur Menschenliebe, der geprägt sei „durch ein grenzenloses Mitleid mit allem, was arm und bedrängt ist". Gleichwohl hält er fest:

> *Es ist die weltumfassende Liebesbotschaft, die jenseits jeder historischen, soziologischen und psychologischen Motivierung das Christentum zu einem Ereignis macht, das einen der Höhepunkte der Geschichte der Menschheit bezeichnet [...].*[74]

Unbemerkt und damit völlig unterbewertet bleiben auch Ansätze einer (für „hörbereite" christliche Ohren) realistischen An-

---

73 Gerhard Szczesny, *Jahrbuch für kritische Aufklärung, „Club Voltaire"*, 12, zitiert nach Kasch, *Atheistischer Humanismus* ..., 14.

74 Szczesny, *Zukunft des Unglaubens* ..., 55.

thropologie, die sowohl die Ganzheitlichkeit des Menschen als Leib-Seele-Geist-Wesen wahrnimmt als auch die Ambivalenzen menschlicher Existenz zu würdigen weiß. Szczesny gehört nicht zu den „Vernunft-Schwärmern". Für ihn ist „Geist mehr als Vernunft". Und nur insofern „die Vernunft Wissen um ihre eigene Beschränktheit ist, erweist gerade sie das Vorhandensein einer übergreifenden Wirklichkeit".[75]

> *Nur eine geistvolle Vernunft oder vernunftgegründete Geistigkeit vermag ein sicheres Fundament für ihren Sprung ins Unbekannte und Zukünftige zu finden.*[76]

Außerdem könne der menschliche Geist durch das Medium der Seele und des Körpers „und nur mit Hilfe ihrer Grenzen wirken". Auch hier, sozusagen an den Anfangsgründen dessen, was sich im Begriff der „Sünde" spiegelt und von diesem her noch tiefgreifender ausgelegt werden sollte,[77] werden (von Szczesny aller Wahrscheinlichkeit nicht reflektierte) Anklänge an den Aufklärungs-Humanisten Herder sichtbar:

> *Die spannungsgeladene Vielschichtigkeit der menschlichen Natur und der ihr gleichzeitig gegebene Auftrag der vermenschlichenden Überformung, macht die Problematik des Menschen aus. Wer nur diese Problematik ins Auge faßt, muß am Menschen fatalistisch und zynisch verzweifeln, und wer sie übersieht, wird sich zu Hoffnungen hinreißen lassen, die unerfüllbar sind.*[78]

Dies führt Szczesny zu einer bemerkenswerten Kritik an der deutschen Romantik, die zuletzt Rüdiger Safranski in seinem Romantik-Buch materialreich vorgetragen hat.[79] Für den gebildeten Kultur-Diagnostiker Szczesny haftet den Idealen des Humanismus ausgehend von jenem romantischen Impuls des 19. Jahrhunderts „etwas Langweiliges und Oberflächliches an".

---

75 Ebd., 155.

76 Ebd., 147.

77 Siehe Dalferth …, hier vorgestellt unter der Überschrift *„Coram Deo leben und denken"* S. 47ff. dieses Beitrags.

78 Ebd., 164.

79 Rüdiger Safranski, *Romantik. Eine deutsche Affäre*, München 2007.

> *Der Begriff der ,Menschlichkeit' erhält jenen schillernden Charakter, der darüber im Zweifel läßt, ob damit Humanität oder Bestialität gemeint ist.*[80]

Für den Szczesny-Kritiker Kasch scheint es auch hier keinen Zweifel zu geben. Für ihn gilt das scharfe Urteil nicht nur für den Aufklärungs-Humanisten Herder und alle liberalen Nachfolger inklusive der deutschen Romantik[81], sondern auch für den Künder einer „neuen Anthropologie", wie Szczesny sich einmal selbst genannt hat.[82] Deshalb müsse, laut Kasch, für „die in lauter Aporien führenden Autonomie des Menschen im atheistischen Humanismus auch in unserer Zeit der Satz gelten: Humanität ohne Divinität ist Bestialität."[83]

Das ist gewiss nicht falsch. Allerdings verfehlt dieses harte Urteil, wie bereits erwähnt, die Möglichkeit, an die Überlegungen Szczesnys anzuschließen. Beispielsweise an seine an 1. Korinther 13 erinnernde Einsicht[84], dass der Mensch sich gegenüber der ihn umgebenden Realität „in der Lage eines Kindes [vorfindet], das eine ihm unbekannte Figur aus zahllosen verschieden geformten Stücken zusammensetzen soll". Der Mensch, der dies

---

80 Szczesny, *Zukunft des Unglaubens* …, 127.

81 Kasch, *Atheistischer Humanismus* …, 20: *Der Mensch ist nicht, wie Herder glaubte, der erste Freigelassene der Natur, sondern genau wie alle anderen Lebewesen ihr Sklave, ihr unglücklichster Sklave, denn er weiß um seine Knechtschaft.*

82 Szczesny, *Zukunft des Unglaubens* …, 102: *Die neue Anthropologie, die gerade jetzt im Entstehen begriffen ist und zum ersten Mal den Versuch macht, in die Erforschung der Natur des Menschen die natur- und sozialwissenschaftlichen Erkenntnisse bewußt mit einzubeziehen, hat bislang kaum einen nennenswerten publizistischen oder literarischen, geschweige denn schon weltanschaulichen Niederschlag gefunden.*

83 Kasch, *Atheistischer Humanismus* …, 29.

84 1. Korinther 13,11f.: *Als ich ein Kind war, da redete ich wie ein Kind und dachte wie ein Kind und war klug wie ein Kind; als ich aber ein Mann wurde, tat ich ab, was kindlich war. […] Jetzt erkenne ich stückweise; dann aber werde ich erkennen, gleichwie ich erkannt bin.* / Dieser paulinische Text bildet den hermeneutischen Schlüssel für eine sachgerechte, entmoralisierte Auslegung der „Sündenfall-Erzählung" in Genesis 3,1–24. / Vgl. auch Ulrich Schacht, *„Unterricht von Göttlichen Sachen". Über den Ursprung von Gedicht und Gebet.* Lit.angabe in Anm. 176.

realisiert, würde diese Aufgabe lösen, „indem er Stück für Stück, entsprechend den zueinander passenden Formen, aneinanderfügt“. Doch den ganzen Zusammenhang könne er „nur konstatieren, nicht herstellen oder beschreiben“.[85]

## Der Wahn des Demokratismus als Gefahr für die Demokratie

Wenn man die bedenkenswerten Ansätze der als Streitschrift konzipierten „Einladung zum Unglauben“ von 1958 aufmerksam wahrnimmt, wird man weniger überrascht sein, welche Grenzwege Szczesny in den folgenden Jahren zurückgelegt hat. Insbesondere im Kontext der sogenannten 68er Revolution entpuppte sich der (Heils-)Prophet der Ent-Christlichung als scharfer Kritiker und (Unheils-)Prophet der allseits sichtbar werdenden destruktiven Folgen neomarxistischer Radikalisierung. 1974 fordert er „die Disziplinierung der Demokratie“ und „die Rückkehr zum Mythos“ als Voraussetzung für eine von ihm so genannte „vierte Stufe der Freiheit“.[86] Doch der Reihe nach.

Szczesny erwies sich in den langen Chaostagen der späten 1960er und 1970er Jahre wiederum als genauer Beobachter und gebildeter Analytiker des Zeitgeistes. Er konstatiert, dass die Demokratiediskussion auf der Stelle trete, da sie von einem überholten, „schwärmerischen“ Fortschrittsbegriff ausgehe. Das, was im Nachruf von Baur (2002) als herausragende Leistung der Humanistischen Union gewürdigt wurde: die Gründung der „Humanistischen Studentenunion“ und ihr herausragender Beitrag „zu einem stärkeren Kritikbewusstsein“,[87] findet in den Un-

85 Szczesny, *Zukunft des Unglaubens …*, 160.

86 Gerhard Szczesny, *Die Disziplinierung der Demokratie oder Die vierte Stufe der Freiheit*, Hamburg 1975.

87 Baur, *Nachruf …*, ebd.

ruhen der Zeit mit Szczesny nun einen messerscharfen Kritiker. Thesen, die er bereits drei Jahre zuvor in „Das sogenannte Gute" (1971) vorgestellt hat, werden in seinem Aufruf zur „Disziplinierung der Demokratie" fortgeführt und präzisiert. Szczesny hält es für die Entwicklung der politischen Kultur in Deutschland für entscheidend, ob und wenn ja wie schnell und wie gründlich es den Gruppen, die links von der Mitte stehen, gelingt, sich von den „Radikalen" zu lösen.

Die Abneigung jener Radikalen, Begriffe wie Rangordnung, Autorität, Disziplin oder Tradition neu zu durchdenken, mag verständlich sein, sei in der Endkonsequenz jedoch verhängnisvoll.

> *Ohne den Willen, Werte zu setzen, ist weder ein humanes Leben für den einzelnen noch eine verläßliche Zukunft für die Menschheit möglich.*[88]

In seiner politischen Kritik geißelt Szczesny die anthropologischen Fehleinschätzungen des Marxismus und des Liberalismus ebenso wie den „totalen Freiheitsdrang" der revoltierenden Studenten und ihrer intellektuellen Stichwortgeber:

> *Wer sich an die Freiheit total bindet, ist damit nicht mehr frei, und nicht mehr frei gerade im Hinblick auf seine wichtigste Fähigkeit: zu seinen eigenen Wünschen ‚nein' sagen zu können.*[89]

Außer den individuellen Überdehnungen bzw. Missverständnissen des Freiheitsbegriffs nimmt er auch Übersteigerungen „direkter" Permanenz-Demokratie aufs Korn. Künftige Totalisierungsszenarien sowie die heute grassierende Gefahr des Humanitarismus vorausahnend, zeigt sich Szczesny davon überzeugt, dass es nicht den geringsten sachlichen oder moralischen Grund dafür gäbe, „eine Politisierung der Gesellschaft zu betreiben, die all ihre Angehörigen zu einem Engagement in allen Fragen zwingen will".[90] Vielmehr erwüchse daraus die Gefahr einer

---

88 Szczesny, *Disziplinierung der Demokratie …*, 3.

89 Ebd., 36f.

90 Ebd., 36.

„mehrheitsdemokratischen Diktatur der Inkompetenz oder aber (was wahrscheinlicher ist) einer mehrheitsdemokratisch getarnten Diktatur einer organisierten Minderheit". Dies sei ja auch das erkennbare Ziel der kommunistischen Demokratisierungsforderungen.[91]

> *Nur sehr naive Demokratiegläubige können die totale Mitbestimmung für des Fortschritts, der Aufklärung und Humanität letzten Schluß halten.*[92]

Mit der Forderung „gleiche Macht für alle" (statt „gleiches Recht für alle") stürmten Teile der akademischen Jugend und ihre politischen Büchsenspanner und Profiteure „auf jene Grenze [der Demokratie] zu, deren Überschreitung ihre bisherigen Errungenschaften nicht um neue bereichert, sondern aufs Spiel setzt".[93] Sein Fazit lautet:

> *Der Demokratismus ist so gesehen der Wahn, daß sich außen finden läßt, was innen abhanden oder noch gar nicht zum Vorschein gekommen ist.*[94]

Um diesen inneren Prozess und seine daraus resultierenden äußeren Folgen geht es ihm mit seinem „Stufen-Konzept" der Freiheit. In vier Stufen beschreibt er den aus seiner Sicht zukunftstauglichen Wert-Setzungsprozess.[95] Die erste Stufe der Freiheit bezeichnet den (bereits im Christentum begründeten) „An-

---

91 Ebd., 27.

92 Ebd., 28

93 Ebd., 26.

94 Ebd., 29. / Auf die Gefahr des „Demokratismus" hat der akademische (Königsberger) Lehrer von Szczesny, Arnold Gehlen, bereits fünf Jahre vor „Disziplinierung der Demokratie" unter dem Begriff des „Humanitarismus" aufmerksam gemacht, unter dem Titel: *Moral und Hypermoral. Eine pluralistische Ethik*, Frankfurt am Main. 1969.

95 Szczesny kannte Dietrich Bonhoeffers mystagogisches Konzept en miniature „Stationen auf dem Weg zur Freiheit" nicht. Geschrieben in seiner Tegeler Haft am 21. Juli 1944, wurde es wohl erst mit der Veröffentlichung durch den Schüler Eberhard Bethge 1988 bekannt. Auffällig ist dennoch die Ähnlichkeit der Begriffe und z. T. auch der Intention.

spruch der Menschen auf personale Autonomie"; die zweite Stufe bestehe in der Freisetzung des menschlichen Leistungswillens, und die dritte reflektiert auf die mit der Aufklärung verbundene „Befreiung aller Kräfte und Schichten der menschlichen Natur".[96] Die damit einhergehende Aufhebung der „‚Selbst'Entfremdung", die sich „als Zurückführung aller mythischen, theologischen und ideologischen Projektionen auf reale Bedürfnisse darstellt", sowie das, „was alle Aufklärer bis hin zu Marx erbittert und erfolgreich als das ‚Fremde' bekämpften", habe gewaltige politische, soziale und technische Energien freigesetzt, zugleich aber auch das menschliche Dasein immer ausschließlicher und totaler auf das ‚Bekannte', auf die Realien und Fakten, die Lebensbedingungen verengt.[97] Demgegenüber entwirft Szczesny (in erkennbarer Anlehnung an Wilhelm Reich, Erich Fromm u. a.) das Bild einer aufgeklärten Aufklärungskritik:

> *Die vierte Stufe der Freiheit wird erreicht, wenn wir Selbst-Verwirklichung nicht mehr als Selbst-Enthemmung, sondern als Selbst-Beherrschung begreifen und betreiben.*[98]

Mit seinem (nur kurz skizzierten) Verweis auf die fünfte Stufe der Freiheit deutet sich bereits die nächste Kehre in Szczesnys Biografie an, die man allerdings auch als konsequente Fortführung von vordem in nuce vorhandenen Einsichten lesen kann. Die fünfte Stufe der Freiheit verlange „die Konzentration aller unserer Kräfte auf die Selbst-Verleugnung, auf die Ablösung von der Welt".[99]

> *Daher gilt, daß die vierte Stufe der Freiheit, die Stufe der Selbst-Verwirklichung, zwar das Gegenteil der fünften, aber in dem hier postulierten Sinn von Humanität, nur mit dem Blick auf die fünfte erreicht und gehalten werden kann.*[100]

---

96 Ebd., 97.
97 Ebd., 98.
98 Ebd., 99.
99 Ebd., 98. Szczesny studierte in jener Zeit neben zahlreichen mystischen Texten der Christenheit auch fernöstliche Überlieferungen des Zen-Buddhismus.
100 Ebd.

Aus dem atheistischen Humanisten war nun sozusagen „stufenweise“ der konservativ-liberale Christenmensch geworden, der sich in der Katholischen Integrierten Gemeinde in München „für ein aufgeklärtes und unverkürztes Christentum“ engagierte.[101]

## Der rote Faden der Sündenthematik
## Dalferth – Coram Deo leben und denken[102]

Kaum ein Begriff der Christentumsgeschichte ist missverständlicher, sperriger und für das autonome Selbstbewusstsein des modernen Menschen kränkender als der Begriff der Sünde. Die gegenwärtige (evangelische) Theologie und EKD-Amtskirche ist (in einigen ihrer Vertreter!) bemüht, dieses Ärgernis durch Umdeutungen zu umschiffen. So posaunte zum Beispiel der in Würzburg lehrende niederländische Theologe Klaas Huizing als seinen Beitrag zum Jubiläum 500 Jahre Reformation 2017 heraus: „Schluss mit Sünde!“ Die Vokabel „Sünde“ besäße eine dunkle Kraft, die Menschen kleinmache und dafür sorgt, „dass man sich schmutzig fühlt“. Das habe auch Martin Luther leider nicht verhindert.[103]

Möglicherweise liegt Huizing mit dieser einseitigen, klischeehaften Sicht nicht daneben, sondern voll im lauen Strom des Zeitgeistes. Wie anders ist sonst zu erklären, dass in der gegenwärtigen liturgischen und homiletischen (Predigt-)Praxis „Sünde“ als Gegenstand der Reflexion, Unterweisung und Verkündigung weitgehend ausgedient hat? Die seelsorgerlich-sakramentale (von Luther selbst bis weit ins aufgeklärte 18. Jahrhundert hinein) geübte Praxis von Beichte, Buße und Absolution hat in

---

101 Siehe Anm. 48.

102 Dalferth, *Radikale Theologie*, siehe Anm. 6.

103 Klaas Huizing, *Schluss mit Sünde!: Warum wir eine neue Reformation brauchen*, Hamburg 2017. Der Klappentext führt u. a. aus: *Wir sind der Sünde nicht ausgeliefert, Schluss damit! Ein kluges Coaching durch die Geschichten des Alten und Neuen Testaments ermöglicht eine neue Reformation des Christentums.*

den evangelischen Kirchen (abgesehen vielleicht von einem kurzen „Beichtgebet" am Beginn selten und im Zuge der Corona-Krise künftig vermutlich noch seltener gefeierter Abendmahlsgottesdienste) keinen rituell-lebensweltlichen Ort mehr. Und auch bei den Katholiken ist die Beichtpraxis rasant im Schwinden begriffen.[104] Wo Sünde ein bloß (im Sinne Nietzsches, aus Gründen jüdischer Sklavenmoral oder christlicher Herrschaftsstabilisierung) behauptetes Konstrukt oder lediglich ein therapiefähiges Sündengefühl oder gar kein Problem mehr darstellt, gibt es auch nichts zu sagen, geschweige denn zu beichten.[105]

Umso irritierender und riskanter erscheint der Versuch von Ingolf U. Dalferth, ausgerechnet den Sündenbegriff zum Dreh- und Angelpunkt seiner theologisch-anthropologischen Überlegungen zu machen. Warum tut er das? Weil er davon überzeugt ist (und dies materialreich und fundiert belegen kann), dass „der Topos der Sünde im christlichen Glauben und in der christlichen Theologie keine Nebenrolle, sondern eine Hauptrolle [spielt]".[106] Ähnliches sei auch für das Judentum und den Islam zu konstatieren.

Dalferth weist darauf hin, dass der Begriff der Sünde selbstverständlich nicht der einzige Ansatzpunkt zur Bestimmung der Humanität in der europäischen Geschichte ist. Die antike Philosophie und ihre Adaptionen in Renaissance, Reformation, Aufklärung und Moderne haben gleichfalls spezifische Beiträge zur Kultivierung und Zivilisierung geleistet, wie außereuropäische

---

104 In auffälligem Unterschied dazu ist bei den orthodoxen Gemeinden, bei denen Beichte und Absolution in die heilige Liturgie der Eucharistie integriert sind, in Deutschland ein stetiges Wachstum zu verzeichnen.

105 Friedrich Nietzsche, *Ecce Homo. Warum ich so klug bin* (1889, kurz vor seiner Umnachtung): *Ich habe nie über Fragen nachgedacht, die keine sind, – ich habe mich nicht verschwendet. – Eigentlich ‚religiöse' Schwierigkeiten zum Beispiel kenne ich nicht aus Erfahrung. Es ist mir gänzlich entgangen, in wiefern ich ‚sündhaft' sein sollte.* Zitiert nach: Ingolf U. Dalferth, *Sünde. Die Entdeckung der Menschlichkeit*, Leipzig 2020, 328.

106 Dalferth, *Sünde* …, 17.

Kulturen und Religionen auch.[107] Gleichwohl steht seine Ausgangsthese unverrückbar fest:

> *Doch sucht man nach einem roten Faden in diesem weiten Feld, dann spielt die Sündenthematik eine Schlüsselrolle in der Debatte um die Bestimmung der Menschlichkeit des Menschen. Die Auseinandersetzung mit ihr hat in der westlichen Denkgeschichte entscheidend zur Entdeckung und Konkretisierung der Menschlichkeit des Menschen beigetragen.*[108]

Dalferth verkennt nicht die vielfältigen Formen missdeutbarer oder missbräuchlicher Bearbeitungen und Tradierungen der christlichen Hamartologie (Sündenlehre) in der Westkirche.[109] Im Gegenteil. Darum nehmen Analyse und Reflexion der Kritik der Sündenlehre sowie der aus der Sündenkritik resultierenden, den Kern des Sündenthemas treffenden oder verfehlenden Gedankengebäude weiten Raum ein. Der Blick auf die Ostkirche unterbleibt weitgehend. Doch der (okzidentale) Bogen, den er schlägt, ist eindrucksvoll, von großer Kenntnis und Beschreibungsgenauigkeit. Dalferth setzt bei „Fernen Erinnerungen" zur theologisch-philosophischen Tradition an, das heißt bei grundlegenden Erläuterungen dessen, was denn eigentlich als „das Humanum" (in der Unterscheidung von „Menschsein" und „Menschlichkeit") zu beschreiben, nicht „zu definieren" ist[110], reflektiert über „vergessene Einsichten", „Verblendungen" und „Irrtümer", um am Ende den „Sinn der Sünde" für den aktuellen Humanitäts-Diskurs plausibel und auch fruchtbar zu machen. Innerhalb dieses Bogens entfaltet er gut nachvollziehbar die wesentlichen „Stationen" westkirchlicher Sündenlehre unter den Überschriften „Theologische Denktraditionen" (Paulus, Augustinus, Anselm von Canterbury, Thomas von Aquin, Luther,

---

107 Ebd., 32.

108 Ebd.

109 Siehe: Wilfried Härle, *Dogmatik*, Leipzig 2007, 456–492: *Die gefallene Welt (Hamartologie)*; dort auch einschlägige, weiterführende Literatur.

110 Ders., *Homo definiri nequit. Logisch-philosophische Bemerkungen zur theologischen Bestimmung des Menschen*. ZThK 76 (1979), 191–224.

Melanchthon, Schleiermacher) und „Transformationen" (Hobbes, Mandeville, Marx, Leibniz, Kant, Kierkegaard, Tillich, Heidegger) und erörtert diverse Einsprüche gegen die Sündenlehre unter der Überschrift „Dekonstruktionen" (Nietzsche, Gender- und Dekolonisierungsideen, Trivialisierung).

Dalferth setzt mit diesem Werk zur „Entdeckung der Menschlichkeit" seinen Weg einer äußerst innovativen, kritischen Bestandsaufnahme reformatorischer Theologie fort, den er in zurückliegender Zeit insbesondere mit „Wirkendes Wort" (2018)[111] und „Gott first"(2019)[112] gegangen ist und der den Autor als „radikalen Theologen" ausweist. Wir annoncieren ihn als einen „Coram-Deo-Humanisten", weil er die Menschlichkeit des Menschen (in neobarthianischer Manier und bultmannianischer Anlehnung) konsequent als denkerische und existenzielle Anerkennung menschlicher Angewiesenheit auf Gott und damit als „Leben kreativer Passivität" vor Gott versteht und beschreibt:

> *‚Coram Deo' zu leben und zu denken, heißt nicht, das Leben im Bezug auf Gott und Gott im Horizont des Lebens zu verstehen, sondern umgekehrt, Gott im Bezug auf das Leben und das Leben im Horizont des Ereignisses zu verstehen, in dem Gott seine Gegenwart im menschlichen Leben so erschließt, dass dieses nicht bleibt, was es war, sondern wird, was es ist: der Ort, wo in der Schöpfung die Präsenz des Schöpfers an den Geschöpfen erfahren wird.*[113]

## Entmenschlichung im spätmodernen Radikalindividualismus

Man kann Dalferths Sünden-Buch auch als couragierten Aufruf zu radikaler Ehrlichkeit hinsichtlich unserer Selbst-, Fremd- und Weltwahrnehmung lesen. Dazu gehört die Einsicht, dass die Fra-

111 Ders., *Wirkendes Wort. Bibel, Schrift und Evangelium im Leben der Kirche und im Denken der Theologie*, Leipzig 2018.

112 Ders., *God first. Die reformatorische Revolution der christlichen Denkungsart*, Leipzig 2019.

113 Ders., *Radikale Theologie*, Leipzig 2010, 20.

ge nach dem Menschen nie nur eine Frage nach dem sei, was uns als Menschen verbindet, „sondern immer auch eine Frage nach dem, was uns von anderen unterscheidet. Wir können uns nicht selbst aus dem Bild nehmen."[114]

Diese Einsicht impliziert eine mitlaufende, radikale Ideologiekritik, auch gegenüber der eigenen theologischen und kirchlichen Tradition. Die postmoderne Negation oder Ignoranz gegenüber der Gottes-Frage kann für historisch informierte Menschen keine Lösung (mehr) darstellen. Somit ist nicht die Orientierung an Gott ein Problem oder gar ein Hindernis sachgemäßer Mensch- und Welterkenntnis, „sondern die Unfähigkeit zur Ehrlichkeit uns selbst gegenüber. Ebendas ist die Signatur der Sünde." Dalferth wendet sich gegen unsinnige polarisierende Spielarten des Humanitätsdiskurses: eines übertriebenen anthropologischen Optimismus (z.B. ‚edel sei der Mensch, hilfreich und gut') oder eines anthropologischen Pessimismus (z.B. ‚ekel sei der Mensch, hilflos und schlecht') und beginnt die Einleitung zu seinen Untersuchungen mit zwei ebenso einfachen wie schweren Einsichten:

> *Menschen sind Lebewesen, die fähig sind, unmenschlich zu leben. Und: Dass wir fähig sind, unmenschlich zu leben, heißt nicht, dass wir unfähig sind, menschlich zu leben.*[115]

Der ungetrübte Blick auf die (im Mehrfachsinn des Wortes) ‚gottlosen Diktaturen' und Gewaltregime des 20. Jahrhunderts sowie die offenkundige Fragilität von Werten und Idealen menschenrechtlicher Setzungen sollten uns Heutige zu einer heilsamen Desillusionierung geführt haben.[116] Dieser Blick würde uns beispielsweise darüber aufklären, dass „der Traum der Aufklärung, dass Menschen sich selbst die nötigen Beschränkungen

---

114 Ders., *Sünde …*, 25.

115 Dalferth, *Sünde …*, 9 und 16.

116 Ebd., 30: *Ideale der Menschlichkeit sind stets gefährdete Ideale, die aktiv vertreten und verteidigt werden müssen, wenn sie ihr Wirkungspotential nicht verlieren sollen.*

und Kontrollen auferlegen können, wenn sie nur ihrer Vernunft folgen und sich ihrem selbstbestimmten Willen überlassen, desaströs gescheitert [ist]".[117] Vielmehr können wir mit dieser Rück-Sicht die Grenzen der Reichweite menschlicher Vernunft erkennen:

> *Vernunft, die nur auf sich selbst baut, ist bodenlos, und Vernunft, die nur sich selbst zum Leitfaden hat, ist orientierungslos.*[118]

Allerdings kann die Vernunft in diesem boden- bzw. orientierungslosen Dilemma in geradezu paradoxer Weise auf das verweisen, was uns hilft, menschlich zu fragen, zu denken und zu handeln: nämlich auf die Sünde. Denn, so Dalferth:

> *Sünde ist das, was die Vernunft grundlegend irritiert und wogegen sie sich mit allen Mitteln zur Wehr setzt.*[119]

Hervorhebung verdient auch, dass Dalferth die Auseinandersetzung mit gegenwärtigen geistigen, kulturellen und politischen Phänomenen tendenzieller Inhumanität nicht scheut. Er kritisiert das schwärmerische, katastrophische Potential „anarchistischer Emanzipationsbewegungen der westlichen Moderne", indem er darauf hinweist, dass einer ideologisch unverstellten Reflexion nicht entgehen kann, dass „die Befreiung von überkommenen kulturellen Ordnungen kein Schritt in eine größere Freiheit [ist], sondern ein Absturz in lebensgefährdende Unfreiheit, wenn sie beim Abbau von Ordnungen stehen bleibt und nicht zum Aufbau neuer Ordnungen führt".[120]

Ebenso klarsichtig ist sein Verweis auf die zwei Seiten der neuesten Medaille: Turbokapitalismus und Hyperindividualismus:

---

117 Ebd., 38.
118 Ebd.
119 Ebd., 39.
120 Ebd., 9.

*Der spätmoderne Radikalindividualismus ist eine Begleiterscheinung des globalen Konsumkapitalismus, der Menschen entsolidarisiert, indem er die Illusion befördert, es gebe nichts Wichtigeres als individuelle Selbstverwirklichung, für die er die materiellen und ideellen Möglichkeiten bereitstelle.*[121]

Wer sich das einreden lasse, müsse nicht mehr verführt werden, „weil er das will, was man von ihm will". Als Marionette im globalen Machtgefüge kapitalistischer Manipulation „entmenschlicht er sich selbst, indem er sich von den kulturellen Regelgefügen einer menschlichen Solidar- und Verantwortungsgemeinschaft emanzipiert und der Illusion huldigt, wirklich frei erst dadurch zu sein, dass er sein eigenes Ich jedem gemeinsamen Wir entgegensetzt [...]".[122]

In diesen übermenschlich entmenschlichenden Kontext gehören nach Dalferth auch aktuelle Formen der Selbstoptimierung, deren Ziel nicht mehr der politisch (gewaltsam) erzeugte „Neue Mensch" sei, sondern der technologisch hergestellte „Homo Deus" (Yuval Noah Harari). Die von zahllosen Wissenschaftlern, Ingenieuren und machtbewussten Konzernlenkern im US-amerikanischen Silicon Valley oder im chinesischen Perlflussdelta mit ungeheuren Geldmengen vorangetriebene Schaffung von „Künstlicher Intelligenz" dient nicht nur der Produktion von lebensdienlichen PC-gestützten technischen oder pharmazeutischen „Prothesen". Manches spricht dafür, dass die Entwicklung von „Cyborgs", die „transhumanistische" Verschmelzung von Mensch und Maschine, offen und verdeckt im Interesse aggressiver Gewinnmaximierung erfolgt. Das ideologische Schmiermittel dafür bildet die Illusion eines (beinahe) unendlichen Erdenlebens des Menschen, um den Preis, dass die Einsicht in die Sterblichkeit als Quelle der Weisheit (Psalm 90,2) als „vormoderne" Projektion negiert und als

---

121 Ebd., 11.

122 Ebd.

Realität verdrängt wird – jedenfalls solange es irgend geht und bezahlbar bleibt.[123]

## Der Sinn der Sünde ist die Entdeckung der Menschlichkeit

Unter der Überschrift „Vom Sinn der Sünde“ formuliert Dalferth das Fazit seiner Auseinandersetzung mit Geschichte und Gegenwart des Sündenbegriffs und der (west-)kirchlichen Sündenlehre. Diesen Sinn entfaltet er (grosso modo) in siebenfacher Weise:

1. Eine theologisch reflektierte Rede von der Sünde kann dem Menschen eine unverstellte Sicht auf die existenzielle Abgründigkeit seines Da-Seins, seines So-Seins und seines Wahr-Seins eröffnen.[124]
2. Eine theologisch reflektierte Rede von der Sünde kann damit „ein entscheidender Schlüssel für ein realistisches, der Wirklichkeit unserer Existenz gerecht werdendes Bild unserer Selbst [werden]“.[125]
3. Eine theologisch reflektierte Rede von der Sünde ist kein Moralisierungsprogramm, „sondern die Rückseite der Entdeckung der grenzenlosen Gnade Gottes, der sich in Christus bedingungslos auf die Seite der gottvergessenen Menschen gestellt hat“.[126]

---

123 Vgl. dazu in diesem Band die Beiträge von Hanna-Barbara Gerl-Falkovitz, Wolfgang Huber, Jobst Landgrebe, Klaus Scholtissek und Friedhelm Wachs, die sich in jeweils unterschiedlicher Weise und Perspektive mit den Chancen und Risiken der „Homo-Deus-Projektionen“ auseinandersetzen.

124 Dalferth, *Sünde* …, 410, führt folgende Differenzierungen endlichen Lebens ein: *Dasein* – markiert den existenziellen Unterschied zwischen Sein und Nicht-Sein; *Sosein* – verweist auf den biologischen Unterschied zwischen Menschen und anderen Tieren; *Wahrsein* – soll den anthropologischen (ethischen) Unterschied zwischen menschlichen und unmenschlichen Lebensweisen kenntlich machen.

125 Dalferth, *Sünde* …, 393.

126 Ebd., 400.

4. Eine theologisch reflektierte Rede von der Sünde hält die unendliche Universalität und bedingungslose (gerechte, rechtfertigende) Egalität der Zuwendung Gottes und der darin gegründeten menschlichen Würde fest, unabhängig von jedweder Leistung sowie vom je eigenen Glauben oder Unglauben des einzelnen Menschen.[127]

5. Eine theologisch reflektierte Rede von der Sünde begreift die Endlichkeit des Menschen nicht als anthropologischen Mangel, sondern als Gnade bzw. als „das Glück […] zu sein, obwohl wir […] auch nicht hätten sein können".[128]

6. Eine theologisch reflektierte Rede von der Sünde erschließt die heilsame Einsicht in die „Tiefenpassivität des eigenen und jeden anderen Daseins", die uns erst instand setzt, in verantwortlich-menschlicher Absicht „auf unsere endlichen Weisen aktiv und kreativ zu sein".[129]

7. Eine theologisch reflektierte Rede von der Sünde entdeckt Mit-Menschlichkeit als den „Kern der Menschlichkeit", als eine zweckfreie humane Gemeinsamkeit, „die mit der prinzipiellen Gleichheit aller in Gottes schöpferischer Gegenwart gesetzt ist".[130]

Dalferths Conclusio lautet somit kurz und bündig:

> *Die Aufdeckung der Sünde ist […] der entscheidende Schlüssel zur Entdeckung dessen, was es heißt, wahrhaft menschlich zu leben: Menschlich lebt, wer sich selbst und alle anderen als diejenigen kennt und behandelt, die mehr sind, als sie erscheinen, weil in ihnen und durch sie Gott am Werk ist.*[131]

Nachdem wir die Klärung der Begriffe „christliche Humanität" und „Selbstvergottung" anhand der drei Protagonisten Herder, Szczesny und Dalferth vorgenommen haben, wollen wir nun in

---

127 Ebd., 416: *Alle stehen vor den gleichen existenziellen Herausforderungen, leben unter Bedingung der gleichen ‚conditio humana', sind durch die gleiche unhintergehbare Tiefenpassivität und unaufhebbare Endlichkeit gekennzeichnet, haben die gleiche menschliche Würde und das gleiche Recht auf die Rechte eines menschlichen Lebens.*

128 Ebd., 410.

129 Ebd., 413.

130 Ebd., 415.

131 Ebd., 408.

einem vorletzten Schritt nach dem Beitrag fragen, den sie in je eigener Weise zur Humanisierung in Kirche und Kultur, Politik und Gesellschaft geleistet haben.

## Humanisierungs-Potentiale im Humanitäts-Diskurs

### 1. Humanisierung durch profundes Wissen

In Zeiten, wo es erschreckende Anzeichen dafür gibt, dass in Universitäten und in anderen Institutionen des Staates (in autoritären Ländern auf der Südhalbkugel und im „Osten" ebenso wie in den „alten Demokratien" des Westens) „politische Korrektheit" und politisches Wohlverhalten „besser" für die Karriere ist als der engagierte Erwerb sowie die eigen- und gemeinwohlorientierte Anwendung profunden Wissens, ist das Studium von Leben und Werk der vorgenannten Autoren eine Quelle der Orientierung und der Inspiration. Dass Bildung insgesamt, sowohl als Akkumulation von Wissensbeständen in möglichst interdisziplinärer Aneignung als auch als „Herzensbildung" künstlerisch-poetischen Weltzugangs, zur Humanisierung in Kirche und Kultur, Politik und Gesellschaft unabdingbar ist, verbindet ihre Biografien und Intentionen als „public intellectuals".

Trotz diverser Kritik im Detail, die wir herausgearbeitet haben, dürfen wir davon ausgehen, dass sowohl der *Säkularisierungs-Humanist* Gerhard Szczesny als auch der *Coram-Deo-Humanist* Ingolf Dalferth dem *Aufklärungs-Humanisten* Johann Gottfried Herder in seinem theologisch-praktischen Grundanliegen nicht widersprechen. Dass nämlich Sinn und Zweck des Menschen „auf Bildung der Humanität gerichtet [ist], der alle niedrigen Bedürfnisse der Erde nur dienen und selbst zu ihr führen sollen".[132]

132 Herder, *Ideen zur Philosophie …*, 221.

## 2. Humanisierung durch genaue Beobachtung, Analyse und Intervention

Es wird nicht verborgen geblieben sein, dass unsere „drei weisen Männer“ zu denen gehören, die von begründeten Positionen ausgehend entschlossene Angriffe auf die Festungen des jeweiligen Zeitgeistes wagten. Sie treiben ihre Fragen und Antworten nicht als harmlos-gefährliches Spiel (westlicher) Intellektueller im akademischen Elfenbeinturm, sondern riskieren mit ihren Beobachtungen, Analysen und Interventionen fachlichen Konflikt und allgemeine Kontroverse. Alle drei arbeiten und argumentieren als aufklärungskritische Aufklärer, als vernunftvirtuose Vernunftkritiker, als wertkonservative Verteidiger der Freiheit, als religionskritische Gläubige. Wir gehen davon aus, dass sowohl Herder als auch Dalferth dem Christentumskritiker Szczesny zustimmen, wo er davon überzeugt ist, dass „nur eine geistvolle Vernunft oder vernunftgegründete Geistigkeit [in der Lage ist], ein sicheres Fundament für ihren Sprung ins Unbekannte und Zukünftige zu finden“.[133]

Dass zu diesem „Unbekannten und Zukünftigen“ auch das Demokratierisiko eines säkularistisch getarnten, zivilreligiösen *Humanitarismus* gehören könnte, der eine vernünftige, auf Machtbalance, Recht, Ordnung und Empirie gegründete Menschenrechts-, Klima- und Gesundheitspolitik mehr und mehr unmöglich zu machen droht, hat Herder nicht ahnen können, klingt bei Dalferth an und wird von Szczesny unterschätzt. Auch wenn sich Szczesny vom affektgesteuerten Radikal-Säkularismus der von ihm gegründeten Humanistischen Union verabschiedet hat, so ist doch als gefährliches Faktum zu konstatieren, dass wir die Geister, die er rief, nun nicht mehr loszuwerden scheinen. Sie verfolgen, in Gestalt großer Teile des urbanen links-grünen Milieus, ihr „anti-genealogisches Konzept der Moderne“ (Peter

133 Ebd., 147.

Sloterdijk)[134], ihre „schwarmgeistige" politische Romantik (Rüdiger Safranski) oder frönen (in der konsumorientierten und manipulationsaffinen Mehrheitsgesellschaft) dem „Ungeist eines pietistischen Materialismus" (Thea Dorn).[135]

Alle drei Humanismus-Autoren (und auch wir) können hinsichtlich der politischen Relevanz des Humanismus-Diskurses von Arnold Gehlen (1904–1976) lernen, einem Soziologen und philosophischen Anthropologen („Herder-Schüler", „Gegenspieler" von Theodor W. Adorno und akademischen Lehrer Gerhard Szczesnys), nicht nur im Blick auf seinen anregenden Gedanken des Menschen als „Mängelwesen". Gehlen war es auch, der in den Kämpfen der Studentenbewegung[136] der 1960er Jahre eindringlich vor den katastrophischen Folgen des Humanitarismus warnte, wo er eine ethische Alleinherrschaft beanspruche, andere Ethosformen verdränge und partikulare Interessen als weltweite Anliegen ausgebe. Gehlens Vorwurf gegenüber dem Humanitarismus bezieht sich auf die politisch gefahrvolle Verknüpfung von Humanitarismus mit Hypermoralismus.[137] Gegen diese infernalische Allianz bezog zuletzt auch der Althistoriker Egon Flaig mit seinem „Plädoyer für einen aufgeklärten Konservatismus" Stellung.[138] Dass auch die gegenwärtige (EKD-kirchen-

---

134 Peter Sloterdijk, *Die schrecklichen Kinder der Neuzeit: über das anti-genealogische Konzept der Moderne*, Berlin 2014.

135 Thea Dorn, *Trost. Briefe an Max*, München 2021, 160.

136 Siehe die schonungslose Kritik eines vormaligen „Mitkämpfers": Götz Aly, *Unser Kampf 1968 – ein irritierter Blick zurück*, Frankfurt am Main 2008.

137 Arnold Gehlen, *Moral und Hypermoral. Eine pluralistische Ethik*, Frankfurt am Main 1969: Gehlens These vom Menschen als „Mängelwesen" geht im Kern auf Johann Gottfried Herder zurück und erinnert an das „nicht festgestellte Tier" (Friedrich Nietzsche), dem Wesen, das *zeitgleich und komplementär* zu seiner relativen Instinktarmut eine bemerkenswerte Plastizität und Weltoffenheit, eine Formbarkeit, Lernfähigkeit und Erfindungsgabe besitzt.

138 Egon Flaig, *Was not tut. Plädoyer für einen aufgeklärten Konservatismus*, Lüdinghausen/Berlin 2019: Auch Flaig kritisiert die fortschreitende gesellschaftliche Fragmentarisierung. Diese letztlich inhumane Dynamik werde getragen von einer Verabsolutierung individueller Freiheiten und von einem unheilvollen

amtliche) Humanitarismus-Variante eines protestantischen Hypermoralismus ebenso fundierte wie geharnischte Kritik verdient, hat der Wiener Theologe Ulrich K. Körtner mit seiner Streitschrift „Für die Vernunft. Wider Moralisierung und Emotionalisierung in Politik und Kirche" eindrucksvoll vorgeführt.[139]

## 3. Humanisierung durch kritisch-wertschätzenden Dialog

Einer der „sündhaften", soll heißen trennend-zerstörerischen „Kollateralschäden" von Hypermoral und Humanitarismus in den aktuellen Auseinandersetzungen um relevante Fragen des Menschseins, menschenrechtliche Politik und menschenwürdiges Zusammenleben ist der, im Westen im Wachsen begriffene, (quasi-)atavistische öffentliche Meinungskampf, der mit dem Ziel geführt wird, die bürgerliche Existenz des Debatten-Gegners zu vernichten.[140] Manche Akteure begnügen sich nicht damit, ihre Gesprächspartner, wie Szczesny (im Abschiedsbrief an seine vormaligen Mitstreiter in der Humanistischen Union), als „politische Gegner", mit denen man sich „heftig streite", anzusehen und zu achten, sondern meinen, diese als „Feinde" betrachten und bekämpfen zu müssen.[141] Gegen diese denunziatorische Unsitte, die von Medienmachern und Chefredakteuren (unter Missachtung redaktioneller Qualitätsstandards) zum Zwecke

---

Wechselspiel von globalisiertem (Hyper-)Kapitalismus und moralisierendem Humanitarismus.

139 Ulrich K. Körtner, *Für die Vernunft. Wider Moralisierung und Emotionalisierung in Politik und Kirche*, Leipzig 2017.

140 Siehe die jüngsten Auseinandersetzungen zwischen Johann Hinrich Claussen (zz 3/2021, 8850) und Benjamin Hasselhorn in: zeitzeichen. Evangelische Kommentare zu Religion und Gesellschaft (zz 4/2021, 8919) https://zeitzeichen.net/node/8919 oder den Angriff von Arnd Henze auf Ingolf Dalferth (zz 3/2021, 8851) und dessen Erwiderung (zz 4/2021, 8918) https://zeitzeichen.net/node/8918.

141 Szczesny an die HU, siehe Anm. 48.

der Auflagensteigerung verwendet wird oder die im Dienste einer (rechtlich fragwürdigen) Herrschaftssicherung argumentationsschwacher Politiker steht, hilft zuerst und vor allem die Einladung und die Praxis eines kritisch-wertschätzenden Dialogs.[142]

Beispiele eines solchen qualifizierten Dialogs wurden in und mit den vorliegenden Porträts gegeben. Dazu zählt der akribische Dialog, den Claas Cordemann mit dem logoschristologisch inspirierten *Aufklärungs-Humanisten* Herder geführt hat, ebenso wie die über weite Strecken fundierte Christentumskritik von Gerhard Szczesny.[143] Ingolf Dalferths Auseinandersetzung mit

---

142 In diesen medial-„mörderischen" Kontext gehört nach wie vor ein inflationär und häufig faktenfrei vorgetragener „Faschismus-Vorwurf" (seit den kommunistisch-ideologischen Vorgaben der 1920er Jahre gegenüber den Sozialdemokraten als „Sozialfaschisten", mit der SED-Diktaturabsicherung durch „verordneten Antifaschismus" ab 1945 und den neomarxistischen Ideologien der 68er Revolte, die ihren „langen Marsch durch die Institutionen" erfolgreich abgeschlossen hat). Siehe auch die anfängliche Denunziation von Szczesny, der in jenen Jahren raunte, „[…] daß die Bundesrepublik sich heute bereits wieder in einem unverkennbar präfaschistischen Zustand befinde", siehe Anm. 67. / In seiner Autobiografie *Als die Vergangenheit Gegenwart war* (1990) fällt Szczesny dann rückblickend ein anderes Urteil, 12: *Ende der sechziger Jahr [war] nicht mehr zu übersehen, daß der deklarierte Antifaschismus nicht die Wurzeln totalitärer Gewaltherrschaft bloßlegen, sondern alle […] konservativen Wertvorstellungen mit dem Odium faschistoider Absichten belasten wollte.*

143 Dass Wilhelm F. Kasch den Ansatz eines kritisch-wertschätzenden Dialogs mit Gerhard Szczesny gelegentlich verfehlt hat, sei ihm nachgesehen. Die Erforschung der „Relevanz des christlichen Glaubens als Faktor des gesellschaftlichen Bewusstseins und der gesellschaftlichen Folgen der Säkularisierung" blieb das akademische Lebensthema des Professors für „Systematische Theologie und theologische Gegenwartsfragen" (in Bayreuth und Erlangen). Auf diesem Feld der akademischen Auseinandersetzung hat er sich große Verdienste erworben. Siehe Anm. 64. / Verwiesen sei in diesem Zusammenhang auf das engagierte Plädoyer des tschechisch-katholischen Soziologen, Religionsphilosophen und Priesters für einen offenen und fairen Dialog mit den Kritikern des Christentums (auch als Quelle eigener Selbstvergewisserung): Tomas Halik, *Gott los werden? Wenn Glaube und Unglaube sich umarmen*, Münsterschwarzach 2016. / Und

dem Sündenbegriff ist ein Musterbeispiel für vielstimmige Kontroverse, für einen Dialog, den er mit Vertretern seiner Zunft und mit „Fachfernen“ geführt hat: fundiert und achtungsvoll, auch dann, wenn er selbst entgegengesetzter Meinung ist.

Ein Dialog-Feld bleibt bei ihm wie bei der Mehrzahl katholischer und evangelischer Theologen allerdings nahezu unbeackert. Da das Thema sowohl für eine theologisch angemessene als auch für eine glaubenspraktische Erschließung der Sündenproblematik unerlässlich ist, sei abschließend kurz darauf eingegangen. Gemeint ist der Dialog zwischen West- und Ostkirche.

Wir stellen fest, dass der von Dalferth genannte „rote Faden“ der Sündenthematik, der zweifelsohne „in der westlichen Denkgeschichte entscheidend zur Entdeckung und Konkretisierung der Menschlichkeit des Menschen beigetragen hat“, in dieser Beziehung abgerissen ist.

Wir behaupten: Wenn der „rote Faden“ nicht abgerissen wäre, hätten die „Entdeckungen und Konkretisierungen“ der „westlichen Denkgeschichte“ möglicherweise weniger „diabolische“ (durcheinanderwerfende) Energien freigesetzt. Ein kritisch-wertschätzender Blick nach Osten hätte vielleicht auch deutlich weniger „(christentums-)feindliche“ Auseinandersetzungen in den Ländern des Westens um das „richtige“, („orthodoxe“) Gottes- und Menschenbild zur Folge gehabt. Und weil wir das nicht nur für einen frommen Wunsch oder eine theologieferne Spekulation, sondern für eine mehrfach versuchte und auch weiterhin sinnvolle und buchstäblich heilsame ekklesiologische Perspektive halten, sei uns ein solcher Versuch (am Osterfest des Jahres 2021) gestattet. Wir wollen diesen Versuch anhand des theologischen Begriffs und der mystagogischen Praxis der *theosis*, der „Vergöttlichung“, unternehmen.

---

eine unübertroffene Quelle der Inspiration für dialogbereite Gottsucher oder Gotteszweifler: Simone Weil, *Schwerkraft und Gnade*, München (1952) 1989ff., siehe z.B.: *Die Irrtümer unseres Zeitalters sind ein Christentum ohne Übernatur. Ursache ist der Laizismus – und zuvor der Humanismus*, 157.

## „Vergöttlichung“ statt „Selbstvergottung“?!

Wir hatten eingangs darauf verwiesen, dass mit den kontradiktorischen Leitbegriffen dieses GEORGIANA-Bandes „christliche Humanität“ und „Selbstvergottung“ die Notwendigkeit einer Begriffsklärung gegeben sei. Wir gehen davon aus, dass im Verlauf dieses Artikels anhand der Kurz-Porträts unserer drei Protagonisten plausibel gemacht werden konnte, was „in der westlichen Denkgeschichte“ (Dalferth) unter „christlicher Humanität“ verstanden wurde und wird und welche Humanisierungspotentiale daraus abzuleiten waren und sind. Humanität und Humanismus in christlicher Perspektive sprechen, Dalferth zufolge, eine Einladung aus zu einer Lebenshaltung in „kreativer Passivität“ gegenüber der unentwegten, universalen, unverfügbaren Kreativität Gottes. Christliche Humanität ist nur „Coram Deo“ denkbar und lebbar. Mit Ingolf Dalferth „radikal-theologisch“ zugespitzt formuliert:

> *Man denkt die Welt und das Leben nicht anders, wenn man es ohne diesen Gottesbezug denkt, sondern man denkt theologisch strenggenommen nichts mehr, weil es nichts mehr zu denken gibt – nichts, was sich denken ließe, und niemanden, der etwas denken könnte. Mit dem Gottesbezug verliert man nicht nur eine Sichtweise, sondern es verschwinden die Phänomene.*[144]

Der Begriff „Selbstvergottung“ konnte im Kontext der theologiegeschichtlichen Reflexion des Sündenbegriffs seine Entschlüsselung finden: als die Existenzweise des „Homo deus“. Gemeint ist damit der Mensch (als Mann und Frau, gemäß Genesis 1,27), der meint, ohne Gott wie Gott denken, leben und handeln zu können oder zu sollen. Ein Mensch also, der die mit dem Sündenbegriff gewonnene Einsicht in die Ambivalenz, Fragilität und Endlichkeit des Lebens nicht nur nicht bereit ist zu akzeptieren, sondern der diese (traditionell-christliche) Conditio-

---

144 Dalferth, *Radikale Theologie …*, 20.

humana-Vorstellung vielmehr als eine (bio-)technologische Herausforderung und Einladung zu einem radikalen „Upgrade von Menschen zu Göttern" versteht. Mit Yuval Noah Harari auf den transhumanistischen Punkt gebracht:

> *Das dritte große Projekt der Menschheit im 21. Jahrhundert wird es sein, dass sie für sich göttliche Schöpfungs- und Zerstörungsmacht erwirbt und den ‚Homo sapiens' zum ‚Homo deus' erhebt. [...] Wir könnten also sagen, dass die neue menschliche Agenda in Wahrheit nur aus einem einzigen Projekt (mit vielen Verzweigungen) besteht: Göttlichkeit zu erlangen.*[145]

Demgegenüber hatten wir mit Luther darauf beharrt: „Wir sollen Menschen und nicht Gott sein. Das ist die Summa."[146] Wir taten dies nicht ohne jene an Herder (und an uns) gerichteten Fragen aufzuwerfen, die hier nur angerissen werden können, und die gleichwohl zu einem kritisch-wertschätzenden Dialog anregen sollen:

1. Könnte es sein, dass die logoschristologisch inspirierte Schöpfungstheologie des Aufklärungs-Humanisten Herder und seine daraus abgeleiteten Einsichten „zur Bildung des Menschengeschlechts" gangbare Brücken zur Theosis, das meint zum Verständnis und zur Adaption der (in den gegenwärtig vergleichsweise vitalen oströmisch-byzantinisch geprägten Kirchen noch immer vertretenen und gelebten) Vergöttlichung des (sündigen) Menschen in der Nachfolge Christi bauen helfen?[147]

---

145 Yuval Noah Harari, *Homo Deus. Eine Geschichte von Morgen*. München 2017, 78. Das von Harari so genannte „Upgrade" kann und soll seiner Meinung nach auf drei Wegen erfolgen: *durch Biotechnologie, durch Cyborg-Technologie und durch die Erzeugung nicht-organischer Lebewesen.* (72) Zur Auseinandersetzung mit Harari siehe in diesem Band vor allem: Wolfgang Huber, Klaus Scholtissek und Jobst Landgrebe, Anm. 117.

146 Siehe Anm. 22.

147 Diese Überlegungen verdanken sich zahlreichen Gesprächen und Konsultationen mit orthodoxen Freunden, die wir u. a. in diversen „Ökumene-Gesprächen" in der Fürstenloge der Ettersburger Schlosskirche (mit Blick auf die wunderbare Christkönig-Skulptur von Walter Sachs über dem spätgotischen Marien-Krönungs-Altar) geführt haben. Ich danke hier vor allem Damon Nes-

2. Könnte es sein, dass Herders Kritik an Teilen der augustinischen Sündentheologie (die vor allem ein pejoratives, negatives Verständnis von „Selbstvergottung“ erzwingt) auf Holzwege der westlich-theologischen Denkgeschichte verweist?[148]

3. Könnte es sein, dass diese Sünden-Verständnis-Tradition auf eine einseitige Auslegung der Schlüsseltexte in Genesis 1–4 zurückgeht, deren Fragwürdigkeit wir mit Verweis auf Klaus Koch angesprochen hatten?[149]

---

tor Ploumis, Hans Werner Martin, Pater Michail Rahr, Pater Justin Rauer, Hellmut Th. Seemann, Sebastian Kircheis und Christian Hecht.

148 An dieser Stelle bedürfte es einer vertieften exegetischen Auseinandersetzung mit Genesis 1–4. / Pater Justin verdanke ich den Hinweis, dass die meisten griechischen Väter, von Gregor von Nyssa, über Gregorios Palamas bis zu John S. Romanides den „Doppelsatz“ in Genesis 1,27 (mit Bezug auf die Septuaginta) in zweifacher, differenzierter Weise auslegen: a) *Gott schuf den Menschen zu seinem Bilde* – als anthropologisch-unverlierbare „Imago-Dei-Geschaffenheit“: statisch-ontologisch; b) *zum Bilde Gottes schuf er ihn* – als „göttliche Einladung zur Verähnlichung“: dynamisch-soteriologisch, in mystagogisch-aszetischer Aneignung. Der hermeneutische, neutestamentliche Bezug ist in 1. Korinther 13, 11–12 zu finden. / Insbesondere Romanides betont in seinen theologischen Arbeiten die *Theosis* (im Gegensatz zu einem rein intellektuellen Theologie-Ansatz) als das Wesentliche der Orthodoxen Theologie. Kern der christlichen Praxis pietatis sei der *Hesychasmus*, das vom spätantiken byzantinischen Mönchtum entwickelte „Stille- oder Ruhegebet“ bzw. das „Herzens- oder Jesus-Gebet“ (im öst- und westlichen Mönchtum des Mittelalters als „via cordis“ übernommen); vgl.: *Hesychia. Das Geheimnis des Herzensgebets*, hg. v. Andreas Ebert, Carol Lupu, München 2012.

149 Siehe Klaus Koch, *Imago Dei – Die Würde des Menschen im biblischen Text*, Anm. 26. In diese Richtung zielen u.a. auch die philosophisch-theologischen Reflexionen von Leszek Kołakowski, *Der metaphorische Horror*, München 2002, 102: *Sowohl das biblische Vermächtnis als auch die Schriften zahlreicher Kirchenväter und Mystiker – darunter Bernhard v. Clairvaux, Bonaventura, Johannes Tauler, Thomas von Kempen, Johannes vom Kreuz, Teresa von Aquila – [rücken] die Erkenntnis Gottes nachdrücklich in einen Zusammenhang mit der Frömmigkeit, der Anbetung, dem Glauben, der Hoffnung und der Nächstenliebe, womit sie eindringlich zu verstehen geben, daß eine rein spekulative Erkenntnis ‚in divinis‘ […] wertlos ist für die Erlösung.*

4. Könnte es sein, dass ein einseitiges Verständnis und eine kritikferne Tradierung augustinischer Hamartologie in den Westkirchen nicht nur zu den von Dalferth herausgearbeiteten Erinnerungslücken, zu (zum Teil fragwürdigen) „Denktraditionen“ und „Transformationen“ führt, sondern erst recht zu den von ihm konzise beschriebenen „Dekonstruktionen“ provoziert?[150]

5. Könnte es sein, dass in dieser westkirchlichen Überlieferungsgeschichte die (ursprünglich gesamtkirchliche und so auch) augustinische Theosis-Theologie und die damit in Zusammenhang stehende mystagogische Eucharistielehre zu ihrem eigenen Schaden weitgehend ausgeblendet wurde und wird?

Die konjunktivischen Fragen finden ihre Auflösung in der These: „Vergöttlichung“ (Theosis) ist das theologische, aszetische[151] und sakramentale Gegenteil von „Selbstvergottung“. Das existenziell-hamartologische Verständnis für diese altkirchlich-orthodoxe Theologie und die ihr entsprechende sakramentale Praxis wird in der „heiligen Liturgie“ der orthodoxen Kirchen byzantinischer Tradition nach wie vor gepflegt. In den Kirchen des Westens, insbesondere in den protestantischen Kirchen und Konfessionen, ist dieses Verständnis und solcherart Übung (trotz diverser Erneuerungsversuche, vornehmlich in den Kirchen der lutherischen Reformation, zuletzt bei Dietrich Bonhoeffer) weitgehend verlorengegangen. Deswegen muss an dieser Stelle ein knapper (kirchen-)historischer Hinweis eingeschoben werden.

---

150 Szczesny weist in seiner Christentumskritik und auch in seiner Autobiografie mit deutlichen Worten auf die intellektuellen und lebensweltlichen Glaubwürdigkeitslücken evangelischer und katholischer Kirchen hin. Siehe: Szczesny, *Zukunft des Unglaubens …*, 57.

151 Aszetik (Askese): Streben nach Askese = christliche Frömmigkeits-Übungen = Praxis pietatis; seit dem 17. Jahrhundert auch eine Disziplin der Theologie; vgl.: *Evangelische Aszetik. Ein Programm macht Schule*, hg. v. Christian Eyselein, Christel Keller-Wentorf, Gerhard Knodt, Klaus Raschzok, Leipzig 2021.

## Dialog-Versuche in Richtung Konstantinopel

Die (machtpolitisch initiierte) wachsende Entfremdung zwischen ost- und weströmischer Christenheit, beginnend um 800 n. Chr. im Zusammenhang mit der „Erbschaft“ des Imperium Romanum durch Karl den Großen, über das „Morgenländische Schisma“ 1054 und die Preisgabe und Plünderung Konstantinopels im Vierten Kreuzzug 1204 bis hin zur endgültigen Trennung am Ende des 18. Jahrhunderts, ist eine der Ursachen für die anhaltende Schwächung der Glaubwürdigkeit der einen, heiligen apostolischen Kirche Jesu Christi und ein Angriff auf die Zeugniskraft des Evangeliums in den jeweiligen Kirchen und Konfessionen. Die „abendländischen“ Trennungen im Zuge der lutherischen und reformierten Reformationen und ihrer calvinistischen Vervielfältigungen (über den Umweg der „Auswanderung“ und Gründung der Vereinigten Staaten von Amerika im 19. Jahrhundert und deren säkular-zivilreligiösen Re-Import nach dem Ende des Zweiten Weltkrieges) setzen diese „alte“ Entfremdungsgeschichte fort.[152]

Im Kontext unserer Einladung zu einem kritisch-wertschätzenden Dialog ist es deshalb hilfreich, daran zu erinnern, dass seit dem 16. Jahrhundert von lutherischer Seite immer wieder Versuche einer Verständigung (vorrangig) in dogmatischen Fra-

152 Die endgültige Trennung erfolgte katholisch-römischerseits erst 1729, als die „Kongregation für die Glaubensverbreitung“ die Sakramentsgemeinschaft mit den Orthodoxen verbot. Auch wenn die gegenseitige Bannung von 1054 während des Zweiten Vatikanischen Konzils von Papst Paul VI. und dem Ökumenischen Patriarchen Athinagoras am 7. Dezember 1965 zeitgleich in Rom und Istanbul in feierlicher Form „aus dem Gedächtnis und aus der Mitte der Kirche getilgt“ wurde und „dem Vergessen anheimfallen“ sollte, hat sich doch an dieser Entfremdung nichts Wesentliches geändert. Siehe: Dorothea Wendebourg, *Reformation und Orthodoxie. Der Ökumenische Briefwechsel zwischen der Leitung der Württembergischen Kirche und Patriarch Jeremias II. von Konstantinopel in den Jahren 1573–1581*, Göttingen 1986, dort auch weiterführende Literatur.

gen unternommen wurden.[153] Den Auftakt machte 1559 Philipp Melanchthon, der dem damaligen Patriarchen von Konstantinopel Jeremias II. eine Übersetzung der „Confessio Augustana" (Augsburgisches Bekenntnis, 1530) schickte. Zu einer wirklichen Begegnung kam es leider nicht; der Briefwechsel endete 1581 folgenlos. Gleiches gilt für die Kontaktaufnahmen zur russisch-orthodoxen Kirche nach Moskau und Petersburg am Beginn des 18. Jahrhunderts. Aber hier änderte sich nach dem Zweiten Weltkrieg die Situation. Die Emigration einiger orthodoxer Theologen in westliche Länder trug zu einem besseren gegenseitigen Kennenlernen bei. 1967 begannen zwischen dem Ökumenischen Patriarchat und dem Lutherischen Weltbund (LWB) diverse Beratungen und Gespräche. In den Jahren zwischen 1985 und 2002 hat die Offizielle Lutherisch-Orthodoxe Kommission zu zahlreichen theologischen Fragen Stellung genommen, jedoch ohne dass dies spürbare Konsequenzen für das ökumenische Bewusstsein und die ökumenische Praxis in den lutherischen Gemeinden vor Ort gefunden hätte.

Neuere theologisch fundierte Ansätze für ein wechselseitig fruchtbares „Theosis-Gespräch" sind allerdings vorhanden, wenn auch nicht in Hülle und Fülle, so doch in durchaus anregender Weise. Hingewiesen sei auf die Arbeiten von Levon Sardaryan, *Rechtfertigung und Theosis* (2005)[154], der neben der Theosis-Lehre des Hl. Gregorios Palamas auch auf das Thema „Theosis und Luther" eingeht, Reinhard Flogaus, *Theosis bei Palamas und*

---

153 Siehe: Levon Sardaryan, *Rechtfertigung und Theosis*, München 2005.

154 Dialog-Themen der Offiziellen Lutherisch-Orthodoxen Kommission: *Die Göttliche Offenbarung (1985); Schrift und Tradition (1987); Kanon und Inspiration der Heiligen Schrift (1989); Die Ökumenischen Konzilien und die Autorität der Kirche (1993); Die Autorität der Kirche: Das Heilsverständnis im Lichte der Ökumenischen Konzilien (1995); Die Autorität der Kirche im Lichte der Ökumenischen Konzilien – Heil: Gnade, Rechtfertigung und Synergismus (1998); Das Mysterium der Kirche: Wort und Sakramente (Mysteria) im Leben der Kirche (2000); Das Mysterium der Kirche: Mysteria/Sakramente als Heilsmittel (2002)*, vgl.: Sardaryan, *Rechtfertigung und Theosis* …, 14.

*Luther. Ein Beitrag zum ökumenischen Gespräch* (1997),[155] und auf Jan Eike Welchering, *Eucharistie und Vergöttlichung: Einführung in die Theosis bei Augustinus und Gregor von Nyssa* (2011).[156]

## Die Entdeckung der Menschlichkeit in Buße und Eucharistie

Notger Slenska hat in seiner Besprechung des Sünden-Buches von Dalferth zu Recht darauf aufmerksam gemacht, dass „dieses wirklich große Werk" eine liturgisch-institutionelle Leerstelle aufweist: den theologisch reflektierten Bezug auf das Bußsakrament. Nach Slenska sei es unmöglich, „ein Verständnis der menschlichen Sünde zu gewinnen, ohne dass ein Weg der Selbsterkenntnis beschritten wird, in dessen fortschreitend vertiefter theologischer Deutung sich die Kategorien zur Erfassung des Phänomens Sünde ausgebildet haben".[157] Die Kritik aufnehmend, könnte man in Anlehnung an Leszek Kołakowski fortsetzen: *„eine rein spekulative Erkenntnis ‚in divinis' [ebenso wie ‚in hominibus'] ist nicht nur wertlos für die Erlösung [...], sondern eigentlich gar keine Erkenntnis.*[158] Oder anders ausgedrückt:

> *Es gibt keine rein intellektuelle Erkenntnis Gottes; sofern wir nur in der Spekulation zu ihm gelangen, bleibt er ein leerer Begriff, nicht nur nutzlos im Leben, sondern auch in kognitiver Hinsicht unwirksam; wir erkennen Gott [und uns selbst] im Maße unserer Frömmigkeit: ‚Der Herr ist nahe denen, die zerbrochenen Herzens sind.' (Ps. 34, 19) [...] Sowohl die prophetischen als auch die Lehrbücher des Alten Testaments setzen immer wieder Weisheit mit Frömmigkeit, Rechtschaffenheit, Gehorsam und Demut gleich.*[159]

---

155 Reinhard Flogaus, *Theosis bei Palamas und Luther: Ein Beitrag zum ökumenischen Gespräch*, Göttingen 1997.

156 Jan Eike Welchering, *Eucharistie und Vergöttlichung: Einführung in die Theosis bei Augustinus und Gregor von Nyssa*, München 2011.

157 Notger Slenska, Rezension zu Dalferth „Sünde ...", in: ThLZ 145 (2020), 994f.: *Es gibt eine Rede von der Sünde nur unter der Bedingung menschlicher Reflexivität.*

158 Kołakowski, *Metaphysischer Horror ...*, 102.

159 Ebd., 101. / An dieser Stelle sei auf eine jüdische Stimme und damit auf

Wir nehmen den weisheitlichen Buß- und Beicht-Faden auf *(Der Herr ist nahe denen, die zerbrochenen Herzens sind)*, ziehen ihn weiter und stellen fest, dass auf dem dalferthschen Sünden-Erkenntnis-Weg noch eine weitere (von Slenska nicht erwähnte), weitaus fundamentalere „kirchliche Institution" außen vor bleibt: das sakramentale „Geheimnis des Glaubens", das heilige Abendmahl, die Eucharistie: *Herr, ich bin nicht würdig, dass du eingehst unter mein Dach, aber sprich nur ein Wort, so wird meine Seele gesund.*[160]

Auch wenn man der Einschätzung Dalferths, „dass die kirchliche Lehrtradition Augustins Sündentheologie [...] nie in der Radikalität ihrer endgültigen Form übernommen [hat]"[161], eine gewisse Stichhaltigkeit zubilligt, so ist dennoch die frömmigkeits- und auch die kulturgeschichtliche Rezeption Augustins als des „Erfinders" der „Erbsünde" für die Kirchen des Westens und die „westliche Denkgeschichte" unübersehbar und in Teilen (buchstäblich) verheerend.[162]

---

einen weiteren, unverzichtbaren Dialogpartner hingewiesen, den wir brauchen, wenn es um die Bestimmung ‚christlicher Humanität' geht: Adam Deutsch, *Das Gottesvolk. Eine philosophische Anthropologie*, Berlin 2016, 8: *Die Erwählung Israels ist das Gotteszeichen auf der Stirn des Menschen.*

160 Eucharistischer Gebetsruf, mit Bezug auf Mt 8,8. / Siehe: Wolfgang Vorländer, *„... dann wird meine Seele gesund". Der Gottesdienst als Raum des Heiligen und Heilenden*, Gütersloh 2007.

161 Dalferth, *Sünde ...*, 137.

162 Ebd. und 133: Dalferth erläutert hier die Entstehung dieses (unbiblischen) Begriffs „Erbsünde" (peccatum hereditarium) und seine theologisch-kirchliche (Hoch-)Konjunktur in den Westkirchen seit dem frühen 13. Jahrhundert, mit Bezug auf Tom Kleffmann, *Die Erbsündenlehre in sprachtheologischem Horizont. Eine Interpretation Augustins, Luthers und Hamanns*, Tübingen 1994. / Dass die theologisch-anthropologische Schlüsselstelle der Bibel (ausgehend von Genesis 1,27) in Genesis 3,1–24 (hermeneutischer Bezug im NT siehe 1. Korinther 13,11–12) auch in der Lutherbibel 2017 und der Zürcher Bibel nach wie vor in vereinseitigender Weise mit „Der Sündenfall" überschrieben ist (ohne positive Würdigung von Gen 3,22), und nicht wie die Einheitsbibel oder die Basisbibel u. a. mit dem Fokus auf den Kerngedanken „Die Vertreibung aus dem Paradies", spricht für eine (unreflektierte?) Fortwirkung der anthopologisch-problematischen

Der Augustinermönch und Reformator Martin Luther kannte selbstverständlich nicht nur das augustinische Verständnis von „Erbsünde“ „als universale anthropologische Wirklichkeit“, sondern auch die problematischen Folgewirkungen.[163] In seiner Erfurter Klosterzeit hat er die scholastisch überzogenen Denk- und Praxisformen am eigenen Leibe erfahren, mit Hilfe des erfahrenen Seelsorgers Johannes Staupitz (1460–1524) „überstanden“ und fortan theologisch und praktisch radikal bekämpft. Seine Fundamentalkritik am Geschäftsmodell hypermoralischer Erbsündentheologie („Ablasshandel“) wird zum Auslöser der Reformation.

Man kann den Auftakt seiner „95 Thesen“ (etliche der Thesen selbst, ebenso wie die drei „Freiheitsschriften“ des Jahres 1520) nicht nur als Kritik an der weltlichen Machtentfaltung des römischen Papsttums und an diversen „römischen Sonderlehren“, sondern auch als einen couragierten Versuch der Überwindung des „Erbsünden-Augustinus“ und als Projekt einer seelsorgerlich relevanten Revitalisierung des „Theosis-Augustinus“ lesen:

1. *Da unser Herr und Meister Jesus Christus spricht „Tut Buße“ u. s. w. (Matth. 4,17), hat er gewollt, dass das ganze Leben der Gläubigen Buße sein soll.*[164]

Luther betont den „inneren“, lebenslangen (Theosis-)Prozess zur „Freiheit eines Christenmenschen“, z. B. in der Auslegung zu Philipper 3,13:

---

Hamartologie Augustins. In diesem Zusammenhang wird dann (zumeist) auch der (wörtlich so genannte) „Sündenfall“ des Adamsohnes Kain in Genesis 4,6–8 (hermeneutischer Bezug im NT siehe Lk 23,39–43) ausgeblendet.

163 Dalferth, *Sünde* …, 93.

164 Zitiert nach https://www.luther.de/leben/anschlag/95thesen.html. / Man beachte die „hermeneutische Schlüsselthese“ (insbesondere in „Corona-Zeiten“): *These 14: Ist die Haltung eines Sterbenden und die Liebe (Gott gegenüber) unvollkommen, so bringt ihm das notwendig große Furcht, und diese ist umso größer, je geringer jene ist.* (frei übersetzt: „Je geringer der Glaube an Gott ist, umso größer ist die Angst vor dem Tod.“)

*Dieses Leben ist keine Frömmigkeit, sondern ein Fromm-Werden. Keine Gesundheit, sondern ein Gesund-Werden. Kein Wesen, sondern ein Werden. Keine Ruhe, sondern ein Üben. Wir sind es noch nicht; werden es aber. Es ist noch nicht getan und geschehen; es ist aber in Gange und im Schwange. Es ist nicht das Ende; es ist aber der Weg. Ein Christ ist im Werden, nicht Gewordensein.*[165]

Der versierte und äußerst gefragte Seelsorger Luther bezweifelt auch nicht den sakramentalen Akt von Buße, Beichte und Absolution:

*Wenn tausend und abertausend Welten mein wären, so wollte ich alles lieber verlieren, als das geringste Stück der Beichte aus der Kirche kommen lassen. Sie ist der Christen erste, nötigste und nützlichste Schule, darin sie Gottes Wort und ihren Glauben verstehen und üben lernen.*[166]

Dass Luther und die Reformatoren diese theologischen Einsichten (obgleich die Einzelbeichte und Absolution in vielen lutherischen Kirchen bis ins 18. Jahrhundert hinein praktiziert wurden) nicht in sakramentale Lehre und Praxis übersetzt haben (wie auf dem Cranach-Altar der Wittenberger Stadtkirche eindrucksvoll dargestellt), bleibt ein bis heute fortwirkender „Sündenfall" der Reformation.

Gleichwohl hat Luther auch die „Theosis-Seite" Augustins gekannt. Beide, Augustinus und Luther, besaßen die rhetorische Fähigkeit, theologisch komplexe Begriffe und Sachverhalte, wie z. B. Sündenerkenntnis und Heilserwartung, in religiös-poetische Sprachbilder zu kleiden, um auf diese Weise ihren verborgenen Sinngehalt zu erschließen. Ein Beispiel bildtheologischer Wortschöpfung von Augustinus soll kenntlich machen, wie er paulinische Tauftheologie in gut verständliche, mystagogi-

---

165 Luther, Auslegung zu Philipper 3,13, zitiert nach: Thomas A. Seidel, *Luther-Brevier. Worte für jeden Tag*. Weimar-Eisenach (2007) 2013, 264.

166 Zitiert nach: Thomas A. Seidel, *Unterwegs zu Luther. Das Reisebuch*. Weimar-Eisenach 2016, 183.

sche Eucharistie-Frömmigkeit überführt. In einer Osterpredigt macht er seine *Theosis-Orientierung* bildhaft:[167]

> *Bedenkt es, daß das Brot nicht aus einem einzigen Korn wird, sondern aus vielen. Als der Exorzismus über euch gesprochen wurde, da wurdet ihr gewissermaßen gemahlen. Als ihr getauft wurdet, wurdet ihr gleichsam benetzt. Als ihr das Feuer des heiligen Geistes empfingt, wurdet ihr gleichsam gebacken. Seid, was ihr seht, und empfangt, was ihr seid.*[168]

Dietrich Bonhoeffer (1906–1945), einer der sprach- und wirkmächtigsten Augustinus- und Luther-Exegeten der Kirche, nennt in seiner „Theosis-Anleitung" zum „Gemeinsamen Leben" die sakramentale Gemeinschaft des heiligen Abendmahls „die Erfüllung der christlichen Gemeinschaft überhaupt".[169]

Eine französische Zeitgenossin von Bonhoeffer, Simone Weil (1909–1943), Widerstandskämpferin gegen den Nationalsozialismus wie er, eine „katholische Denkerin, die sich als Jüdin gleichwohl zur Taufe nicht entschließen konnte, [eine, die] aus dem feuergefährlichen Stoff der großen Heiligen gemacht [ist]"

---

167 Cornelius Petrus Mayer OSA, *Erläuterungen zum Sermo 272 des Hlg. Augustinus*, eine Predigt für Neugetaufte am Ostermorgen, siehe: https://www.augustinus.de/einfuehrung/texte-von-augustinus-mit-online-uebers/oesterlicher-festkreis/244-sermo–272-osterpredigt-fuer-neugetaufte.

168 Ebd. / Ähnliches finden wir bei einem der wichtigsten Kirchenväter der Ostkirche, Johannes Chrysostomus: *Durch die Teilnahme an Gott wird der Mensch durch Gnade, was Christus durch Natur ist.* Zitiert nach: Christoph Schönborn: *Vergöttlichung.* In: Christian Schütz (Hg.): *Praktisches Lexikon der Spiritualität.* Herder, Freiburg i. Br. u. a. 1992, Sp. 1353 (1355).

169 Dietrich Bonhoeffer, *Gemeinsames Leben*, Gütersloh (1987) 2001, 102: *Der Tag des Abendmahls ist für die christliche Gemeinschaft ein Freudentag. Im Herzen versöhnt mit Gott und den Brüdern empfängt die Gemeinde die Gabe des Leibes und Blutes Jesu Christi und in ihr Vergebung, neues Leben und Seligkeit.* / Siehe auch: Albrecht Schödl, *Unsere Augen sehen nach dir: Dietrich Bonhoeffer im Kontext einer aszetischen Theologie*, Leipzig 2006.

(Albert von Schirnding)[170], hat in ihren Notizen, die posthum 1948 unter dem Titel „Schwerkraft und Gnade" erschienen sind, eine bemerkenswerte poetische Theosis als „Gott-Seele-Wanderung" beschrieben: von der Schöpfung über die Vertreibung aus dem Paradies bis zur Erlösung im Kreuz Christi und zurück:

> *Eva und Adam wollten die Göttlichkeit in der Lebenskraft suchen. Ein Baum, eine Frucht. Aber sie ist uns bereitet an einem geometrisch abgevierten toten Holz, an dem ein Leichnam hängt. Das Geheimnis unserer Verwandtschaft mit Gott muß in unserer Sterblichkeit gesucht werden.*
>
> *Gott erschöpft sich, damit er, durch die unendliche Dichte von Zeit und Raum hindurch, die Seele erreiche und zu sich verführe. Läßt sie sich, und sei es nur auf eines Blitzes Dauer, eine reine und völlige Einwilligung entreißen, dann hat Gott sie erobert.*
>
> *Und ist sie dann völlig ein Ding geworden, das nur ihm angehört, so verläßt er sie. Er läßt sie ganz allein. Und nun muß die Seele ihrerseits, doch in einem blinden Tasten, die unendliche Dichte von Zeit und Raum durchmessen, auf der Suche nach dem, den sie liebt. So legt die Seele nun in umgekehrter Richtung den Reiseweg zurück, auf dem Gott zu ihr gekommen war. Und dies ist das Kreuz.*[171]

## Anfang und Ende: Felix Culpa

Das *Exsultet*, der große Licht-Gesang, wurde in der Spätantike geschaffen und im Hochmittelalter in den Westkirchen fest in die Osterliturgie integriert. Er gehört heute (wieder) für liturgiefreudige römisch-katholische und evangelisch-lutherische Gemeinden und geistliche Gemeinschaften zur großen Mysterien-Fest-Prozession der Osternacht bzw. zum Ostermorgengottesdienst, dem Gottesdienst, in dem nach den Passionswochen, in denen der Christkönig verhüllt wurde, um der Meditation des Kruzifix, des Leidenskreuzes Jesu, Raum zu geben, nun der strahlend-auferstandene Christkönig wieder enthüllt wird – in Korrespondenz zum Jubelruf der Gemeinde „Der HERR ist auf-

170 Simone Weil, *Schwerkraft und Gnade* …, 2, siehe Anm. 143.

171 Ebd., 126.

erstanden – ER ist wahrhaftig auferstanden."[172] Im vierten O-Ruf wagt der gregorianische Osterhymnus von der „glücklichen Schuld" zu singen:

> *O felix culpa, quae talem ac tantum meruit habere Redemptorem! (O glückliche Schuld, welch großen Erlöser hast du gefunden!*[173]

Auch hier klingt in liturgisch-paradoxer Sprache die Theosis-Orientierung an: die Vergöttlichung des von Gott getrennten Menschen, die „Verähnlichung" des (gefallenen) Adam in das Ebenbild Gottes. Augustinus (mit Ambrosius von Mailand u. a.) versteht die sündenüberwindende Erlösung des Menschen nicht als einfache Rückkehr zum paradiesischen Urzustand von Mensch und Welt (in die „erste Naivität"), sondern als die Schaffung eines „noch besseren" Zustandes (des erwachsenen Christenmenschen, als Erfahrung und Erfüllung seiner „zweiten Naivität", Paul Ricœur). Im eschatologischen Himmel (jetzt und in Ewigkeit) ist es „schöner" als im Garten Eden. Christus überbietet Adam; Erlösung überbietet Schöpfung. Den neutestamentlichen Bezug bildet Paulus „Wo überfloss die Sünde, da floss auch über die Gnade" (Röm 5,20). Auf diese österliche Weise werden „diese Welt" als Gottes Schöpfung und der Mensch als Gottes Geschöpf in ein positives Licht gerückt, ohne den Diabolos, den Versucher, die Schlange, „den Teufel", „den Bösen" zu leugnen: Der rettende Gott ist größer, der ewige Logos hat sozusagen das erste und das letzte Wort. Gott kommt in Jesus Christus „mehr" auf den Menschen zu, als sich dieser von ihm entfernt hat. Eine solch großartige Erlösung, die „Christus in uns" (Dietrich Bonhoeffer) schafft, wird in dichterisch-poetischer Sprache bejubelt.[174]

---

172 Vgl. Thomas A. Seidel, *In hoc signo vinces. Kulturgeschichtliche und theologische Anmerkungen zur Bedeutung des Kreuzes*, in: *Würde oder Willkür. Theologische und philosophische Voraussetzungen des Grundgesetztes*, hg. v. Thomas A. Seidel und Ulrich Schacht (GEORGIANA Bd. 3), Leipzig 2019, 130–180.

173 Siehe: Guido Fuchs/Hans M. Weikmann, *Das Exsultet. Geschichte, Theologie und Gestaltung der österlichen Lichtdanksagung*, Regensburg 2005, 65–67.

174 Dietrich Bonhoeffer, *Widerstand und Ergebung*, zitiert nach Bonhoeffer-

Somit unterstreichen wir abschließend noch einmal unsere Einladung zu einem kritisch-wertschätzenden Dialog, zu einer Theosis-Lernbewegung, die vom Osten ausgehend auf den Westen ausstrahlen kann: ex oriente lux. Und wir bleiben Leszek Kołakowski in der hermeneutischen Überzeugung verbunden, dass im Blick auf das Christentum und seine lebensdienlichen „Entdeckungen der Menschlichkeit" (Dalferth) „manches dafür [spricht], daß verschiedene Aspekte der letzten Wirklichkeit sich am besten im religiösen Kultus und in der Kunst ausdrücken lassen".[175]

Der Gründer und vormalige Leiter der Georgsbruderschaft Ulrich Schacht springt dem polnischen Philosophen (gewissermaßen Zeit- und Raumgrenzen übergreifend) bei, indem auch er (mit dem Apostel Paulus, Martin Opitz, Novalis und Léon Bloy) auf den poetologischen Quellgrund und das Menschwerdungs-Potential von Gedicht und Gebet hinweist:

> *Es gibt eine Stelle im Neuen Testament, im Ersten Brief des Paulus an die Gemeinde in Korinth, die aufs Äußerste verdichtet zur Sprache bringt, was dem Gebet wie dem Gedicht im Sinne solcher Substanz zuwächst, die wiederum aus unableitbarer Quelle strömt und in die heilsame Dynamik einer retardierenden Kommunikationsstruktur mündet. In ihr spricht, alle Zeit ‚lösend', was schweigt, und schweigt, jede Zeit ‚bindend', was spricht: ‚Wir sehen jetzt durch einen Spiegel in einem dunklen Wort; dann aber von Angesicht zu Angesicht.*[176]

---

Brevier, München 1963, 144: *Christsein heißt nicht, in irgendeiner Weise religiös sein […], sondern es heißt Menschsein. Nicht einen Menschentypus, sondern Menschen schafft Christus in uns.*

175 Kołakowski, *Metaphysischer Horror …*, 98.

176 Ulrich Schacht, *„Unterricht von Göttlichen Sachen". Über den Ursprung von Gedicht und Gebet. Eine Hypothese*, in: Ders., *Im Schnee treiben. Essays zum poetischen Weltverständnis*, Dresden 2021, 49f.

# Kapitel II

Wolfgang Huber

# Cur Homo Deus?
## Mensch und Gott bei Yuval Noah Harari

Der israelische Historiker Yuval Noah Harari hat im vergangenen Jahrzehnt mit drei Sachbüchern Aufsehen erregt: *Eine kurze Geschichte der Menschheit* (2011), *Homo Deus. Eine Geschichte von Morgen* (2015) sowie *21 Lektionen für das 21. Jahrhundert* (2018). Dieser Trilogie hat er unlängst eine *Graphic Novel* zur Seite gestellt, mit der er die Serie seiner weltgeschichtlichen Betrachtungen noch einmal von vorne beginnt – nämlich mit der Geschichte des *Homo sapiens*, der auch das erste seiner drei Bücher gewidmet ist.[1] Vielleicht wird eines Tages auch der Übergang zum *Homo Deus*, auf den seine historische Konstruktion zielt, als *Graphic Novel* dargestellt werden. Doch so weit ist es noch nicht; deshalb beschränken sich die folgenden Überlegungen auf die konventionelle Buchform, in der Harari während der letzten zehn Jahre seine im strengsten Sinn des Wortes menschheitsgeschichtlichen Überlegungen zur Darstellung gebracht hat.[2]

### I.

*Eine kurze Geschichte der Menschheit*, 2011 erschienen, beschreibt den Aufstieg und Siegeszug des *Homo sapiens* bis zur Gegenwart.

---

1 Yuval Noah Harari/Daniel Casanave/David Vandermeulen, *Sapiens. Der Aufstieg* (2020), deutsch München 2020. Insgesamt soll der Stoff von „Eine kurze Geschichte der Menschheit" in vier Graphic Novels aufbereitet werden.

2 Das jüngst in deutscher Übersetzung erschienene Buch: Yuval Noah Harari, *Fürsten im Fadenkreuz. Geheimoperationen im Zeitalter der Ritter 1100–1550*, München 2020, das im Zusammenhang mit der Oxforder Dissertation des Verfassers und den darauf aufbauenden Arbeiten zur Militärgeschichte des späten Mittelalters und der frühen Neuzeit steht, bleibt hier weitgehend unberücksichtigt.

Ein so weit gespanntes Thema kommt ohne spekulative Elemente nicht aus. Im Fall Hararis ist dies allerdings Teil seiner historischen Methode. So findet sich in seinem jüngsten Buch zum Zeitalter der Kreuzzüge die treffende Bemerkung, „dass sich viele der berichteten Fakten nicht verifizieren oder bezeugen lassen und dass ich ähnlich wie die mittelalterlichen Chronisten oftmals das Gefühl hatte, meine vorrangige Pflicht sei es, eine fesselnde Geschichte zu verfassen, statt nur das aufzuschreiben, was ich sicher weiß".[3]

Die fesselnde Geschichte der Menschheit bildet für Harari einen Teil der historischen Evolution, die dem Prinzip der natürlichen Selektion folgt. Denn die Geschichte des *Homo sapiens* bleibt insgesamt eingebettet in den weit größeren Zusammenhang der vier Milliarden Jahre umfassenden, mit den ersten lebenden Organismen beginnenden „Herrschaft der natürlichen Auslese".[4] Die von der biologischen Evolution gesetzten Grenzen hat der *Homo sapiens* nicht gesprengt; wie die Geschichte des Lebens insgesamt lässt sich auch die bisherige Menschheitsgeschichte mit den Mitteln des historischen Darwinismus beschreiben.

Doch zu Beginn des 21. Jahrhunderts wird diese Epoche durch ein neues Zeitalter abgelöst, das in ironischer Anknüpfung an die Denkweise religiöser Gegner des Darwinismus vom Autor als *intelligent design* bezeichnet wird. Allerdings wird für diesen Umschlag von der natürlichen Auslese zur planmäßigen Veränderung nicht Gott als Schöpfer in Anspruch genommen, sondern die moderne Wissenschaft. Drei wissenschaftliche Entwicklungen werden für zukünftige Lebewesen ausschlaggebend sein: die Biotechnik mit ihrer planvollen Veränderung organischen Lebens, die Cyborg-Technik mit ihrer Verbindung von

---

3 Harari, *Fürsten im Fadenkreuz*, 83; vgl. Johannes von Lüpke: *Ersetzbare Götter. Theologische Erinnerungen in Bezug auf „eine Geschichte von Morgen"* (Yuval Noah Harari), in: Evangelische Theologie 80 (2020), 351–362 (353).

4 Yuval Noah Harari, *Eine kurze Geschichte der Menschheit* (2011), deutsch 22. Aufl., Pantheon-Ausgabe München 2015, 486.

organischen und nicht-organischen Teilen sowie die Entwicklung von nicht-organismischem Leben.[5]

Diesem Wandel widmet Harari sein zweites Buch, das sich, wie der Untertitel sagt, *Eine Geschichte von Morgen* zur Aufgabe nimmt. Der Autor fasst die historische Darstellung dessen, was kommt, unter den plakativen Titel *Homo Deus*. Vor der Menschheit liegt eine Entwicklung, in der die Menschen selbst zu dem fähig sein werden, was man Gott zu Unrecht unterstellt hat, nämlich die Schöpfung nach eigenem intelligentem Plan zu entwerfen. An die Stelle einer kausal determinierten Entwicklung der Natur tritt eine teleologische Veränderung. Ihr Ziel besteht darin, mit technischen Mitteln eine neue Spezies zu schaffen, durch welche diejenige des *Homo sapiens* abgelöst wird – nämlich den *Homo Deus*. Unsterblichkeit, Glück und Göttlichkeit sind seine entscheidenden Kennzeichen.[6]

Dieser Vorausblick verändert auch den Blick zurück. Während andere Wissenschaftler davon sprechen, die geologische Epoche des Holozäns gehe in der Neuzeit in eine Epoche über, in der menschliche Einwirkungen die Gestalt der Erde so tiefgreifend verändern, dass Anthropozän der richtige Name für diese Epoche sei, vertreten andere die Auffassung, dass bereits die geologische Epoche des Holozän, die mit dem Ende der letzten Eiszeit (11700 v. Chr.) beginnt, zur Epoche des Anthropozän gehört. Denn mit dem durch eine lang andauernde Wärmephase ermöglichten Übergang zu Ackerbau und Viehzucht wirkt sich menschliches Handeln verändernd auf die äußere Gestalt des Globus aus.[7] Harari beruft sich zwar auf eine Arbeit von Simon L. Lewis und Mark A. Maslin, die das Anthropozän mit dem Ende der letzten Eiszeit beginnen lässt.[8] Doch diese Autoren

---

5 Harari, *Kurze Geschichte*, 484–497.

6 Yuval Noah Harari, *Homo Deus. Eine Geschichte von Morgen* (2015), 4. Aufl. München 2017, 34.

7 Vgl. zusammenfassend Jürgen Renn, *The Evolution of Knowledge. Rethinking Science for the Anthropocene*, Princeton & Oxford 2020, 355–376.

8 Simon L. Lewis/Mark A. Maslin, *Defining the Anthropocene*, in: Nature 519

bestätigen nicht, was Harari aus ihrer These macht. Denn er verlangt, „die letzten 70000 Jahre als Anthropozän" zu bezeichnen: das Zeitalter der Menschheit. „Denn im Verlauf dieser Jahrtausende wurde *Homo sapiens* zur wichtigsten Kraft, die den globalen ökologischen Wandel vorantrieb."[9] Harari geht es darum, das Zeitalter des *Homo sapiens* und das Anthropozän gleichzusetzen. Mit dem ursprünglichen Ansatz, *geologische* Epochen voneinander zu unterscheiden, hat das nichts mehr zu tun. Der eigentliche Impuls für die Einführung des Begriffs „Anthropozän", nämlich die Verantwortung des Menschen für die Konsequenzen seiner geologisch folgenreichen Eingriffe in die Natur zu verdeutlichen, verpufft. Wichtiger wird die Hypothese, dass das „Zeitalter der Menschheit", nämlich die Epoche der Spezies *Homo sapiens* an ein Ende kommt. Es sei an der Zeit, meint Harari, sich auf eine neue Epoche einzustellen, für die er allerdings noch keinen Namen vorschlägt. Nur den Namen für die Spezies, die auf den *Homo sapiens* folgt, kennt er bereits: *Homo Deus*. Folgerichtigerweise müsste also auf das von Harari sehr eigenwillig verstandene *Anthropozän* das *Theozän* folgen. Eine solche Benennung würde am ehesten der Vorstellung entsprechen, dass auf die Epoche des *Homo sapiens* die Epoche des *Homo Deus* folgt.

Für diesen Epochenwechsel kommt dem 21. Jahrhundert eine Brückenfunktion zu. Harari verzichtet auf eine Prognose darüber, wann der Übergang zur menschlichen Unsterblichkeit – und mit ihr zu Glück und Göttlichkeit – erfolgt. Der Technosoph Ray Kurzweil ist darin mutiger. Schon er versteht unter der technologischen Singularität nicht nur den hypothetischen Zeitpunkt in der Zukunft, zu dem Künstliche Intelligenz die

---

(2015), 171–180. Entscheidend sind die Sätze: „An Anthropocene Epoche, combined with todays evidence that *Homo sapiens* is a Pleistocene species, removes key justifications for retaining the Holocene as an epoch-level designation. We therefore suggest that if the Anthropocene is accepted as an epoch it should directly follow the Pleistocene" (177).

9 Harari, *Homo Deus*, 103.

menschliche Intelligenz übertrifft, wodurch der technische Fortschritt sich in einer Weise beschleunigt, die sich jeder Voraussage entzieht. Sondern er verbindet diesen Aspekt der *Singularität* zugleich mit der Voraussage, dass die Kombination von Genetik, Nanotechnologie und Robotik gezielte Veränderungen im Menschen, dessen Erbgut eingeschlossen, ermöglichen, so dass das Altern der Zellen nicht nur verlangsamt, sondern aufgehalten werden kann. Auf diese Weise kann der Mensch dank des technischen Fortschritts von der Endlichkeit des Lebens befreit werden und damit Unsterblichkeit erlangen. Den Zeitpunkt für diese *Singularität* gibt Kurzweil mit dem Jahr 2045 an.[10] Harari hält diese Prognose zwar für „ein bisschen zu früh“. Aber auch er ist von der Idee der *Singularität* überzeugt und geht davon aus, dass dank des technologischen Fortschritts ein Zeitpunkt eintreten wird, der in seiner Einmaligkeit dem *Urknall* vergleichbar ist. Dieser Zeitpunkt einer neuen *Singularität* wird sich als ein Moment zeigen, in dem unsere Vorstellungskraft die Zukunft nicht mehr zu antizipieren vermag; denn dafür fehlt es ihr an Vergleichsmöglichkeiten. Ebenso wie wir uns nicht vorstellen können, was vor dem *Urknall* war, werden wir uns auch nicht vorstellen können, was nach dem Zeitpunkt der *Singularität* zu erwarten ist, da sich dies einstweilen unserer Vorstellungskraft entzieht.[11]

Das dritte Buch in Hararis Trilogie wendet sich in 21 Lektionen dem 21. Jahrhundert zu, also der Übergangszeit zwischen dem bisherigen Bild vom Menschen und der neuen *Singularität*. Harari behandelt nicht nur die technologischen und politisch-gesellschaftlichen Herausforderungen dieses Übergangs, sondern reserviert einen großen Teil dieses Buchs für religiös-weltanschauliche Aspekte des bevorstehenden Wandels. Er bemüht sich um Orientierung in der Zwischenzeit zwischen einer veral-

---

10 Ray Kurzweil, *Menschheit 2.0. Die Singularität naht*, Berlin (2013), 2., durchgesehene Auflage 2014.

11 Matthias Döpfner/Yuval Noah Harari, *Wenn sich die Menschen weigern, nennt man das Demokratie*, in: Welt am Sonntag 42, 18. Oktober 2018, 13–16 (16).

teten Religion, die sich auf einen transzendenten Gott ausrichtet, und der neuen Religion, in der sich der Mensch selbst als Gott etabliert. In dieser Übergangszeit soll der Nachweis geführt werden, dass der Mensch auf einen Gottesbezug außerhalb seiner selbst nicht angewiesen ist. Entscheidend ist dafür nach Hararis Auffassung die Klarheit darüber, dass religiöser Glaube, welcher Provenienz auch immer, für ein glückliches und erfolgreiches Leben keineswegs erforderlich ist. Für eine solche These lassen sich manche Argumente vorbringen; die möglicherweise stärksten von ihnen beruhen auf der Einsicht, dass es eine Beeinträchtigung des Göttlichen wäre, wenn man es für die Lebensführung des sterblichen Menschen als unentbehrlich ansehen würde; denn das hieße, das Göttliche funktional – nämlich von seiner Funktion für den Menschen her – zu bestimmen und dadurch seine Heiligkeit, sein An-sich-selbst-Sein zu beeinträchtigen. Doch das ist keineswegs Hararis Argument; er wendet sich nicht gegen die Funktionalisierung des Göttlichen zugunsten des Menschen, sondern gegen die Abhängigkeit der Menschen vom Göttlichen. Diese führt, so argumentiert er, zu der Vorstellung, dass gelingendes menschliches Leben etwas Unnatürliches sei. An der Moral sucht er den Irrtum einer solchen Vorstellung zu erweisen.

In ihrem „natürlichen" Charakter bedeutet Moral allerdings für ihn nicht, „sich an göttliche Gebote zu halten", sondern „Leid zu vermindern".[12] Doch die Annahme, dass menschliches Leben von Natur aus gelingendes Leben ist und dass die Moral sich aus der natürlichen Ausstattung des Menschen ergibt, ist voraussetzungsreicher, als Harari zu erkennen gibt. Allzu elegant geht er über die Tatsache hinweg, dass die menschliche Natur nicht nur die Möglichkeit in sich enthält, Leid zu vermindern, sondern auch Leid zu steigern. Ebenso wenig berücksichtigt er, dass die Moral sich keineswegs von selbst versteht. Selbst wenn man unterstellt, dass alle Menschen von ihr die gleichen Vorstel-

12 Yuval Noah Harari, *21 Lektionen für das 21. Jahrhundert* (2018), deutsch München 2018, 267.

lungen hätten, folgt daraus noch lange nicht, dass sie in gleicher Weise dazu bereit sind, der Moral in der Gestaltung ihres Lebens zu folgen. Diese Ambivalenz wäre vielleicht zu ertragen, wenn dem Wesen, das durch sie gekennzeichnet ist, nicht durch den Autor selbst die Verheißung der Unsterblichkeit, des Glücks und der Göttlichkeit mitgegeben würden. Oder will er durch diese nicht näher erläuterten Qualifikationen des *Homo Deus* sagen, dass die Zukunftsmenschheit nur aus Wesen bestehen wird, die einander kein Leid antun?

## II.

Zu den Merkwürdigkeiten in Hararis Werken gehört, dass er eine neue Gattung jenseits des *Homo sapiens* mit dem Begriff *Homo Deus* bezeichnet, ohne der Herkunft und Bedeutung dieses Begriffs eine eigenständige Überlegung zu widmen. Warum ausgerechnet *Homo Deus*, so mag man ausrufen – oder lateinisch *Cur Homo Deus*?

Wer so fragt, wird unweigerlich darauf stoßen, dass eine ähnlich klingende Frage bereits vor mehr als 900 Jahren durch den Theologen Anselm von Canterbury aufgeworfen wurde. Vier Jahre lang, von 1094 bis 1098, arbeitete er an seinem Dialog *Cur Deus Homo.*[13] Anselm stellte sich der Aufgabe, unter Absehen von allem geschichtlichen Wissen über die Offenbarung Gottes in Jesus Christus zu begründen, warum die Menschwerdung Gottes notwendig war. Die Menschwerdung Gottes, nicht die Gottwerdung des Menschen stand für ihn in Frage. Seine Antwort lässt sich folgendermaßen zusammenfassen: Notwendig ist die Menschwerdung Gottes, weil nur durch sie die Wiedergutmachung der Sünden erfolgen kann, mit denen der Mensch sich gegen die Ehre Gottes vergangen hat. Denn nichts verstößt gegen die Ordnung der Welt mehr, als dass das Geschöpf dem

---

13 Anselm von Canterbury, *Cur Deus Homo – Warum Gott Mensch geworden*, lateinisch und deutsch, Darmstadt 1960.

Schöpfer die ihm gebührende Ehre nimmt, ohne zu erstatten, was es genommen hat. Gott selbst hat sich an die moralische Ordnung des von ihm geschaffenen Kosmos gebunden und kann sich deshalb nicht in einem einseitigen Willkürakt von dieser Ordnung lösen.[14] Deshalb kann die Sünde des Menschen nicht ohne Strafe bleiben. Der Schwere der Sünde entspricht als Strafe der „ewige Tod". Kein Mensch kann diese Strafe stellvertretend für alle anderen ein für alle Mal auf sich nehmen, weil er selbst diesem Tod unterworfen ist; nur Gott ist dazu im Stande. Doch Gott kann diese Wiedergutmachung nicht leisten, weil er nicht leidensfähig ist; denn Leidensfähigkeit kommt nur dem Menschen zu. Oder anders gewendet: Der Mensch, der für seine Sünde selbst einstehen muss, kann sie nicht wiedergutmachen, weil er durch eben diese Sünde die Fähigkeit dazu eingebüßt hat. Gott aber kann es nicht, weil er sich gar keine Sünde hat zu Schulden kommen lassen. Wenn der Mensch zur Wiedergutmachung verpflichtet, aber nicht dazu in der Lage ist, Gott aber zur Wiedergutmachung im Stande, aber nicht dazu verpflichtet ist, kann die Satisfaktion nur erfolgen, indem Gott Mensch wird und in einer Person göttliche und menschliche Natur miteinander verbindet.[15] Nur indem der menschgewordene Gott sich stellvertretend zum sühnenden Opfer macht, kann die Wiedergutmachung von Gott her in einer Weise geschehen, in der zugleich der Mensch Subjekt dieser Wiedergutmachung ist.[16]

Diese anselmische Antwort auf die Frage, warum Gott Mensch wird, hat die abendländische Theologie in den folgenden Jahrhunderten in hohem Maß geprägt. Durch sie wurde die Vorstellung leitend, dass Gott Anspruch auf eine Wiedergutmachung für die menschliche Schuld hat und dass allein das Sühnopfer eines sündlosen Menschen den Zorn Gottes zu stillen vermag. Dank diesem Sühnopfer können sündige Menschen vor Gott

---

14 Anselm, *Cur Deus Homo*, Buch I, 13f.

15 Anselm, *Cur Deus Homo*, Buch I, 5,8.

16 Anselm, *Cur Deus Homo*, Buch II, 6f.

Gnade finden; dafür ist es allerdings notwendig, dass sie ihre Schuld bekennen und um Vergebung bitten. Im eucharistischen Sühnopfermahl wird ihnen das Opfer Jesu, der für ihre Schuld gestorben ist, zugeeignet.

In wachsendem Maß hat diese Satisfaktionstheologie allerdings Kritik auf sich gezogen. Der zentrale Einwand besagt, dass in ihr religiöse Auffassungen weitergetragen werden, die mit dem Gottesbild, das Jesus von Nazareth den Menschen nahebrachte, unvereinbar sind. Vor allem ist es, wie Eugen Biser gezeigt hat, die Vorstellung von einem „zwischen Güte und Zorn schwankenden Gott", die Jesus hinter sich lässt. An deren Stelle tritt „das mit allen Menschheitstraditionen brechende Bild des vorbehalt- und bedingungslos liebenden Gottes". Dafür tritt Jesus mit seinem Tod am Kreuz ein.[17] Dieses Gottesbild bekräftigt er mit seinem eigenen Leben; auf diese Weise ist Gott im Menschen Jesus gegenwärtig.

Wenn man die Frage Anselms bis zu diesem Punkt weiterdenkt, erweist sich die Lösung als problematisch, die er vorgeschlagen hat. Denn sie hält sich an einen zwischen Güte und Zorn, zwischen Gerechtigkeit und Barmherzigkeit schwankenden Gott. Das zeigt sich an der Deutung des Kreuzes Jesu, das zwar Versöhnung bewirken soll, aber dafür zunächst Wiedergutmachung, Satisfaktion verlangt. Und diese Satisfaktion besteht in der exemplarisch an einer Person, in der Gott und Mensch miteinander vereinigt sind, vollzogenen Handlung tötender Gewalt. Eine Alternative tut sich auf, wenn die Versöhnung zwischen Gott und Mensch nicht in der Form einer vom Menschen Gott gegenüber geschuldeten Wiedergutmachung, sondern als eine von Gott dem Menschen gegenüber erwiesene Versöhnung verstanden wird. Das Kreuz ist dann nicht mehr Mittel der Satis-

---

17 Eugen Biser, *Die Neuentdeckung des Glaubens*, Stuttgart 2004, 43; ausführlich dazu Ders., *Gott im Horizont des Menschen*, Limburg 2001, 25–79; vgl. Klaus-Peter Jörns, *Notwendige Abschiede. Auf dem Weg zu einem glaubwürdigen Christentum*, Gütersloh 2004, 286–341.

faktion, sondern Ort der Versöhnung. Die Antwort auf die Frage, warum Gott Mensch wird, verwandelt sich: Gott wird Mensch, damit der Mensch Gott als die bedingungslose Liebe erkennt und dieser Liebe in seinem Leben Raum gibt.

## III.

Eine solche Reflexion auf das Verhältnis zwischen Gott und Mensch ist unentbehrlich, wenn man sich – wie Yuval Noah Harari – an den Gedanken heranwagt, dass der Mensch selbst den Ort Gottes einnimmt, indem er wissenschaftliche und technologische Möglichkeiten dazu nutzt, die neue Gattung des *Homo Deus* an die Stelle des *Homo sapiens* treten zu lassen. Bei Harari gibt es jedoch für den Gedanken des *Deus Homo* keinen Raum; vielmehr beschränkt sich sein Gottesbild auf die Vorstellung eines dem Menschen durch seine Allmacht überlegenen Weltregenten. Deshalb wenden sich Menschen an Gott, wenn sie Hilfe gegen Hunger, Krankheit und Krieg suchen.[18] Die wichtigste Einflussnahme dieses Gottes auf den Menschen besteht in den moralischen Regeln, die mit seiner Autorität versehen sind und den Menschen zur Pflicht gemacht werden. Das Verhältnis zwischen Gott und Mensch ist bei Harari durchweg als Herrschaftsverhältnis gedacht. Erbarmen und Liebe, Versöhnung und Erlösung kommen in seinem Gottesbild nicht vor. Sie spielen aber nicht nur im christlichen Gottesbild eine Rolle; vielmehr sind Erbarmen und Liebe, Versöhnung und Erlösung für das Gottesbild der Hebräischen Bibel, des Alten Testaments der christlichen Bibel, kennzeichnend. Hinter solchen Einsichten bleibt Hararis Gottesfiktion zurück.

Dem Herrschaftsverhältnis zwischen Gott und Mensch korrespondiert in Hararis Auffassung ein Herrschaftsverhältnis zwischen Menschen und Tieren sowie zwischen Menschen und dem fruchtbaren Ackerboden. Die herrschaftliche Position

---

18 Harari, *Homo Deus*, 32

der Menschen gegenüber den anderen Lebewesen wird religiös damit begründet, dass nur sie eine Seele haben. Doch diese Verbindung der Sonderstellung des Menschen mit der Seele ist für Harari genauso eine Fiktion wie die Gottesvorstellung selbst, aber auch wie die Vorstellungen von Ich, Geist oder Bewusstsein. Sie alle sollen einander im „Mülleimer der Wissenschaft Gesellschaft leisten".[19]

Harari hält nicht nur den Gottesglauben für eine Fiktion, sondern ebenso den Humanismus, der den Glauben an Gott durch den Glauben an den Menschen ersetzt. Deshalb verwendet er für den Humanismus wie für den Posthumanismus ausdrücklich den Begriff der Religion.[20] Das Zusammenwirken von Menschen ist zwar seiner Auffassung zufolge auf den Glauben an erfundene Ordnungen angewiesen. Aber mögen sie auch in dieser praktischen Funktion unentbehrlich sein, so eignet ihnen doch kein eigener Sinn; die Wirklichkeit prägen sie durch die Macht, die von ihnen ausgeht. Klaus Mertes bemerkt deshalb in kritischen Notizen zu Yuval Noah Harari, in der Auseinandersetzung mit ihm gehe es um das Verhältnis von Sinn und Macht. Dass bei Harari der Sinn von der Macht verschlungen wird, zeigt sich für Mertes am deutlichsten in der neuen, im Übergang zum *Homo Deus* sich entwickelnden, mit der digitalen Durchdringung aller Lebensbereiche übermächtig werdenden Religion, nämlich der Datenreligion, dem *Dataismus*.[21] Die überlegene Macht, die zuvor erst Gott, dann dem Menschen zuerkannt wurde, wird nun auf Algorithmen übertragen. Doch genauer betrachtet liegt die Macht bei den wenigen, die sich selbst als Urheber dieser Algorithmen verstehen. Diese überlegene Macht, sei sie Mensch oder Maschine zugesprochen, ist sinnfrei gedacht, sie kann zu Beliebigem verwendet werden. Daran zeigt sich ihre narzisstische Struktur. „Es geht bloß um Macht und Unterwer-

19 A. a. O., 160.

20 A. a. O., 197, 248–257.

21 A. a. O., 497–537.

fung. Der Narziss sieht sich dabei selbstverständlich auf der Seite der unterwerfenden Macht."[22]

Hararis Überlegungen sind von einem strammen weltanschaulichen Materialismus geprägt. Da moderne Menschen alles, auch Schmerz und Liebe, biochemisch erklären können, brauchen sie dafür keine anderen Deutungen.[23] Nur am Rande blitzt auf, dass die wissenschaftlichen Modelle, an denen menschliche Empfindungen gedeutet werden, sich als naiv erweisen könnten. Zu Zeiten der Dampfmaschine, so notiert Harari selbst, wurden Gehirn und Geist beschrieben, als handle es sich um Dampfmaschinen. Im Zeitalter des Computers wird die menschliche Psyche so erklärt, als handle es sich um einen Computer. Weitsichtig räumt Harari ein, auch die aktuelle Lesart könne sich als naiv erweisen.[24] Trotzdem macht er von ihr reichlich Gebrauch, zum Beispiel dadurch, dass er Organismen eben nicht als Dampfmaschinen, sondern als Algorithmen versteht.[25]

Nur eine Tür hält er sich offen, die aus dem ehernen Gehäuse materialistischer Engführung hinausweist; die von der Religion deutlich unterschiedene spirituelle Suche. „Religion ist eine Übereinkunft, Spiritualität hingegen eine Reise." Hier allein leistet Harari sich einen Ausbruch aus der geschlossenen materialistischen Denkweise und lässt das Erbe dualistischer Traditionen zur Geltung kommen, die in seiner Deutung Menschen dazu anhalten, „aus [den] materiellen Fesseln auszubrechen und eine Reise zurück in die spirituelle Welt zu unternehmen". Kennzeichnend ist es für diese Reise, dass „wir die Konventionen und Abmachungen der profanen Welt in Zweifel ziehen und auf ein unbekanntes Ziel hin unterwegs sind."[26] So wie der Autor in seiner veganen Lebensform versucht, zum Modell der menschli-

22 Klaus Mertes, *Das paranoische Leiden*, in: Geistige Existenz. Journal für Religion & Moderne, 18, 2019, 83–85 (84).

23 Harari, *Homo Deus*, 161.

24 A. a. O., 164.

25 A. a. O., 116–126.

26 A. a. O., 254.

chen Herrschaft über die nicht-menschliche Natur auf Abstand zu gehen, so versucht er, in der eigenen Meditationspraxis der spirituellen Reise Raum zu geben.[27]

## IV.

Wenn die „Geschichte von Morgen" eine neue Spezies *Homo Deus* ankündigt, so legt das die Vermutung nahe, dass der Autor damit eine allgemeine Erwartung verbindet: Die Menschheit als solche verändert sich. Das ergibt sich nicht nur aus den technologischen Spekulationen darüber, dass alle zum Zeitpunkt der *Singularität* Lebenden oder später Geborenen dieser neuen Spezies angehören beziehungsweise zu ihr Zugang finden werden. Es ergibt sich auch aus dem moralischen Leitgedanken eines egalitären Universalismus, an dem sich Harari zu orientieren scheint. Für die zurückliegende Epoche gibt er Wohlstand, Gesundheit und Harmonie als Ziele an, nach denen alle Menschen drängten. Da dies – so seine optimistische Einschätzung – in einem „beispiellosen" Maß gelungen ist, setzt die Menschheit sich nun mit Unsterblichkeit, Glück und Göttlichkeit anspruchsvollere Ziele: „Nachdem wir die Menschheit über die animalische Ebene des Überlebenskampfs hinausgehoben haben, werden wir nun danach streben, Menschen in Götter zu verwandeln und aus dem *Homo sapiens* den *Homo deus* zu machen."[28] Auch in diesem Fall muss man, wenn es sich um Ziele für die Menschheit als Gattung handelt, erwarten, dass sie auch dieses Mal in einem „beispiellosen" Maß verwirklicht werden.

In diesem Zusammenhang ist es bemerkenswert, dass Harari den Beitrag des Christentums zu einem solchen egalitären Universalismus, der in der Gleichheit aller Menschen vor Gott begründet ist, ausdrücklich würdigt.[29] Er führt diese Errungen-

27 A. a. O., 405–417.

28 A. a. O., 34.

29 Harari, *21 Lektionen*, 247f.

schaft auf „de[n] Begründer des Christentums – de[n] heiligen Apostel Paulus“ zurück und zitiert den „berühmten Brief an die Galater: ‚Es gibt nicht mehr Juden und Griechen, nicht Sklaven und Freie, nicht Mann und Frau, denn ihr alle seid *einer* in Christus Jesus.‘ (Galater 3,28)“[30]

Doch in der Durchführung des Narrativs vom *Homo Deus* ist von einem solchen egalitären Universalismus nicht mehr die Rede. Vielmehr verkehrt sich die Gleichheit in ihr Gegenteil. In einem einprägsamen Bild macht Harari deutlich, dass sein Bild vom Fortschritt zu radikaler Ungleichheit führt: „Zu Beginn des 21. Jahrhunderts rollt der Zug des Fortschritts wieder aus dem Bahnhof – und dieses Mal wird es vermutlich der letzte Zug sein, der die Station namens *Homo sapiens* verlässt. Wer diesen Zug verpasst, wird keine zweite Chance mehr bekommen.“[31] Wer nicht mitkommt, wird nicht nur das Recht verlieren, als Gleicher unter Gleichen betrachtet zu werden, er wird auch nicht mehr als autonomes Individuum geachtet werden. Dies begründet Harari folgendermaßen: Da mit dem Fortschreiten technologischer Innovationen viele Menschen ihren wirtschaftlichen und militärischen Nutzen verlieren, werden sie vom wirtschaftlichen und politischen System nicht mehr als wertvoll betrachtet. Es kommt zu einer Spaltung zwischen einer Elite optimierter Übermenschen, die „sowohl unentbehrlich als auch unentschlüsselbar bleiben“[32], und der Masse der Bevölkerung, die keinen eigenständigen Beitrag zur technologischen und gesellschaftlichen Entwicklung leistet und deshalb allenfalls als Kollektiv von Interesse ist. Doch die einzelnen Individuen, die zu diesem Kollektiv gehören, sind irrelevant. Auch die zur Elite (und damit zur Gattung *Homo Deus*) gehörenden Übermenschen können dabei ihrer Position nie sicher sein. Denn es bleibt offen, inwieweit gesellschaftliche Führungspositionen durch optimierte Übermen-

30 Harari, *21 Lektionen*, 254.

31 Harari, *Homo Deus*, 370.

32 A. a. O., 467.

schen oder durch Algorithmen übernommen werden oder die Produktion von Kunst durch Algorithmen statt durch Menschen erfolgt.[33]

An dieser Stelle ist festzuhalten, dass die drei entscheidenden Kennzeichen der Spezies *Homo Deus* immer weiter verblassen. Fassbar ist unter ihnen am ehesten die Unsterblichkeit, also das Erreichen der Singularität im Sinne Ray Kurzweils. Doch ob dieses Ziel nur von den Angehörigen der Elite erreicht und der nutzlos gewordenen Bevölkerungsmehrheit vorenthalten wird – und wenn ja, mit welchen Gründen –, wird überhaupt nicht erläutert. Das zweite Kennzeichen der Gattung *Homo Deus*, nämlich das Glück, bleibt erst recht unerörtert. Für den *Homo sapiens* ist Glück fiktiv; die biochemischen Algorithmen, die sein Leben steuern, führen lediglich ein Streben nach Lust herbei. Wenn der *Homo Deus* zum Glück fähig sein sollte, wüsste man gern, was damit gemeint ist. Und erläuterungsbedürftig ist ebenso, warum die Möglichkeit, dass die dem *Homo Deus* überlassenen Aufgaben von Algorithmen übernommen werden können, nicht als Beeinträchtigung seines Glücks zu betrachten ist. Das Kennzeichen der Göttlichkeit wird bei Harari dahingehend interpretiert, dass der Mensch für sich die göttliche Schöpfungs- und Zerstörungsmacht erwirbt.[34] Es handelt sich also um eine rein machtförmige Vorstellung von Göttlichkeit; am Maßstab der Macht löst sich die Unterscheidung zwischen Gott und Mensch auf. Kurz und bündig kann es deshalb bei Harari heißen: „Kein Gott wird uns aufhalten."[35]

Immer deutlicher zeigt sich, dass Harari nicht einen evolutionären Wandel vom *Homo sapiens* zum *Homo Deus* vor Augen hat; vielmehr geht es um eine Spaltung der Menschheit, die durch ungleiche Teilhabemöglichkeiten an den Chancen der erhofften technologischen und genetischen Singularität bewirkt

---

33 A. a. O., 435–442.

34 A. a. O., 69.

35 A. a. O., 276.

wird. Harari skizziert eine solche Zukunft radikaler Ungleichheit, ohne die Frage zu stellen, wie sich eine solche Zukunft zu der Selbstverpflichtung der Menschheit auf die für alle geltenden Menschenrechte verhält. Wie lässt sich der Kulturbruch, der nach dieser dystopischen Prognose aus dem technologischen Fortschritt folgt, verantworten?

Harari selbst spricht nicht von einem Kulturbruch; eine Prüfung dieser Entwicklung an der gleichen, unantastbaren Würde jedes Menschen, an der Selbstbestimmung und freien Entfaltung der Persönlichkeit und an der fundamentalen Bedeutung von Freiheit, Gleichheit und Teilhabe als Grundbedingungen einer demokratischen Gesellschaft steht für ihn gar nicht zur Diskussion. Denn diese Vorstellungen sind weder mit der Dynamik moderner technologischer Entwicklungen noch mit den biologischen Bedingungen menschlicher Existenz vereinbar.

An einer unerwarteten Stelle seiner „kurzen Geschichte der Menschheit" – nämlich in dem Kapitel „Pyramiden bauen" – macht Harari seinen materialistischen Abstand vom neuzeitlichen Gedanken gleicher Menschenrechte an einem grundlegenden Dokument für die Entwicklung des Menschenrechtsgedankens deutlich, nämlich der amerikanischen Unabhängigkeitserklärung vom 4. Juli 1776. In deren Präambel heißt es: „Folgende Wahrheiten erachten wir als selbstverständlich: dass alle Menschen gleich geschaffen sind; dass sie von ihrem Schöpfer mit gewissen unveräußerlichen Rechten ausgestattet sind; dass dazu Leben, Freiheit und das Streben nach Glück gehören […]."[36] Diese Grundsätze, so konstatiert Harari, haben ebenso wenig „objektive Gültigkeit" wie die Rechtssprache aus dem 18. Jahrhundert v. Chr. im Codex Hammurabi. Verlässlichen Boden erreicht man nur dann, wenn man sich an den Erkenntnissen der Biologie orientiert, die für die Meinung, dass

36 Es handelt sich hierbei um die Übersetzung, die auf der Website der Botschaft der USA in Deutschland wiedergegeben wird; diese Übersetzung wird auch in Harari, *Kurze Geschichte*, 137, verwendet.

alle Menschen gleich seien, keinerlei Anhaltspunkt bietet. Deshalb übersetzt Harari die Eingangsworte der amerikanischen Unabhängigkeitserklärung folgendermaßen in die Sprache der Biologie: „Folgende Wahrheiten erachten wir als selbstverständlich: dass sich alle Menschen unterschiedlich entwickelt haben; dass sie mit veränderlichen Eigenschaften geboren werden und dass dazu Leben und das Streben nach Lust gehören."[37] Freiheit und Gleichheit sind bei dieser biologischen Übersetzung ersatzlos gestrichen, aus dem Streben nach Glück ist das Streben nach Lust geworden. Alles, was über diese biologisch zu erhebende „Wahrheit" hinausgeht, hat nicht durch einen Wahrheitsbezug Geltung, sondern nur deshalb, weil es „das Zusammenleben ermöglicht".[38]

Nun ist jedoch die amerikanische Unabhängigkeitserklärung gerade ein Beispiel dafür, dass Normen und Werte, nach denen menschliches Zusammenleben und Zusammenarbeiten, also Konvivenz und Kooperation, gestaltet werden, nicht einfach vorhanden sind und nur angewandt werden müssen.[39] Sondern sie müssen entwickelt, erworben und sehr oft im Konflikt errungen werden. In solchen Prozessen wird nach Gründen dafür gefragt, warum bestimmte Werte Anerkennung verdienen und bestimmten Normen Geltung zuerkannt wird. Angesichts von Verbrechen gegen die Menschlichkeit und brutalen Aktionen von Völkermord wuchs im 20. Jahrhundert die Einsicht, dass der Respekt vor der gleichen Würde jedes Menschen eine unentbehrliche Voraussetzung für die Anerkennung von Werten und für die Geltung von Normen ist. Dem gingen Prozesse der schrittweisen Einsicht dafür voraus, dass gesellschaftliche Diskriminierung nicht mit dem Hinweis auf Unterschiede zwischen

---

37 Harari, *Kurze Geschichte*, 140.

38 Ebd.

39 Zur Entstehung sowie zum Verhältnis zwischen Werten und Normen vgl. das grundlegende und klärende Buch von Hans Joas, *Die Entstehung der Werte*, Frankfurt am Main. 1997, insbesondere das Kapitel 10 über „Werte und Normen: Das Gute und das Rechte" (252–293).

Menschen oder Gruppen zu rechtfertigen ist. Die Unterschiede zwischen Sklaven und Freien, den Angehörigen vermeintlicher „Rassen“, Frauen und Männern, Menschen unterschiedlicher sexueller Orientierung, Behinderten und vermeintlich Gesunden rechtfertigen nicht, dass ihnen der Respekt vor der gleichen Würde und damit gesellschaftliche Achtung und Gleichheit vor dem Gesetz verweigert werden. Damit ist der Streit um Normen und Werte nicht stillgestellt. Aber der Vorstellung, dass alle Werte und Normen lediglich fiktiv sind, wurde aus Gründen der geschichtlichen Erfahrung ein Riegel vorgeschoben.

Aus demselben Grund wurde die Einsicht in die Fehlbarkeit und Irrtumsanfälligkeit des Menschen in die Fundamente demokratischer Verfassungsstaaten eingelassen. Sie schreiben nicht einen bestimmten Glauben vor. Aber sie beruhen auf einer Grundlage, für welche die Unterscheidung zwischen Mensch und Gott unverzichtbar ist. Für Gläubige wie für Ungläubige ist für die Humanität einer Gesellschaft in gleichem Maß wichtig, dass Gott und Mensch nicht miteinander verwechselt werden. Denn kraft dieser Unterscheidung berücksichtigt eine humane politische Ordnung die Fehlbarkeit der Menschen, respektiert ihre Würde unabhängig von all ihren Unterschieden und verpflichtet gesellschaftliche Kooperation und Konvivenz auf einen Umgang mit den Unterschieden zwischen den Menschen, bei dem keine und keiner zum bloßen Mittel für die Zwecke anderer gemacht wird.

Um der Humanität willen ist es wichtig, dass diese Unterscheidung zwischen Gott und Mensch nicht nur vorausgesetzt, sondern auch lebensweltlich dargestellt und erfahrbar gemacht wird. Das ist die Aufgabe der Religion und insbesondere die Aufgabe der christlichen Kirchen. Dass Gott Mensch wurde, ist für sie der Dreh- und Angelpunkt für das Nachdenken über den Unterschied zwischen Gott und Mensch. Der Verzicht auf äußere Macht, für den Christus nach einem frühchristlichen Hymnus steht,[40] zeigt gerade, dass dieser Unterschied sich nicht nur in der überlegenen Macht Gottes, sondern in seiner barmherzigen Liebe zeigt.

*Cur Deus Homo* – die Lebenswelt aus dieser Perspektive zu betrachten, bedeutet, das menschliche Leben in seinen Relationen wahrzunehmen, in der Bezogenheit auf Gott und Welt, auf die Mitmenschen und das eigene Ich. Dafür ist die Achtung der gleichen Würde aller Menschen ebenso wichtig wie der Respekt vor ihrer Individualität und Diversität. Aber ebenso wichtig wie die Anerkennung der Gleichheit in der Verschiedenheit der Menschen ist die Unterscheidung zwischen Mensch und Gott, deren Verbindung in Jesus Christus als menschgewordenem Gottessohn ein für alle Mal Gestalt angenommen hat. Eben deshalb gibt es keinen Grund für die Fantasie, die Einheit von Gott und Mensch selbst herzustellen zu wollen – und sei es durch eine neue Spezies *Homo Deus*. Die Unterscheidung zwischen Gott und Mensch und mit ihr die elementaren Bedingungen für Kooperation und Konvivenz unter den Menschen neu ins Bewusstsein zu heben, ist wichtiger als das Ausrufen einer neuen Gattung *Homo Deus*. Es könnte ja sein, dass genau diese Gattung eine Fiktion ist.

40 Philipper 2,6–11.

Klaus Scholtissek

# Homo Deus oder Deus Homo? Bibeltheologische Grundlagen für ein kritisches Gespräch mit Yuval Noah Harari

## 1 „Homo Deus" – eine Erfolgsgeschichte?

Yuval Noah Hararis Veröffentlichungen gehören mit ihren hohen Auflagenzahlen und den Übersetzungen in zahlreiche Sprachen zu den Weltbestsellern der letzten Jahre.[1] Dem Autor gelingt es, ein breites internationales Publikum weit über einzelne Fachgebiete hinaus zu erreichen. Die extrem starke Resonanz auf seine Publikationen in nahezu allen Medien[2] ist dadurch erklärbar, dass seine Themen und seine Sprache den Nerv der Zeit treffen und vielen Menschen, die in einer unübersichtlichen Welt nach Orientierung suchen, aus dem Herzen zu sprechen scheinen. Orientierung bietet Harari auch an. Dabei macht er es seinen Lesern nicht leicht. Die Lektüre verlangt Konzentration. Seine Ausführungen decken nahezu alle zeitgenössischen politischen und weltanschaulichen Diskurse ab. Die schier unglaubliche Themenvielfalt wird zudem in geschichtlicher, ja menschheitsgeschichtlicher Tiefenschärfe durchleuchtet und in einer Sprache dargelegt, die für interessierte Zeitgenossen gut nachvollziehbar ist. Das in seinen Werken aufgearbeitete Wissen weist ihn über-

1 Vgl. Yuval Noah Harari, *Eine kurze Geschichte der Menschheit*, München 2013 (in knapp 40 Sprachen übersetzt und auf Deutsch in 36 Auflagen erschienen); Ders., *Homo Deus. Eine Geschichte von Morgen*, München (Hardcover 2017, [15]2018; Taschenbuch 2018, [10]2019); Ders., *21 Lektionen für das 21. Jahrhundert*, München 2018.

2 Eine kritische Auseinandersetzung findet sich auch im Materialdienst der EKD 1/2018: Gereon Vogel-Sedlmayer, *Yuval Noah Harari, Globalhistoriker zwischen philosophischer Anthropologie und Buddhismus.*

dies als einen Gelehrten aus, der dieses Wissen zu strukturieren und in übergreifende Zusammenhänge einzuordnen weiß.

Diese Einschätzung gilt auch für seinen Bestseller „Homo Deus. Eine Geschichte von Morgen". Er soll zunächst in aller Kürze vorgestellt werden. Das leitende Interesse in den folgenden Ausführungen ist durch die vom Autor mit Bedacht gewählten Titelwörter geweckt: „Homo Deus" formuliert die *Umkehrung* der in der christlichen Theologiegeschichte klassischen Bekenntnisaussage von der Menschwerdung Gottes in Jesus Christus, die in besonderer Prägnanz im Prolog des Johannesevangeliums formuliert ist: „Und das Wort ward Fleisch und wohnte unter uns, und wir sahen seine Herrlichkeit, eine Herrlichkeit als des eingeborenen Sohnes vom Vater, voller Gnade und Wahrheit" (Joh 1,14 nach der Lutherübersetzung 2017). Im Zusammenhang des Johannesprologes[3] gelesen, findet sich in diesem Vers das neutestamentliche Bekenntnis zur Fleischwerdung, d. h. Menschwerdung des göttlichen Logos in Jesus Christus, also cum grano salis das Deus Homo. Exakt diese Aussage wird im Titel des Buches von Harari provokativ umgekehrt: Nicht Gott wird Mensch, sondern der Mensch wird Gott.

Wozu dient der Titel „Homo Deus" bei Harari? Der Autor fasst seine Intention in diesen zwei Wörtern „Homo Deus", also „Gott-Mensch", plakativ und pointiert seine These zusammen: Die Menschheitsgeschichte läuft dort, wo Menschen sie zum Fortschritt bzw. Besseren voranzutreiben versuchen, bewusst oder unbewusst auf dieses eine Ziel hinaus: Die Menschheit entwickelt immer mehr überragende Fähigkeiten, mit denen sie alle bisher unverrückbar erscheinenden Grenzen überwinden. Wenn immer mehr Grenzen fallen, dann tritt die Menschheit an

3 Vgl. zu einer vertieften Exegese des Johannesprologs: Klaus Scholtissek, *Das Evangelium nach Johannes. Ein Anfang, der es in sich hat*, in: *73 Ouvertüren. Die Buchanfänge der Bibel und ihre Botschaft*, hg. v. Georg Steins u. a., Gütersloh 2018, 482–492; Ders., *Perspektiven der Johannesforschung*, in: Ders., *Textwelt und Theologie des Johannesevangeliums* (Gesammelte Studien 1996–2020) (WUNT 452), Tübingen 2021, 3–147, hier: 60–71.

die Stelle Gottes und erreicht zuletzt auch die Unsterblichkeit. Diese auf ständige Optimierung ausgerichtete Fortschrittsgeschichte, dieses Fortschrittsdenken und -handeln der Menschen hat Erfolge gezeitigt, die für unsere Vorfahren gänzlich außerhalb ihrer Vorstellungskräfte lagen.

Das Buch „Homo Deus" von Harari ist in drei Hauptteile gegliedert, die drei menschheitsgeschichtliche Stadien abbilden sollen: „Homo sapiens erobert die Welt", „Homo sapiens gibt der Welt einen Sinn" und „Homo sapiens verliert die Kontrolle".

(1) Im ersten Teil „Homo sapiens erobert die Welt" reflektiert Harari insbesondere den sich verändernden Umgang mit dem Tod: Er weist auf eine Interpretationsrichtung hin, die darauf zielt, das frühere, von den Weltreligionen vertretene ‚positive' Verständnis des Todes hin zu einer medizinisch-technisch möglichen Unsterblichkeit des Menschen zu überwinden. Dieses Denken spitzt er schablonenhaft zu:

> *Und für jedes technische Problem gibt es eine technische Lösung. Wir müssen nicht auf das Jüngste Gericht warten, um den Tod zu überwinden. Dazu reichen ein paar Freaks in einem Labor. War der Tod traditionell ein Fall für Priester und Theologen, so übernehmen ihn nun die Ingenieure. Wir können die Krebszellen mittels Chemotherapie und Nano-Robotern abtöten.*[4]

Mitunter scheint sich Harari in gewisser Weise von diesem einfachen Denkschema zu distanzieren.[5] Er betrachtet das beobachtbare Streben nach dauerhaftem Glück und dauerhafter Freude der Menschen als eine Weise, den Homo sapiens „umzumodeln"[6], und er diagnostiziert das dahinterliegende Ziel: „Mit ihrem Streben nach Glück und Unsterblichkeit versuchen die Menschen in Wirklichkeit, sich zu Göttern zu erheben."[7]

---

4 Harari, *Homo Deus*, 37.

5 Vgl. a.a.O., 42–46.

6 A.a.O., 63.

7 A.a.O., 64.

Harari entwickelt sehr steile Thesen:

> *Ließ die landwirtschaftliche Revolution die theistischen Religionen entstehen, so brachte die wissenschaftliche Revolution humanistische Religionen hervor, in denen die Menschen an die Stelle der Götter traten. Die Grundüberzeugung humanistischer Religionen wie des Liberalismus, des Kommunismus und des Nationalsozialismus lautet, dass Homo sapiens über einen einzigartigen und heiligen Wesenskern verfügt, der Quell allen Sinns und aller Macht im Universum ist.*[8]

Solche Thesen fordern zum Widerspruch heraus. Keine von ihnen hält einer seriösen Überprüfung stand. Dies gilt ebenso für die These, dass Monotheismus und Evolutionstheorie sich kategorisch ausschließen.[9] Auch die Begründung seiner These von der Nichtexistenz Gottes ist unzureichend und unterkomplex:

> *In den letzten Jahrhunderten haben Wissenschaftler keinerlei empirischen Beleg für die Existenz Gottes entdeckt, wohingegen sie weitaus detaillierte Erklärungen für Blitzschläge, Regen und den Ursprung des Lebens fanden. Folglich geht, abgesehen von ein paar Unterabteilungen der Philosophie, kein Artikel in irgendeiner seriösen wissenschaftlichen Zeitschrift ernsthaft davon aus, dass es Gott gibt.*[10]

Harari erklärt sich die menschliche Ideengeschichte so:

> *Menschen weben am Geflecht des Sinns, sie glauben mit ganzem Herzen daran, doch früher oder später löst sich dieses Geflecht auf, und wenn wir zurückblicken, können wir nicht begreifen, wie irgendjemand es jemals ernst nehmen konnte.*[11]

(2) Damit ist die Überleitung gegeben zum zweiten Hauptteil „Homo sapiens gibt der Welt einen Sinn“. Hier geht Harari mit den Religionen, insbesondere dem Judentum und Christentum, streng ins Gericht: Ihre Heiligen Schriften kanonisieren „grundfalsche“ monotheistische Geschichtsbilder, die letztlich infan-

---

8 A.a.O., 137f.

9 Vgl. a.a.O., 141–148.

10 A.a.O., 161.

11 A.a.O., 206.

tile Wurzeln haben: „Die Bibel vertrat eine monotheistische Geschichtstheorie, die besagt, dass die Welt von einer einzigen allmächtigen Gottheit gelenkt wird, die sich vor allem um mich und mein Tun kümmert. Wenn etwas Gutes geschieht, muss das eine Belohnung für meine guten Taten sein. Und jede Katastrophe ist mit Sicherheit die Strafe für meine Sünden [...]. Eine solche Selbstbezogenheit zeichnet alle Menschen in ihrer Kindheit aus. Kinder aller Religionen und Kulturen glauben, sie seien der Mittelpunkt der Welt, und zeigen deshalb wenig echtes Interesse an der Situation und den Gefühlen anderer Menschen."[12]

Derartige Globalvorwürfe treffen hie und da sicher auf intellektuelle Verkürzungen auf pädagogische Instrumentalisierungen und theologisch-schiefe Gottesbilder zu. Sie weisen auf typische Gefahren und interessengeleitete Vereinnahmungen biblischer Gottesrede hin. Gleichwohl diskutieren, reflektieren und konterkarieren schon *die biblischen Schriften selbst* solche Kurzschlüsse im Prisma der schöpfungstheologischen, der sozialgesetzgeberischen, der prophetischen und der weisheitlichen Überlieferungen. Harari hat Recht, wenn er die Instrumentalisierung von Religion anprangert. Die Versuchungen des Missbrauchs sind groß und die Menschheitsgeschichte kennt unzählige Beispiele. Daraus jedoch zu schlussfolgern, dass Religion ausschließlich zur Legitimation von gewaltförmigen Gesellschaftsstrukturen erfunden wurde und gedient hat bzw. dient[13], überdreht erheblich und übersieht, dass die Bibel selbst genau diese Schattenseite z. B. in der Königskritik, in der Götzenpolemik und in der prophetischen Kritik erkennt, benennt und als massive Verfehlung des Willens Gottes zurückweist.

Im nächsten Schritt stellt Harari den an die Stelle der Religionen getretenen „modernen Pakt" zwischen Wissenschaft und Humanismus vor, den er als neue „posthumanistische Religion" deutet:

---

12 A. a. O., 237.

13 Vgl. Harari, *Homo Deus*, 249.

*Die humanistische Religion betet die Menschheit an und erwartet, dass diese die Rolle spielt, die Gott im Christentum und im Islam und die Naturgesetze im Buddhismus und im Taoismus spielten.*[14]

Dieser neuen Religion gehe es darum zu zeigen, dass wir Menschen „der eigentliche Quell allen Sinns sind und das unser freier Wille deshalb die oberste Autorität darstellt".

*Von klein auf sind wir einem wahren Trommelfeuer an humanistischen Schlagworten ausgesetzt, die uns den Rat geben: ‚Hör auf dich selbst, folge deinem Herzen, sei dir selbst gegenüber aufrichtig, vertraue dir selbst, tu das, was sich gut anfühlt.'*[15]

Damit „wanderte" „[...] der Ursprung von Sinn und Macht vom Himmel in die menschlichen Gefühle"[16]. Harari diagnostiziert sodann ein „humanistisches Schisma" (Liberalismus und Sozialismus stellten entweder das Individuum oder das Kollektiv in den Mittelpunkt) und spricht – äußerst anfechtbar – mit Blick auf das Europa im 20. Jahrhundert von „humanistischen Religionskriegen".

(3) Der dritte Hauptteil „Homo sapiens verliert die Kontrolle" liefert eine Diagnose der Gegenwart und fragt nach einer Abhilfe aus dem Dilemma: Für Harari erzwingt die Evolutionstheorie den Abschied von der Vorstellung des freien Willens, eines „wahren Selbst", eines „Ich" und damit des Individualismus:

*In Wirklichkeit gibt es nur einen Bewusstseinsstrom, und innerhalb dieses Stroms entstehen Wünsche und vergehen wieder, aber es gibt kein permanentes Ich, das die Wünsche besitzt, weshalb es sinnlos ist zu fragen, ob ich meine Wünsche deterministisch, zufällig oder frei wähle.*[17] *[...] Heute sehen wir, dass auch das Ich eine erfundene Geschichte ist, genauso wie Nationen, Götter und Geld.*[18]

---

14 A. a. O., 302.

15 A. a. O., 304f.

16 A. a. O., 317.

17 A. a. O., 385.

18 A. a. O., 409

Für die Zukunft prognostiziert Harari drei Entwicklungen, die auf einen „Techno-Humanismus" bzw. eine „Techno-" oder „Daten-Religion" (= „Dataismus") hinauslaufen:

(a) *Da die Menschen ihren politischen und militärischen Nutzen für das ökonomische und politische System verlieren werden, wird man ihnen nicht mehr viel Wert beimessen.*

(b) *Die Menschen werden nicht mehr als Individuen, wohl aber als Kollektiv wertgeschätzt werden.*

(c) *Das System werde nur noch die neue Elite optimierter Übermenschen wertschätzen.*[19]

Harari schließt mit einem rhetorischen Bescheidenheitstopos („Wir können die Zukunft nicht wirklich vorhersagen"[20]) und ruft zur Nachdenklichkeit auf.

Gemessen an der weltweiten Verbreitung, ist das Buch „Homo Deus. Eine Geschichte von Morgen" eine Erfolgsstory, die dem Autor und seinen Thesen internationale Aufmerksamkeit sichert. Die menschheitsgeschichtliche Entwicklung hingegen, die Harari zu systematisieren versucht, kann aus seiner Sicht nicht als Erfolgsgeschichte bewertet werden. Die von Harari ausgemachten Treiber der Menschheitsgeschichte (Religionen, besonders die monotheistischen Weltreligionen, die verschieden gestrickten Humanismen bis hin zum modernen „Dataismus") führen unisono in die Irre. Als verlässliche Bezugsgrößen anerkennt Harari nur seine spezielle Interpretation der Evolutionstheorie und eine einseitig verstandene, oberflächlich empiriebasierte Wissenschaft.

Charakteristisch ist für ihn, dass er diese Bezugsgrößen undifferenziert aufruft, jedoch weder analytisch untersucht und durchreflektiert noch die kritische Diskussion über die eigenen Denkvoraussetzungen, die er sonst überall einfordert, *anstößt oder gar selbst führt*. Stärke und Verdienst seines Buches liegen darin, die Schattenseiten der Menschheitsgeschichte, ihrer Religio-

19 Vgl. a. a. O., 413.

20 A. a. O., 534.

nen und Weltanschauungen anschaulich vor Augen geführt zu haben. Dabei leitet ihn ein popularisierendes ‚aufklärerisches' Interesse. In der Sache jedoch ist bei seinen Thesen durchgehend Aufklärungs- und Diskussionsbedarf, mitunter auch scharfer Widerspruch anzumelden. Angesichts des hohen Anspruchs Hararis, die Menschheitsgeschichte als Ganze analysieren und erklären zu können, bleiben seine Ausführungen in vielfacher Hinsicht weit unter dem wissenschaftlich gängigen und anerkannten Reflexionsniveau zurück.

Vor diesem Hintergrund verstehen sich die folgenden Ausführungen als Reflexionen zum biblischen Gottes- und Menschenbild. Sie unternehmen den Versuch, die biblische Botschaft aus dem Schriftzeugnis selbst abzuleiten und auf ihr Menschen- und Gottesbild hin zu befragen:

## 2 Schöpfer und Geschöpf – zum biblischen Gottes- und Menschenbild

Wer Grundaussagen zum biblischen Gottes- und Menschenbild[21] entdecken möchte, sei aus guten Gründen zunächst auf das erste Buch der Bibel (1. Mose bzw. die Genesis) verwiesen: In

---

21 Vgl. zum *biblischen Gottesbild* einführend: Bernd Janowski, Art.: *„Gottesvorstellungen 1. AT"*, in: *Handbuch theologischer Grundbegriffe zum Alten und Neuen Testament* (= HGANT), Darmstadt [5]2016, 26–29; Christoph Domen/Thomas Söding, *Der Eine Gott* (NEB Themen. Perspektiven des Alten und Neuen Testaments 1), Würzburg 2018. Vgl. vertiefend: Bernd Janowski, *Die rettende Gerechtigkeit*, Neukirchen-Vluyn 1999; Ders., *Der Gott des Lebens*, Neukirchen-Vluyn 2003; Ders. (Hg.), *Theologie und Exegese des Alten Testaments/der Hebräischen Bibel*, Stuttgart 2005; Reinhard Feldmeier/Hermann Spieckermann, *Der Gott der Lebendigen. Eine biblische Gotteslehre* (Topoi Biblischer Theologie 1), Tübingen (2011) [2]2017. Vgl. zum *biblischen Menschenbild* einführend: Christian Frevel, Art. *„Anthropologie"*, in: HGANT (s. Anm. 21), 1–8; Ders./Oda Wischmeyer, *Menschsein* (NEB Themen. Perspektiven des Alten und Neuen Testaments 11), Würzburg 2003. Vgl. vertiefend: Bernd Janowski, *Anthropologie des Alten Testaments. Grundfragen – Kontexte – Themenfelder*, Tübingen 2019.

den Schöpfungsgeschichten und den sich anschließenden großen Erzählungen über den Sündenfall, die Sintflut, den Bund mit Noah und den Berichten über die Stammeltern wird das Gottes- und Menschenbild narrativ anschaulich und zugleich dramatisch akzentuiert und durchbuchstabiert.

Dies soll an einem Beispiel vor Augen geführt werden: Genesis 3,1–24 erzählt – unmittelbar im Anschluss an die Schöpfungs- und Paradieserzählungen in Genesis 1–2 –, den sogenannten Sündenfall des Menschen. Es geht um Gottes gute Schöpfung, um die Rolle des Menschen als Teil in ihr und für sie, um die Berufung des Menschen und die Gefährdung seines Auftrags, in genau dieser Reihenfolge. Damit ist eine erzählerische Spannung aufgebaut:

> *Sie bildet den roten Faden im Erzählverlauf des ersten Buches der Bibel: eine ‚sehr gute' Schöpfung, eine Menschheit unter dem Segen Gottes. Mit dem Auftreten des Menschen kommt jedoch Unruhe in diesen geordneten Zusammenhang: Der Mensch kann seine Freiheit zum Guten und zum Bösen einsetzen. Aber auch hier gerät die Erzählung nicht zur Schwarz-Weiß-Malerei: Weil die menschliche Freiheit nicht aus Selbstermächtigung des Menschen kommt, sondern geschenktes Können ist, wird im Moment, in dem die Abgründe dieser Freiheit aufscheinen, Gottes nicht endende Sorge für den Menschen erzählt: Das erste Wort Gottes an den ‚erwachsenen' Menschen, der aus der Harmonie des Gottesgartens gefallen ist, heißt: ‚Wo bist du?' (Gen 3,9). Gott selbst sucht den Menschen, gerade den, der seine Weisung überschritten hat.*[22]

In der Erzählung vom „Fall des Menschen" in Genesis 3 geht es um den ‚erwachsenen' Menschen in seiner ganzen Ambivalenz:

> *Gott hat das Verbot ausgesprochen, ‚vom Baum der Erkenntnis von Gut und Böse zu essen' (Gen 2,17). Das listige Schlangentier stellt jedoch der Frau den Gewinn dieser Fähigkeit vor Augen: Der Besitz der Unterscheidungsfähigkeit verleiht dem Menschen in einem Punkt Gottähnlichkeit. [...] ‚Gut und Böse', besser: das Lebensförderliche und das Abträgliche unterscheiden zu können ist die Voraussetzung jedes verantwortlichen, ‚erwachsenen' Handelns, keine Anmaßung eines entfesselten Menschen, sondern Grundlage der Freiheit. Auch wenn die biblische*

---

22 Georg Steins/Egbert Ballhorn, *Genesis – Das Erste Buch Mose. So fangen Geschichten an*, in: *73 Ouvertüren* (s. Anm. 3), 25–25, hier: 30.

*Erzählung die Unterscheidungsfähigkeit als Voraussetzung für das Leben des ‚Bildes Gottes' sieht, feiert sie nicht die Größe des Menschen, sondern taucht diesen ‚Schritt ins Erwachsenendasein' in ein fahles Licht: Der Gewinn ist auch Verlust, die Verantwortung auch eine Last; zwischen Frau und Mann steht die Scham, zwischen Gott und Mensch eine Fremdheit, die im Tod zur dichtesten Erfahrung wird. Die Bibel prägt für den prekären Zustand des Menschen keinen Begriff; sie erzählt von Fürsorge und Vertrauensbruch, vom Glück der Partnerschaft von Mann und Frau und dem Wunsch, sich vor Gott zu verstecken.*[23]

In den ersten drei Kapiteln des Buches Genesis und damit den ersten drei Kapiteln der jüdischen wie der christlichen Heiligen Schrift werden die Grundlagen erzählt, wer Gott ist, wer er sein will und wer der Mensch ist und sein soll: Gott ist schöpferisch, er ist ein Schöpfer, der nicht für sich bleibt, sondern sein Geschöpf als das andere seiner selbst ins Leben ruft, es im Leben erhält und anspricht. Der Schöpfer und sein Geschöpf sind Beziehungswesen, sie suchen beide eine dauerhafte Bindung. Diese Beziehung zwischen Gott und Mensch ist jedoch nicht mehr im Garten Eden verortet. Der ‚erwachsene' Mensch lebt in einer durchaus dramatischen Ambivalenz, in einer nicht zuletzt durch das Todesgeschick gekennzeichneten Ordnung und ‚gestörten' Gottesbeziehung. Es ist Gott selbst, der einen neuen Anfang setzt im Bundesschluss mit Noah (vgl. Gen 6–9) und in der Berufung, Segensverheißung und stets erneuten Hinwendung zu seinem Gottesvolk Israel (vgl. Gen 11–50).[24]

---

23 A. a. O., 29.

24 *Bernd Janowski* sieht in der Hinwendung Gottes zu seinem Volk und in der Antwort Israels die „Mitte" des Alten Testaments: „Wenn mit der ‚Mitte' aber die *Sach- und Wirkmitte eines Geschehens* gemeint ist, so ließe sich dieses Geschehen als *Jhwhs Hinwendung zu Israel und Israels Antwort an Jhwh* bestimmen (was sachlich der zweiseitigen Bundesformel von Dtn 26,16–19 entspricht). Unterhalb dieser Bezugsgrößen lassen sich alle theologischen Leitmotive und zentralen Begriffe einordnen, die bei der Diskussion um die ‚Mitte' des AT eine Rolle spielen. Leitend ist dabei die Einsicht, dass der biblische Kanon eine komplexe Größe ist, die so etwas wie eine ‚kontrastive Einheit' darstellt" (Ders., Art. „Gottesvorstellungen" [s. Anm. 21], 29).

## 3 Schöpfer und Geschöpf im Neuen Testament

Die maßgebliche Bezugsgröße für das neutestamentliche Gottes- und Menschenbild[25] sind die Heiligen Schriften Israels, in deren Licht die Sendung Jesu, sein Tod und seine Auferstehung gedeutet werden. Die Gottesbotschaft des Juden Jesus von Nazareth steht grundlegend in der Kontinuität des biblischen Monotheismus. Sie hat teil an dem vielschichtigen Gotteszeugnis Israels und setzt es durchgehend voraus: Der Gott Jesu ist der eine und einzige „Gott Abrahams und der Gott Isaaks und der Gott Jakobs" (Mk 12,26; vgl. Mk 2,7; 10,18; 12,24–31; Apg 3,13–15; 24,14). Dies zeigt sich an den schöpfungstheologischen Aussagen[26] und dem darin verwurzelten biblischen Menschenbild (der auf Gott hin geschaffene, erlösungsbedürftige Mensch) ebenso wie an dem durchgehenden Anspruch, in der Kontinuität der biblischen Verheißungsgeschichte zu stehen.[27] Nach neutestamentlichem Zeugnis ist es derselbe Gott, der in Treue und in Übereinstimmung mit seinem Handeln an Israel und zu

25 Vgl. einführend: Klaus Scholtissek, Art. *„Gottesvorstellungen II. NT"*, in: HGANT (s. Anm. 21), 29–32; Domen/Söding, *Der Eine Gott …* (s. Anm. 21). Vgl. vertiefend: Helmut Merklein, *Die Einzigkeit Gottes als die sachliche Grundlage der Botschaft Jesu*, in: Ders., *Studien zu Jesus und Paulus II* (WUNT 105), Tübingen 1998, 154–173; Wolfgang Schrage, *Unterwegs zur Einzigkeit und Einheit Gottes*, Neukirchen-Vluyn 2002; Thomas Söding (Hg.), *Der lebendige Gott*, Münster 1996; Wilhelm Thüsing, *Gott und Christus in der paulinischen Soteriologie*, Münster [3]1989; Ders., *Studien zur neutestamentlichen Theologie*, Tübingen 1995; Yehoshua Amir u. a., *Der eine Gott der beiden Testamente*, Neukirchen-Vluyn 1987.

26 Vgl. nur: Röm 1,18–32; 8,18–22; Mk 2,27; 10,6; Mt 6,26–30; Joh 1,1–18; Apg 17,24; Hebr 1,1–3; 1 Tim 4,4.

27 Vgl. nur: Gal 3; Röm 4; 9–11; Hebr 1,1–3; vgl. die bibl. Geschichtstheologie in Mk 12,1–12 (vgl. Neh 9,26). Das gilt – anderen Auslegungen zum Trotz – insbesondere auch für das Johannesevangelium; vgl. Scholtissek, *Perspektiven …* (s. Anm. 3), 99–103; Ders., *Antijudaismus im Johannesevangelium? Ein Gesprächsbeitrag* (1999), ebd., 483–508; Ders., *Die unauflösbare Schrift (Joh 10,35). Beobachtungen zum kanonischen Anspruch des Johannesevangeliums* (2003), ebd., 527–553.

seinen Verheißungen sich im Wirken Jesu von Nazareth seinem auserwählten Volk zuwendet, um es für die angebrochene Königsherrschaft Gottes zu sammeln. Es ist der Gott Israels, der in der Auferweckung Jesu „aus den Toten“ an Jesus selbst handelt und so den unwiderruflichen Beginn der endzeitlichen Totenerweckung initiiert (1 Kor 15), der in seinem Messias Jesus den neuen Bund schließt und die eschatologische Heilsgemeinde des Neuen Bundes auch für Glaubende aus anderen Völkern öffnet. Das neutestamentliche Gottes- und Menschenbild steht daher in einer klaren Kontinuität zum biblisch-jüdischen Gottes- und Menschenbild. Das Proprium der neutestamentlichen Botschaft ist die Sendung Jesu von Nazareths zur Sammlung des zerstreuten Gottesvolkes. Ihn bekennen die Nachfolger Jesu als den erwarteten Messias Israels[28]. Zusammenfassend lässt sich die neutestamentliche Botschaft als Gottes liebende, eschatologische Hinwendung zu Israel in Gestalt seines Sohnes Jesus Christus bestimmen, die als Antwort der Menschen Umkehr, Glaube und Nachfolge fordert und sich nach Tod und Auferstehung Jesu auch für die Heiden öffnet. Bei allen konkreten Aussagen über den Gott Jesu Christi weiß die Gottesverkündigung des Neuen Testaments weiterhin um den *deus semper maior*, dessen unauslotbare Größe sich bei aller Zuwendung zu den Menschen menschlicher Verfügung und intellektueller Erkenntnis entzieht (Röm 11,33–36).

In dem Leitgedanken biblischer (und eben nicht nur neutestamentlicher!) Theologie „Gott ist Liebe“ (1 Joh 4,8.16; vgl. Joh 3,16) wird das Wesen Gottes als sich hingebende, sich verschenkende Liebe bestimmt: „Es ist das Sichverströmen der stets sie selbst bleibenden Unendlichkeit“ (Wilhelm Thüsing).[29] Schon Paulus hatte das Moment der schenkenden Liebe Gottes als primäres Charakteristikum seiner Gottesverkündigung betont

28 Zum Messiastitel vgl. Hans-Joachim Fabry/Klaus Scholtissek, *Der Messias* (NEB Themen. Perspektiven des Alten und Neuen Testaments 5), Würzburg 2002.

29 Zur Vertiefung vgl. Feldmeier/Spieckermann, *Der Gott der Lebendigen* (s. Anm. 21), 126–148.

(1 Thess 1,4; Gal 5,22; 2 Kor 13,11; Röm 1,7; 5,1–11; 8,31–39; 9,13; 11,28). Als liebender Gott erweist der „Vater“ sich in seinem „Sohn“, der wiederum aus Liebe für die Rettung und Versöhnung der Menschen sein Leben hingibt (Gal 2,20; Joh 3,16) und so die Einsetzung in die „Sohnschaft“ ermöglicht (Gal 3,26; 4,4–7; Röm 8,14–17) bzw. die Gotteskindschaft der Menschen erneuert (Phil 2,15; Joh 1,12f.; 8,39.41; 11,52; 1 Joh 3,1–5.10; 5,2).[30]

### 3.1 Die Fleischwerdung des göttlichen Wortes und die Menschwerdung des Menschen im Johannesevangelium

Das Johannesevangelium ist bekannt für seine Kernaussage in Johannes 1,14:

> *Und das Wort wurde Fleisch und hat unter uns gewohnt, und wir haben seine Herrlichkeit gesehen, eine Herrlichkeit als des einzig geborenen (Sohnes) vom Vater, voller Gnade und Wahrheit. (Joh 1,1)*

Dieser Satz findet sich in dem berühmten Prolog des vierten Evangeliums (Joh 1,1–18). Der Evangelist Johannes öffnet in den einleitenden Versen in genialer Weise die Tür, durch die die Hörenden und Lesenden in das Haus des Evangeliums treten (zur johanneischen Türmetapher vgl. die Hirtenrede in Joh 10,1–18). Im Durchgang durch diese Tür erhalten die Hörenden und Lesenden die Zurüstung, die sie brauchen, um sich Gottes Kunde, die seiner ganzen Schöpfung gilt, schrittweise und vertiefend als glaubende und liebende Kinder Gottes anzueignen.[31]

30 Zu den Kennzeichen Gottes, die ihn selbst näher bestimmen, gehören nach neutestamentlichen Zeugnissen sodann: *Geist* („Gott ist Geist“, Joh 4,24); *Licht* („Gott ist Licht“; 1 Joh 1,5); *Gerechtigkeit* (Röm 1,17; 3,21–26; 10,3); *die Macht, Tote lebendig zu machen* (Röm 4,17.24; 8,11; 2 Kor 1,9; 4,14; Hebr 11,19; Mk 12,24–27); *Gericht* (Röm 1,18–32; Endgericht); *Versöhnung* (2 Kor 5,18–21); *Treue* (1 Kor 1,9; Röm 11,1–10); *Frieden* (Röm 15,33; 2 Kor 13,11); *Barmherzigkeit und Trost* (2 Kor 1,3); *Gnade* (1 Petr 5,10).

31 Vgl. hierzu weiterführend Scholtissek, *Das Evangelium nach Johannes …*

*Im Anfang war das Wort, und das Wort war bei Gott und das Wort war Gott (Joh 1,1).*

*Niemand hat Gott je gesehen; der Eingeborene, der Gott ist und der am Herzen des Vaters ruht, er hat Kunde gebracht (Joh 1,18).*

Der erste und der letzte Vers des Prologs bilden einen Rahmen: Sie sprechen von der Würde und Größe des „Wortes" (*logos*), das von allem Anfang an „bei Gott" existiert, selbst „Gott" ist und aus intimster Beziehung heraus „Kunde gebracht hat". Das letzte Wort im Vers 18 „verkündigen / Kunde bringen / auslegen" weist den „Eingeborenen" als Gottes Exegeten aus: Die verbindliche und abschließende Auslegung Gottes geschieht in der Sendung Jesu, die der Evangelist im *corpus evangelii* detailliert erzählt.

Mit den ersten beiden Worten seines Evangeliums „Im Anfang …" wiederholt der Evangelist die ersten beiden Worte der Heiligen Schrift Israels in Genesis 1,1. Das ist kein Zufall, sondern signalisiert allen jüdischen bzw. allen gebildeten Adressaten, in welche Tradition sich der Evangelist stellt und welche kosmologische Reichweite sein Evangelium beansprucht. Dieses Anliegen greifen die schöpfungstheologischen Aussagen in den Versen 2–3 ausführlich und vertiefend auf.

Der neben Gott neu eingeführte und ihm zugeordnete Akteur ist „das Wort". Diesem wird zugesprochen, dass es selbst „Gott" ist (vgl. die Wiederholung der Prädikation in Vers 18). Bricht der Evangelist gleich im ersten Vers mit seiner biblischen Tradition, mit dem ersten grundlegenden Gebot des Dekalogs? Ist der Monotheismus aufgegeben? Schon im ersten Vers, dann in den weiteren Versen des Prologs und im gesamten Evangelium arbeitet der Evangelist daran, zu zeigen, dass und wie seine steilen christologischen Aussagen den Monotheismus wahren. Dazu bezieht sich der Evangelist mit dem Begriff *logos* sowohl auf die biblischen Aussagen über Gottes wirkmächtiges Schöpferwort als auch auf die in frühjüdischen Schriften personifizier-

---

(s. Anm. 3); Ders., *Perspektiven …* (s. Anm. 3), 60–71.

te Weisheit (vgl. bes. Sprüche 8). Gleichzeitig nimmt er bewusst Rekurs auf die in den zeitgenössischen philosophischen Schulen (Seneca, Plutarch, Dion von Prusa, Epiktet) diskutierte Rolle des *Logos*. Der Evangelist schöpft aus seiner biblischen Tradition, in der er uneingeschränkt steht, und sucht zugleich das Gespräch mit den gegebenen Philosophien, die auf der Höhe der Zeit stehen. Auch mit dieser doppelten Dialogsituation steht der Evangelist wiederum in seiner biblischen Tradition: Diesen Dialog führen die Autoren frühjüdischer Schriften der hellenistischen Zeit ebenfalls und in aller Ausführlichkeit (vgl. nur: Weisheit, Septuaginta, Philo).

Der Evangelist Johannes fasst im Vers 1,14 die ganze Sendung Jesu einschließlich Passion, Tod, Auferstehung, Erhöhung und Verherrlichung zusammen: Er interpretiert den Lebensweg Jesu insgesamt als Inkarnation des göttlichen Wortes und als „wohnen" (wörtlich: „zelten") „unter uns". Die Verse 14 und 16–17 bringen in theologischer bzw. doxologischer Sprache die heilsgeschichtliche Konkretion dessen, was zuvor schon mehrfach metaphorisch umschrieben wurde: Vers 14 spricht expressis verbis von der Inkarnation des „Wortes", das als „eingeborener Sohn" des „Vaters" identifiziert und dem göttliche Herrlichkeit zugeschrieben wird. Vers 17 identifiziert diesen „eingeborenen Sohn" mit „Jesus Christus". Die den ganzen Johannesprolog prägende schrittweise Decodierung der zunächst unbestimmteren Aussagen findet in den Versen 14–17 ihren Höhepunkt: Der göttliche Logos, der präexistente Schöpfungsmittler, dem alle Schöpfung ihre Existenz, ihr Licht und Leben verdankt, wird „Fleisch", also ganz Mensch und mit dem Namen Jesus Christus identifiziert.

Charakteristisch für den Johannesprolog ist die zugrundeliegende Einheit des Heils- und Offenbarungshandelns Gottes: Joh 1,17 ist nicht antithetisch zu interpretieren:

*Beide Sätze sind ohne ein aber nebeneinandergestellt, und die Passivformulierung ‚wurde gegeben' umschreibt hier, wie oft, ein Handeln Gottes. Die Offenbarung Gottes im Gesetz und in Jesus Christus werden einander zugeordnet und nicht entgegengesetzt.*[32]

Im Verständnis des Johannesevangeliums kommt in der Menschwerdung des göttlichen Logos, in seiner heilenden Sendung zu den Menschen und seiner Lebenshingabe aus Liebe (vgl. Joh 3,16) Gottes liebende Hinwendung zu seiner Schöpfung und zu seinen Geschöpfen, die im Prolog konzentriert erinnert und angeführt wird, zu ihrem Höhepunkt. Bei der Menschwerdung des göttlichen Logos geht es um *die Menschwerdung des Menschen*:

*Menschwerdung ist die endgültige Liebestat des Gottes, der in seiner Schöpfung, besonders in seinem liebsten Geschöpf, dem gottebenbildlichen Menschen, das Gegenüber geschaffen hat, ohne welches er nicht Gott sein will. […] Im Durchgang durch die Schriften des Alten und Neuen Testaments wurde diese These als Weg der Liebe Gottes zur Welt und zu den Menschen ausgelegt. Diese Liebesgeschichte ist keine erbauliche Lovestory gewesen. Vielmehr ist sie eingeschrieben in die nach ganz anderen Gesetzmäßigkeiten sich entfaltende Geschichte des in sich selbst verliebten Geschöpfes, das gegen seinen Schöpfer rebelliert und selbst wie Gott sein will. Vom ‚Sündenfall' und dessen tödlichen Folgen über all die ungezählten Realisierungen des Grundkonfliktes zwischen dem Schöpfer und seinem Geschöpf in der Urgeschichte, dann in der Geschichte des Gottesvolkes und zuletzt in der Geschichte des Gottessohnes zieht sich die blutige Spur jener menschlichen Überhebung, die sich nach den Visionen des Sehers im letzten Buch der christlichen Bibel bis an das Ende der Tage fortsetzt. Auf diesem Hintergrund werden die biblischen Schriften gedeutet als dramatische Stationen eines Machtkampfes zwischen dem lebendig machenden Beziehungswillen des Schöpfers und dem tödlichen Drang des Geschöpfes in die Verhältnislosigkeit – gegenüber seinem Gott und gegenüber seinen Mitgeschöpfen. Es ist ein asymmetrischer Kampf, denn Liebe als Bindung an den anderen kann nicht Gleiches mit Gleichem vergelten.*[33]

---

32 Walter Klaiber, *Das Johannesevangelium I–II* (Die Botschaft des Neuen Testaments), Göttingen I 2017; II 2018, hier: I, 40.

33 Reinhard Feldmeier/Hermann Spieckermann, *Menschwerdung* (Topoi Biblischer Theologie 2), Tübingen 2018, 329; vgl. ebd., 1–6.329–332.

## 3.2 Das Gottes- und Menschenbild im Johannesevangelium

Das Menschenbild des vierten Evangeliums – und unlösbar damit verbunden das Gottesbild – ist nicht in abstrakten Begriffen zu finden, sondern in der *narrativen Dynamik* sowie in den *wiederkehrenden anthropologischen Motiven* (z. B. „suchen“ und „finden“, „hungern“ und „dürsten“) der johanneischen Begegnungssequenzen.

### (1) Suchen und finden

Im Johannesevangelium gibt es Schritte und Stufen, Anwege und Zugangswege, über die Menschen zu Jesus geführt, d. h., mit seinem Lebensgeheimnis vertraut werden. Dies lässt sich eindrucksvoll am Beispiel der johanneischen Berufungsgeschichten Joh 1,35–51 veranschaulichen: Mit Ausnahme des Verses 1,43, dem Wort Jesu an Philippus: „Folge mir nach!“, erinnert die erzählerische Gestaltung der Berufungsgeschichten wenig an die synoptischen Nachfolgeerzählungen: Nicht das Kommen Jesu zu den zu Berufenen an ihren Arbeitsplatz, nicht der unvorbereitete unmittelbaren Gehorsam fordernde Ruf Jesu, nicht das sofortige „alles verlassen“ der in die Nachfolge Gerufenen steht im Vordergrund. Auch das Moment der Beteiligung an der Sendung Jesu (vgl. Mk 1,17: „Ich werde euch zu Menschenfischern machen“) wird variiert. Dargestellt wird vielmehr *der Weg der ersten Jünger zu Jesus*:

*(a) Als Johannesjünger werden die ersten zwei, Andreas und ein Anonymus, von ihrem Meister zu Jesus geführt (vgl. Joh 1,35–37; vgl. vorbereitend 1,19–28.29–34).*

*(b) Sie folgen Jesus nach (vgl. 1,37) und*

*(c) Jesus richtet – als erstes Wort Jesu im Evangelium überhaupt! – die Frage an sie: „Was sucht ihr?“ Nicht die Verkündigung Jesu und die in ihr angelegte Glaubensforderung (vgl. Mk 1,14f.) stehen hier im Mittelpunkt, sondern eine Rückfrage, die die Jesus Nachfolgenden mit sich selbst konfrontiert und ihren noch ungefestigten Anschluss an Jesus als „Suche“ bestimmt.*

(d) *Ihre direkte Frage „Rabbi, wo wohnst du?" (wörtlich: „Wo bleibst du?") lädt zu Assoziationen ein und ist doch ein treffender Vorausverweis auf die folgende Einladung Jesu: „Kommt und seht!" Die beiden angehenden Jünger fragen in diesem Moment nicht nach einer begrifflich zu fassenden Identität („Wer bist du?"), sondern nach seinem „Wohnort", „seiner Bleibe".*

(e) *Jesus entspricht ihrer Bitte, er lädt sie ein, „zu kommen" und „zu sehen": „und sie sahen, wo er wohnt [wörtlich: bleibt], und blieben bei ihm an jenem Tag" (1,39).*

(f) *Im Folgenden erzählt Johannes die Wirkung und die Bewertung der Begegnung mit Jesus an jenem Tag: Andreas „findet" seinen Bruder Simon und verkündet ihm: „Wir haben den Messias gefunden" (1,41). Darauf „führte er ihn zu Jesus" (1,42). Indem Jesus ihn „ansieht" und sagt: „Du bist Simon, der Sohn des Johannes, du wirst Kephas genannt werden" (1,42), zeigt er, dass er um ihn, nämlich seine Identität, weiß, ruft er ihn in seine Nachfolge und benennt seine neue Aufgabe.*

(g) *Wie Andreas seinen Bruder Petrus zu Jesus geführt hat, so „findet" auch Philippus den Nathanael und verkündet ihm mit fast den gleichen Worten, die Andreas zu Petrus gesprochen hat: „Wir haben den gefunden, über den Mose im Gesetz und die Propheten geschrieben haben, Jesus, den Sohn des Joseph aus Nazareth" (1,45). Auf den skeptischen Einwand des Nathanael wiederholt Philippus erneut wortgenau die Einladung Jesu: „Komm und sieh!" Jesus, der Nathanael kommen „sieht", gibt erneut zu erkennen, dass er auch um Nathanel weiß: „Siehe, ein wahrer Israelit, in dem kein Falsch ist" (1,47), und: „Bevor dich Philippus gerufen hat, habe ich dich gesehen, als du unter dem Feigenbaum warst" (1,48). Diese Begegnung mit Jesus, das ‚Wissen' und ‚Sehen' Jesu, führen zum Glaubensbekenntnis des Nathanael: „Du bist der Sohn Gottes, du bist der König Israels" (1,49; vgl. den christologischen ‚Fund' des Andreas und des Philippus: 1,41.45).*

(h) *Abschließend verheißt Jesus dem Nathanael und nicht nur ihm (vgl. die Formulierung: „Amen, amen ich sage euch: …"), dass er „Größeres als dieses sehen werde" (vgl. 1,50f.). Erzählerisch ergibt sich durch diese Wendung die Öffnung der Begegnung mit Jesus für die „größere" Zukunft, für eine tiefere Christuserkenntnis: Jesus ist der Ort lebendiger Gottesgegenwart (vgl. 1,51; 4,14; 6,40; 12,45; 14,8f.; 20,28f.).*[34]

---

34 Thomas Popp, *„Größeres als das wirst Du sehen …" (Joh 1,50). Literarische Integrität und theologische Intensität im Johannesevangelium*, in: Michael Labahn (Hg.), *Spurensuche zur Einleitung in das Neue Testament*. Eine Festschrift im Dialog mit Udo Schnelle (FRLANT 271), Göttingen 2017, 349–372.

Dieser Überblick über die einzelnen Stationen der johanneischen Berufungsgeschichten in Johannes 1,35–51 lässt bei all ihrer Detailgenauigkeit ein idealisierendes und paradigmatisches Erzählinteresse erkennen: Johannes handelt hier nicht nur von der vorösterlichen Berufung der fünf ersten Jünger (Andreas, ein Anonymus, Simon, Philippus, Nathanael), sondern ineins damit von dem Weggeschehen des Anschlusses an Jesus, der Begegnung mit Jesus und dem Finden Jesu, wie er es auch in der österlichen Zeit nicht zuletzt vermittels seines Evangeliums verkündet.

Sind schon die johanneischen Berufungsgeschichten in Johannes 1,35–51 von der Spannung von „suchen" und „finden" geprägt, so wird die Suche von Menschen auch sonst im Evangelium angesprochen:

*Aufgrund der „Zeichen" Jesu kommt Nikodemus, den Jesus selbst als „den Lehrer Israels" (3,10) apostrophiert, des Nachts zu Jesus und anerkennt ihn als von Gott gekommenen Lehrer. Ohne dass hier das Stichwort „suchen" fällt, die Szenerie und der Verlauf des Gespräches einschließlich der Wirkungsgeschichte (vgl. 7,50–52; 19,38–42) zeigen, dass Nikodemus sich durch das Wirken Jesu hat ansprechen lassen und jetzt gekommen ist, bei Jesus selbst nähere Erklärungen zu finden.*

*Nach dem „Zeichen" der wunderbaren Speisung (vgl. 6,1–15) „suchen" (6,24) die Menschen Jesus, der sich ihnen jedoch entziehen möchte (vgl. 6,3.15.22–25). Als sie ihn finden, macht er ihnen den Vorwurf: „Amen, amen, ich sage euch: Ihr sucht mich nicht, weil ihr Zeichen gesehen habt, sondern weil ihr von den Broten gegessen habt und satt geworden seid" (6,26). Solche Suche nach Jesus, die ihren Grund in der Sättigung mit irdischer Speise hat, weist Jesus deutlich zurück. Gleichwohl geschieht diese Zurückweisung nicht ohne anknüpfenden Überstieg in dem direkt folgenden Vers: „Bemüht euch nicht um die Speise, die vergeht, sondern um die Speise, die bleibt bis in Ewigkeit, welche der Menschensohn euch geben wird" (6,27). Das fehlende Verständnis der Menschenmenge und der Überstieg Jesu ist der Beginn und Ausgangspunkt für die ganze Brotrede Jesu in Joh 6,26–58. Jesus überführt damit die Suche der Menschen: einmal negativ hinsichtlich ihrer zu kurz greifenden Motivation, zugleich aber positiv hinsichtlich der angemessenen Begründung. Sinnziel ihres Mühens und Suchens muss die bleibende, unvergängliche Speise sein. Die Ausführungen der Brotrede Jesu im*

*Johannesevangelium*[35] *zielen auf nichts anderes: Jesus selbst schenkt und ist diese unvergängliche Speise: „Ich bin das Brot des Lebens. Wer zu mir kommt, wird nicht mehr hungern, und wer an mich glaubt, wird niemals mehr dürsten" (6,35).*[36]

Suchen und finden als *anthropologische Konstanten* haben in der biblischen, insbesondere der weisheitlichen Überlieferung ihren festen Platz und beziehen sich auf Gott oder auf die Weisheit (vgl. Jer 29,12ff.: „Wenn ihr mich ruft, wenn ihr kommt und zu mir betet, so erhöre ich euch. Sucht ihr mich, so findet ihr mich. Wenn ihr von ganzem Herzen nach mir fragt, lasse ich mich von euch finden – Spruch des Herrn."). In Johannes 1,35–51 und 6,35 knüpft der Evangelist an die weisheitliche Vorgabe an: „Ich liebe alle, die mich lieben, und wer mich sucht, der wird mich finden" (Spr 8,17) und „Wer mich findet, findet Leben und erlangt das Gefallen des Herrn" (Spr 8,35).

### (2) Hungern und dürsten

Als Beispiel sei hier das Gespräch Jesu mit der Samariterin am Jakobsbrunnen in Johannes 4,1–26 (27–42) vorgestellt: In Johannes 4 erfahren die Leser wichtige Momente der Lebensgeschich-

---

35 Zur Auslegung der Brotrede in Johannes 6 vgl.: Klaus Scholtissek, *Die Brotrede Jesu in Joh 6,1–71. Exegetische Beobachtungen zu ihrem johanneischen Profil* (2001), in: Ders., *Textwelt und Theologie des Johannesevangeliums* (s. Anm. 3), 257–278; Ders., *„ICH bin das Brot des Lebens" (Joh 6,35). Metaphorik und Eucharistiekatechese in Johannes 6,1–71*, ebd. (s. Anm. 3), 279–302.

36 Das Thema des Suchens wird im Johannesevangelium an weiteren Stellen aufgenommen und reflektiert: vgl. Joh 7,34.35f.; 8,21f.; 13,33.36; 11,56; 12,21; 18,4.7.8 (vgl. auch Hos 5,6; Am 8,12; Spr 1,28; 14,6; Jes 55,6). Zuletzt greift die Frage Jesu an Maria von Magdala: „Frau, warum weinst du? Wen suchst du?" (20,15) das Thema des Suchens auf: In Wiederaufnahme und Weiterführung des ersten Wortes Jesu 1,38 „Was sucht ihr?" ist „suchen" hier im wörtlichen und übertragenen Sinn gemeint. Allein die vertraute Anrede mit ihrem Namen offenbart der Suchenden den österlichen Fund: „Maria" – „Rabbuni" (20,16).

te der Samariterin, sie selbst hält ausdrücklich fest, dass Jesus ihr „alles gesagt hat, was sie getan hat“ (Joh 4,29; vgl. 4,39). Neben diesen biografischen Hinweisen über die Samariterin, die erneut Jesu besondere Herzens- und Menschenkenntnis offenbaren (vgl. Joh 1,47f.), steht von Beginn an ihre Identität als Frau und Samariterin im Blickfeld (vgl. ihre Rückfrage: „Wie kannst du, der du ein Jude bist, von mir (etwas) zu trinken erbitten, die ich eine samaritische Frau bin?“). Das religiöse Selbstverständnis und die Heilserwartung der Samariter, die die Frau hier repräsentiert, bringt sie selbst ein in das Gespräch (vgl. Joh 4,12.19f.25.29d) – wozu sie jeweils herausgefordert wird durch vorausgehende Worte Jesu (vgl. Joh 4,10.17f.21–24.29c).

Jesu Worte eröffnen das Gespräch („Gib mir zu trinken!“; Joh 4,7) und provozieren die irritierte Rückfrage der Samariterin (Joh 4,9). Diesen Einwand wiederum nutzt Jesus, um das Gespräch auf ein neues Moment hinzulenken, das ihren Einwand überholt und zugleich die Ausgangssituation umkehrt: „Wenn du wüsstest, was die Gabe Gottes ist und wer es ist, der zu dir sagt: ‚Gib mir zu trinken‘, würdest du ihn bitten, und er würde dir lebendiges Wasser geben“ (Joh 4,10). Das Missverständnis der Frau gibt Jesus die Gelegenheit, zu unterscheiden zwischen dem Brunnenwasser, das den Durst nur für kurze Zeit löscht, und dem lebendigen Wasser, das er geben wird, das den Durst für immer stillt und in dem Trinkenden zu einer Quelle sprudelnden Wassers bis in Ewigkeit wird (vgl. 4,13f.). Der erste Gesprächsgang (4,7–15) schließt mit einem erneuten Unverständnis der Samariterin (vgl. 4,15). Der zweite Gesprächsgang führt wiederum im Ausgang von einer Bitte Jesu (vgl. 4,16) zum Gespräch über die Männer der Samariterin und über die Identifizierung Jesu als Prophet (vgl. 4,19) zum Hinweis der Frau auf die samaritanisch-jüdische Konkurrenz bezüglich des Ortes der Gottesanbetung (vgl. 4,20). Jesu Antwort, die mit dem Hinweis auf die gekommene Stunde (vgl. Joh 4,23) erneut eine scheinbar aporetische Situation überholt, nennt den neuen, durch Jesu Gegenwart heraufgeführten Ort der Anbetung Gottes: „Gott ist

Geist, und die ihn Anbetenden müssen ihn im Geist und in der Wahrheit anbeten" (4,24). Diese eschatologisch neue Verkündigung Jesu erinnert die messianische Heilserwartung der Samariterin: „Wenn jener kommt, wird er uns alles verkünden" (4,25). Auf diese Worte der Samariterin hin offenbart sich Jesus ihr direkt als Erfüllung ihrer Messiaserwartung: „Ich bin (es)[37], der mit dir spricht" (4,26). Daraufhin wird die Samariterin zur erfolgreichen Erstmissionarin in ihrer Heimatstadt (vgl. 4,28–30.39).

Mit der Begegnung zwischen Jesus und der Samariterin am Jakobsbrunnen lassen sich weitere Dialoge Jesu vergleichen: das Gespräch mit Nikodemus (3,1–21), mit dem Blindgeborenen (9,1–7.35–38), mit Martha (11,20–27), mit Maria von Magdala (20,11–18), mit Thomas (20,24–29) und mit Simon Petrus (21,15–19). Folgende Merkmale begegnen in ihnen immer wieder:

(a) *Die Gespräche Jesu im Johannesevangelium sind – anders als bei den synoptischen Evangelien – teils längere Dialoge mit Einzelpersonen, die jeweils relativ ausführlich vorgestellt werden.*

(b) *Diese Gespräche mit Einzelpersonen kennzeichnet eine besondere Gesprächsstrategie, in deren Verlauf Jesus mit großem pädagogischen und mystagogischen Geschick sein Gegenüber zu vertieften Einsichten führt. Nikodemus wird wie die Samariterin und mit ihnen die Leser oder Hörer über typisch johanneische Missverständnisse und Überstiege hinweggeführt zu der von Jesus ins Gespräch eingebrachten neuen Wirklichkeit: Im Gespräch mit Nikodemus erhellt Jesus die Taufe im Sinnbild der Wieder- bzw. Neugeburt, die die Bedingung ist für das „Sehen" und „Eingehen" in das Reich Gottes (vgl. 3,3.5).*

(c) *Ziel der Gespräche ist fast immer die Selbstoffenbarung Jesu, auf die im Dialog gleichsam hingearbeitet wird. Diese vorbereitende und hinführende Begegnung im Gespräch ist keine induktive Ab- und Herleitung der Messianität Jesu. Seine Selbstoffenbarung bleibt ein überraschendes Moment, sie erhellt aber die Lebens- und Glaubensgeschichte, deren Erfüllung zu sein Jesus in seiner Selbstoffenba-*

37 Die johanneische Selbstvorstellung Jesu mit absolutem „Ich bin" oder prädikativen „Ich-bin-Worten" nimmt die alttestamentliche Selbstoffenbarung Gottes auf (vgl. nur: Ex 3,14; Gen 28,13; Jes 43,10f.) und lässt darin den Offenbarungsanspruch Jesu erkennen.

*rung beansprucht. Der Evangelist erzählt so von einem Zu-sich-selbst-Kommen bzw. Zum-Ziel-Kommen der jeweiligen Glaubens- und Lebensgeschichte der Gesprächspartner Jesu. Mit dem Finden Jesu als Menschen- und Gottessohn (vgl. Joh 3,13.16), als Messias bzw. Retter der Welt (vgl. 4,25f.29.42) finden Nikodemus und die Samariterin zugleich auch das Ziel ihres Lebens- und Glaubensweges, ihrer Suche, ihres Hungers und Durstes.*

Wie der biblische Sprachgebrauch zeigt, eignet sich ihr bildsprachliches Potential besonders gut, den Hunger und Durst des Menschen nach Sinn, Freiheit, Gerechtigkeit und darin letztlich nach Gott selbst ins Wort zu bringen (vgl. bes. Ps 42,2f.; Jes 55,1–3; Mt 5,6). Hunger und Durst und ihre Sättigung beschreiben auch in alttestamentlichen Zusammenhängen die Überwindung existenzieller Not und Angst. Nach Auskunft von Johannes 4,13f.; 6,35 und 7,37ff. ist es Jesus selbst und nur er, der den Lebensdurst und -hunger der Menschen zu stillen vermag. Im „Kommen zu ihm" und im „Trinken" (7,37) erweist er sich als „lebendiges Wasser" bzw. als das „wahre Himmelsbrot", das den „Durst" bzw. „Hunger" für immer stillt (vgl. 4,14; 6,35) und darüber hinaus den Trinkenden selbst zu einer Quelle lebendigen Wassers macht (vgl. 4,14; 7,38f.).

Diese christologische Konzentration führt in den Worten Jesu und den Gesprächskontexten, in denen sie stehen, zu einer Aufnahme und Anverwandlung archetypischer Urbilder der Menschheit. Das Johannesevangelium nutzt die darin angelegte Chance weitreichender, kulturübergreifender Kommunikation: Die Grundmetaphern wie Wasser und Quelle lebendigen Wassers, Brot und Licht verweisen im biblischen Sprachgebrauch unüberhörbar auf den Gott Israels und seine Gaben.

Zugleich ermöglicht das metaphorische Potential der christologischen Symbole je neue Anknüpfungen und Anverwandlungen für Menschen der verschiedensten Zeiten und Kulturen. Der titularen Identifizierung Jesu im Johannesevangelium korrespondiert eine metaphorische Christologie, die die mit Jesus gekommene Lebensfülle (vgl. Joh 10,10) im Ausgang von menschlichen Grundsituationen reflektiert (vgl. geboren werden, nach

Wasser dürsten, hungern nach Brot, blind sein, sterben). Dabei offenbart sich Jesus als der, der die in diesen menschlichen Grundvollzügen erkennbare, sie aber zugleich übersteigende Bedürftigkeit des Menschen erfüllt. Die johanneische Christologie ist in hohem Maße soteriologische Christologie.

Im Handeln Jesu gründet der Auftrag zum diakonischen Handeln[38] der „Kinder Gottes“: Herausragendes Bespiel hierfür ist die Erzählung von der Fußwaschung Jesu Johannes 13,1–20 – das gilt gerade auch dann, wenn Johannes 13,1–20 nicht als Aufforderung zu einer uninspirierten Imitation verstanden wird.[39] Die sieben johanneischen Zeichenerzählungen offenbaren ein besonderes Gespür Jesu bzw. des Erzählers für existenzielle Notlagen der Menschen:

- *Johannes 2,1–11 (fehlender Hochzeitswein)*
- *Johannes 4,43–54 (lebensbedrohliche Krankheit)*
- *Johannes 5,1–9: (Lähmung)*
- *Johannes 6,1–15: (Hunger)*
- *Johannes 6,16–21: (Schiffbruch)*
- *Johannes 9,1–41: (Blindheit)*
- *Johannes 11,1–44: (Tod)*

Diesen existenziellen Notlagen begegnet Jesus not-wendend und therapeutisch. Seine heilende Zuwendung ist ganzheitlich: Körperliche bzw. materielle Notlagen werden nicht nur vordergründig behoben, sondern ganzheitlich wahrgenommen, ausgelotet und durch die Zuwendung in Wort und Tat Jesu als Heilsbegegnungen dechiffriert. Diese Begegnungserzählungen werden im Johannesevangelium narrativ so in Szene gesetzt und

38 Vgl. hierzu grundlegend: Klaus Scholtissek/Karl-Wilhelm Niebuhr (Hg.), *Diakonie biblisch. Neutestamentliche Orientierungen* (BThS 188), Göttingen 2021.

39 Vgl. zur Auslegung von Joh 13: Klaus Scholtissek, *„Ein Beispiel habe ich Euch gegeben …“ (Joh 15,13). Die Diakonie Jesu und die Diakonie der Christen in der johanneischen Fußwaschungserzählung als Konterkarierung römischer Alltagskultur* (2015), in: Ders./Niebuhr (Hg.), *Diakonie biblisch* (s. Anm. 38), 161–190.

oftmals in Dialogen so reflektiert, dass sie transparent werden für den Auftrag der Gemeinde.

In der Lesart des vierten Evangeliums sind die Menschen grundlegend und existenziell Bedürftige: Sie sind Hungernde, Dürstende und Suchende in einem wörtlichen und in einem übertragenden Sinn. Erfüllung finden sie gerade nicht in sich selbst, auch nicht allein in zwischenmenschlichen Beziehungen. Zwischenmenschliche Beziehungen können jedoch Wegweiser sein in die unverfügbare Begegnung mit Jesus Christus, die nur er selbst schenken kann und schenken will. Menschen werden als Mittelsmänner und Mittelsfrauen, als Zeugen[40], gebraucht. Erst in der je persönlichen Begegnung mit und in der Beziehung zu Jesus Christus finden Menschen ihre Erfüllung, gelangt die Hinwendung Gottes zu seinen Geschöpfen zu ihrem Ziel (vgl. Joh 10,10).

## 4 Homo Deus und die Ethik der Kinder Gottes

Im Rückblick auf die Thesen von Harari einerseits (vgl. 1) und die Ausführungen zum biblischen Gottes- und Menschenbild andererseits (vgl. 2–3) ergeben sich mehrere Schlussfolgerungen:

(a) *Hararis Kritik besonders an den monotheistischen Religionen ist eine Herausforderung, die angenommen zu werden verdient. Allein die große Resonanz auf seine Bücher spricht dafür, dass er Religionskritik und weltanschauliche Trends kommunikativ versiert auf den Punkt zu bringen weiß.*

(b) *Inhaltlich ist die eklektische Religionskritik Hararis weder neu noch originell. Sie greift auf viele bekannte Argumentationsmuster zurück. Anfänge dieser Kritik sowie der Auseinandersetzung mit ihr finden sich bereits in der Bibel selbst (!). Auch die europäische und weltweite Geistesgeschichte ist voll von spannenden religionskritischen Diskursen.*

40 Vgl. hierzu weiterführend: Klaus Scholtissek, *Zeugnis empfangen und Zeugnis geben. Mündiger Glaube im Johannesevangelium*, in: LebZeug 74 (2019), 4–12.

(c) *Ungeteilte Zustimmung verdient Hararis Religionskritik dort, wo er (wie vor und neben ihm andere auch) den Finger in (bekannte oder weniger bekannte) Wunden legt, wo er Schattenseiten der monotheistischen Religionen und ihre tatsächlichen und potentiellen Missbrauchsanfälligkeiten rekonstruiert. Hier sind Selbstkritik und Selbstreinigungsprozesse in Theologie und Kirche vonnöten.*

(d) *Seine grundlegende, aber unterkomplexe Religionskritik, seine Ablehnung der Existenz Gottes sowie sein Postulat einer nicht weiter reflektierten, einseitig interpretierten Evolutionstheorie sowie eines enggeführten empirischen Wissenschaftsbegriffs halten kritischen Rückfragen nicht stand.*

(e) *Das biblische Zeugnis zum Gottes- und Menschenbild in seinem existenziellen Proprium, der Hinwendung Gottes zu seinen Geschöpfen um der Menschwerdung des Menschen willen, wird bei Harari nicht erfasst. Die Pointe des christlichen Glaubens besteht in der – Hararis Vision entgegengesetzten (!) – Bewegung: Es ist nicht der Mensch, der sich selbst zu Gott erhöht (dies ist biblisch gesprochen die Definition von Sünde), sondern Gott, der sich aus unbeirrbarer Liebe seinen Geschöpfen zuwendet und dies in Jesus Christus in letzter Konsequenz offenbart (Cur Deus homo).*

(f) *Auch die in der biblischen Botschaft wurzelnde, zu Solidarität und Nächstenliebe verpflichtende Ethik wird bei Harari nicht gesehen, und wo er sie berührt, werden sie teilweise in ihr Gegenteil verzeichnet.*[41]

(g) *Vielleicht sind gerade die von Harari diagnostizierten Irrwege und Sackgassen, in die Menschen und ganze Menschengruppen geraten können und geraten sind, Signale und Anknüpfungspunkte für einen fruchtbaren Dialog zwischen dem Agnostiker Harari und einer biblischen Theologie, die in aufgeklärter und selbstkritischer Weise den Menschen als fehlbares, unvollkommenes, doch nach Erfüllung und Glück strebendes Geschöpf interpretiert, über dem eine Verheißungs- und eine Segenszusage ausgerufen ist, die er nicht selbst „erfunden" hat, wohl aber mit Verstand und allen Sinnen „gefunden" und erfahren werden kann. Diese Zusage Gottes führt ihn gegenwärtig und zukünftig in eine universale, geschwisterliche Verantwortung für die ganze Schöpfung und darin für seine Mitgeschöpfe.*[42]

---

41 Harari, *Homo Deus* (s. Anm. 1), 35: *„Die gesamte Geschichte hindurch haben Religionen und Ideologien das Leben selbst nicht heiliggesprochen. Sie huldigten stets etwas, das oberhalb oder jenseits des irdischen Daseins stand …"*

42 Vgl. hierzu exemplarisch: W. Huber, *Dietrich Bonhoeffer. Auf dem Weg zur Freiheit*, München [1–2]2019.

Klaus Raschzok

# Coram Deo – Grundzüge und Konsequenzen christlicher Humanität
Zum Werk von Joseph Wittig (1879–1949)

## 1. Wer ist Joseph Wittig und weshalb hat er uns heute (noch) etwas zu unserem Thema zu sagen?

Joseph Wittig ist ein katholischer Theologe und schlesischer Heimatschriftsteller[1], der mit Martin Buber, Franz Rosenzweig, Viktor von Weizsäcker und Eugen Rosenstock-Hussey befreundet war. Gemeinsam mit ihnen gab er von 1926 bis 1930 die Zeitschrift „Die Kreatur" heraus[2] und stellte eine wichtige katholi-

1 Vgl. den Gesamtüberblick über Werk, Person, Kontext und Wirkungsgeschichte Wittigs bei Siegfried Kleymann, *„... und lerne, von dir selbst im Glauben zu reden". Die autobiographische Theologie Joseph Wittigs (1879–1949)*, Würzburg 2000. Zur gegenwärtigen Rezeption des Werkes Wittigs im polnischen Oberschlesien vgl. Alojzy Marcol (Hg.), *Joseph Wittig. Schlesischer Theologe und Geschichtsschreiber.* Deutsch-polnisches Symposium anlässlich der Eröffnung des Wittig-Hauses Neurode-Schlegel 8.–10. Mai 1997, Nowa Ruda 1997. Vgl. auch Joachim Köhler (Hg.), *Joseph Wittig. Historiker – Theologe – Dichter* (SILESIA 27), München 1980, und Ders., *Joseph Wittig (1879–1949)*, in: Schlesische Lebensbilder, hg. von. der Historischen Kommission für Schlesien Bd. 8, Neustadt/Aisch 2004, 255–262, Josef Hainz (Hg.), *Abschied vom Gott der Theologen. Zum Gedenken an Joseph Wittig (1879–1949) – fünfzig Jahre nach seinem Tod*, Eppenhain 2000, Andreas Rössler, *„Christlicher Atheismus" aus Schlesien. Zum „ärgerlichen" Alterswerk des Theologen und Schriftstellers Joseph Wittig (1879–1949)*, in: Deutsches Pfarrerblatt 119.2019, 457–461, sowie als frühe Gesamtdarstellungen zum Werk Ludwig Wolf (Hg.), *Joseph Wittig. Sein Leben, Wesen und Wirken*, Habelschwerdt 1925, und Gerhard Pachnicke, *Joseph Wittig. Mensch und Werk*, Diss. phil. Breslau 1942 [masch.schr.].

2 Vgl. Christoph Michel, *„Die Kreatur" – Eine Zeitschrift (1926–1930), Konzepte, Realisation, Wirkung*, in: Joseph Hainz (Hg.), *Abschied vom Gott der Theologen*, 195–222.

sche Stimme aus der Zeit vor 1945 dar, die heute kaum mehr im Bewusstsein ist. Geboren wurde er 1879 in Neusorge bei Schlegel in der Grafschaft Glatz/Schlesien[3] als Sohn einer Fabrikarbeiterfamilie, gestorben ist er 1949 als Heimatvertriebener in Göhrde-Forst in der Lüneburger Heide. Wittig darf nicht auf den Heimatschriftsteller reduziert werden, sondern ist auch als renommierter Lehrstuhlinhaber für Kirchengeschichte und christliche Kunstgeschichte an der Katholisch-Theologischen Fakultät der Universität Breslau zu sehen, der seit 1911 als außerordentlicher Professor und seit 1915 als Ordinarius die studentische Jugend weit über die katholische Theologie hinaus durch seine unkonventionelle Art der Lehre begeisterte und eine Fülle wissenschaftlicher Publikationen, insbesondere zu Themen aus der Alten Kirchengeschichte, vorlegte. Er war ein engagierter, 1903 in der Breslauer Kreuzkirche geweihter katholischer Priester, der bereits als junger Kaplan durch seine anschaulich-erzählende Predigtweise die Gläubigen zu überzeugen vermochte und unter der von der Jugendbewegung geprägten studentischen katholischen Jugend der Universität Breslau parallel zu seiner Lehr- und Forschungstätigkeit als Seelsorger und Verantwortlicher für die akademischen Gottesdienste wirkte. Wittig galt zudem als wichtiger intellektueller Gesprächspartner im kulturellen Leben der Weimarer Zeit, vor allem durch seine Beiträge für Zeitschriften wie die „Christliche Welt", den „Heliand" oder das „Hochland". Er war Repräsentant einer aus heutiger Sicht als alltagskulturell informiert und heimatbezogen zu bezeichnenden narrativen Theologie. Wittigs Werk erfährt zwischen den beiden

3 Vgl. Horst-Alfons Meißner/Michael Hirschfeld (Hg.), *Die Grafschaft Glatz zwischen 1918 und 1946*. Beiträge über eine schlesische Kulturlandschaft. Festschrift für Franz Jung zum 75. Geburtstag. Apostolischer Protonotar, Großdechant und Visitator für die Priester und Gläubigen aus der Grafschaft Glatz 1983–2011, 2. Auflage Münster 2013. Bezeichnenderweise wird Joseph Wittig mit Ausnahme von Zitaten aus seinen Chroniken der Stadt Neurode von 1937 und der Gemeinde Schlegel von 1983 (Neubearbeitung) in diesem Band nicht als katholische Persönlichkeit der Region gewürdigt.

Weltkriegen durch die katholische Jugendbewegung eine breite Rezeption, da es deren Verlangen nach Unmittelbarkeit und Echtheit entsprach. Es vermittelte „weitab von einer papierenen Theologensprache […], was christliches Leben im Alltag bedeutet", und kapitulierte „dabei selbst vor schwierigsten theologischen Fragestellungen nicht".[4]

1926 wurde Wittig wegen seiner kritischen Haltung zur katholischen Beichtpraxis zur Aufgabe seines Breslauer Lehrstuhls gezwungen, seine Schriften wurden auf den Index gesetzt und er selbst exkommuniziert.[5] Erst 1946 erfolgte die Rücknahme durch Rom. Auslöser für die Maßnahmen gegen Wittig war sein Oster-Aufsatz „Die Erlösten", eine 1922 in der Zeitschrift „Das Hochland" erschienene Erzählung, die im deutschsprachigen Katholizismus große Aufmerksamkeit hervorrief. Wittig lebte von 1926 bis zur Vertreibung 1945 in seinem Heimatort Neusorge im Glatzer Bergland, baute dort auf dem väterlichen Grundstück ein Haus, heiratete 1927 seine Weggefährtin Bianca Geißler, gründete eine Familie, deren erster Sohn Höregott noch im Wochenbett verstarb[6], und arbeitete als freier Schriftsteller.

Wittigs Welt war zwischen der schlesischen Heimat mit der Siedlung Neusorge, dem Kirchdorf Schlegel, der ehemaligen Tuchmacherstadt Neurode, der Universitäts- und Bischofsstadt Breslau und der Stadt Rom angesiedelt. In Rom verbrachte er von 1904 bis 1906 einen zweijährigen Studienaufenthalt, verbunden mit Exkursionen nach Sizilien und Nordafrika. 1929 be-

---

4 Karl Hausberger, *Der „Fall" Joseph Wittig (1879–1949)*, in: Hubert Wolf (Hg.), *Antimodernismus und Modernismus in der katholischen Kirche*. Beiträge zum theologiegeschichtlichen Vorfeld des II. Vatikanums, Paderborn/München/Wien/Zürich 1998, 299–322, 302.

5 Vgl. die Akten und Gutachten zur Exkommunikation Wittigs in: Eugen Rosenstock/Joseph Wittig, *Das Alter der Kirche*. Kapitel und Akten. Anhang, Berlin 1927.

6 Vgl. Joseph Wittig, *Höregott – ein Buch vom Geiste und dem Glauben*, Gotha 1929, 393–413 mit der Überschrift „Höregotts Leben".

reiste er zusammen mit seiner Ehefrau Bianca Palästina. Es war die Welt der kleinen Leute im Geburtsort Neusorge, einer aus nur wenigen Häusern bestehenden ehemaligen Kolonie in der Grafschaft Glatz, die im Bergbau oder in der Fabrik arbeiteten und zu Hause am Webstuhl saßen.

Nicht nur Landschaft und Orte der Heimat prägten Wittigs Fühlen und Denken, sondern auch die reisenden Händler, die die Streudorfbewohner mit wichtigen Gegenständen für ihre Häuser versorgten. Hinzu kam die katholische Frömmigkeit um die Schlegeler Pfarrkirche mit den Wallfahrten nach Alberndorf und zum Annaberg. Durch diese Prägung wurde Wittig zum Erzähler seiner schlesischen Heimat. Er galt aber auch als Erzähler der Bischofs- und Universitätsstadt Breslau gegen Ende des 19. Jahrhunderts, da er dort das Gymnasium besuchte und von 1899 bis 1901 ein Studium der katholischen Theologie absolvierte, das er 1903 mit der Promotion und 1911 mit der Habilitation abschloss.

Die literarischen Gattungen seines Werkes bestehen aus kleinen Erzählungen, geistlich-theologischen Essays, Zeitungsbeiträgen, dem „Roman mit Gott", Tagebuchnotizen, Bildbetrachtungen, Kalendergeschichten, zum Teil in Büchern zusammengefasst. Hauptwerk ist das zweibändige „Leben Jesu in Palästina, Schlesien und anderswo" von 1925. Eine eindeutige Einordnung ist kaum möglich, da die Genres und Stilmittel bei ihm nirgends konsequent durchgehalten sind und häufig einander abwechseln.[7] Dabei zeichnete den Autor, der sich selbst als religiöser Volksschriftsteller verstand, eine hohe und zugleich einfühlsame Beobachtungsgabe aus. Anregungen erhielt er bereits in der Schulzeit durch die Erzählungen von Adalbert Stifter und

7 Vgl. den Versuch einer sprachlich-theologischen Kategorisierung des Werkes Wittigs bei Helmut Tschöpe, *Zwischen Argument und Sakrament. Die mystagogische Theologie Joseph Wittigs und ihre Bedeutung für Theologie, Kirche und Gottesdienst* (EHS 23, 490), Frankfurt am Main 1993, v. a. 102–176.

Charles Dickens. Doch seine Zielgruppe waren gerade nicht die kleinen Leute, von denen seine Texte handeln, sondern das gehobene, literarisch interessierte Bürgertum. Der Ursprung seiner literarischen Künstlerschaft liegt in Wittigs Predigtpraxis. Schon als Kaplan entdeckte er seine Gabe zur kleinen Erzählform. Hinzu kommt das wissenschaftliche Werk mit Arbeiten zur Patrologie, zur Geschichte des Papsttums, zur Christlichen Archäologie und Kunstgeschichte sowie die mit Eugen Rosenstock-Hussey zusammen verfasste ökumenische Soziologie der Kirche unter dem Titel „Das Alter der Kirche".

## 2. Humanität erwächst aus der Liebe zum Kind in der Krippe: Die fehlende Frage im Spruchkammer-Fragebogen

In seinem Beitrag „Das Weihnachtsvolk der Erde", 1947 für die Westdeutsche Rundschau verfasst, schreibt Wittig: „Nun habe ich wohl endlich genug eidesstattliche Gutachten abgegeben für nahe und ferne Freunde, die ihre politische Rechtschaffenheit auf dem Wege des Prozesses erweisen sollten. Ich habe auch für mich selbst schon anderthalb Dutzend jener berühmt gewordenen Fragebogen ausgefüllt […]. Ich vermißte immer die Frage – die entscheidende Frage: Wie haben Sie nach 1933 Weihnachten gefeiert? – Welche Weihnachtslieder haben Sie gesungen? Sangen Sie nur noch von der ‚Nacht der klaren Sterne' oder noch von der ‚stillen, heiligen Nacht'? Besangen Sie nur noch ‚Mutter und Kind' oder hörten Sie noch auf den Ruf ‚Von Jesus singt und Maria'? […] Nach dem allen will ich heute ein eidesstattliches Gutachten für das deutsche Volk im großen und ganzen niederschreiben. Denn die ganze Welt ist heute eine einzige Spruchkammer geworden."[8]

8 Joseph Wittig, *Die Christgeburt auf der Straße nach Landeck*. Geschichten, Gedichte und Gedanken aus dem Nachlaß. Mit einem Nachwort sowie einem

Wittig vermisste also beim sogenannten Entnazifizierungsverfahren 1947 die Frage, wie die Menschen nach 1933 Weihnachten gefeiert hätten.[9] 1934, so berichtet er, fingen die weltlichen Machthaber an, die alten Weihnachtslieder zu verbieten und die entsprechenden Symbole aus den Schaufenstern zu verbannen. In den Kriegsjahren wurde wieder manches zugelassen, um das Volk in Stimmung zu halten. Die Wende kam mit Stalingrad: „Wir feierten Weihnachten 1944 noch einmal, aber in voller Hoffnungslosigkeit. Weihnachten 1945 hatten wir schon die Polen im Lande."[10]

Die polemische Bemerkung macht deutlich, dass Wittig die Frage nach der Mitverantwortung für die Schuld des Dritten Reiches und des Zweiten Weltkrieges auf die alltagsspirituelle Ebene herunterbrechen wollte. An der Gestaltung des Weihnachtsfestes offenbarte sich, wie sehr die Menschen bereit waren, der NS-Ideologie zu folgen und die Liebe zum Kind in der Krippe als Ursprung christlicher Humanität zu verleugnen. Die schlesische Weihnacht mit ihren Krippenfiguren, der Umgang mit dem Kind beim Aufbau der Krippe wurden ihm zum alltagsspirituellen Paradigma christlicher Existenz.

## 3. Joseph Wittigs Krippen- und Weihnachtsfrömmigkeit als Schlüssel zum Werk

Schlesien galt unter den Regionen des ehemaligen Deutschen Reiches als klassische Weihnachts- und Krippenlandschaft. Wittig verstand das gläubige Schauen der Weihnachtskrippe als Vergegenwärtigung und Wiederholung der Geburt Christi, die

---

chronologischen Abriß versehen und hg. von Gerhard Pachnicke, Leimen und Heidelberg 1981, 17.

9 Vgl. ebd.

10 A. a. O., 23.

sich analog zum Messopfer als Wiederholung des Selbstopfers Christi im Sinne einer eucharistisch-sakramentalen Vorstellung vollzieht. Das Christkind, so Wittig, wird auf diese Weise von den Gläubigen durch viele Jahre ihres Lebens getragen.[11]

Zum „Fest der hohen Geburt“, wie in Schlesien das Weihnachtsfest bezeichnet wird, schreibt Wittig: „Ach, ich habe auch das Christkind durch viele Jahre des Lebens getragen. Ich habe es in der Gestalt des eucharistischen Brotes durch die Straßen der Großstadt getragen und scheute nicht die spöttischen Blicke und Reden der Vorübergehenden. Ich habe es in mitternächtlicher Stunde durch elende Häuser vier bis fünf Treppen hoch getragen, auch auf hohe, vergoldete Kanzeln und berühmte Lehrstühle.“[12] Wittig sah eine Analogie zwischen dem Weihnachtsfest und dem Abendmahl[13] im Sinne der kenotischen Theologie. Gott war zugleich das Kind in der Krippe und die Hostie im Tabernakel. Darin wurde für ihn Erniedrigung, theologisch Kenosis, anschaulich. Gott begab sich in das Verletzliche, Kleine, Unscheinbare der Welt und war dort zu finden, so lautete seine theologische Grundüberzeugung. Am Weihnachtsglauben entscheidet sich christliche Humanität. Aber er ist auch ein gefährdeter Glaube. Wittig schreibt in Anbetracht des Kriegsschicksals und der nationalsozialistischen Ideologie: „Das deutsche Volk stammt aus einer solchen Welt weihnachtlichen Brauches und Glaubens. Es ist nicht denkbar, daß es in seiner Gesamtheit ein Volk von Mördern, Macht- und Ländergier wäre, auch wenn es eine böse Zeit lang von Mördern regiert und geängstigt wurde.“[14]

Ein Teil der Figuren der mechanischen, mit einem mächtigen Uhrwerk ausgestatteten großväterlichen Krippe, an die sich Joseph Wittig sein Leben lang liebevoll erinnerte, wurde von ihm

---

11 Vgl. Joseph Wittig, *Karfunkel. Weltliche Unterhaltungen und Skizzen für die heilige Weihnachtszeit*, Regensberg/Münster 1948, 50.

12 A. a. O., 50.

13 Vgl. a. a. O., 54.

14 Joseph Wittig, *Die Christgeburt auf der Straße nach Landeck*, 19.

und seiner Familie 1946 auf der Flucht in den niedersächsischen Wald gerettet.[15]

Im Mittelpunkt seiner Erzählungen über die Weihnachtskrippe steht immer wieder jene vom Großvater begonnene und von Wittigs Vater weitergeführte Familienkrippe aus dem Elternhaus. Bei Wittigs Krippenfrömmigkeit spielt die haptische Dimension des Glaubens eine wichtige Rolle, die sich am Großvater beim Vergolden der Krone eines der Heiligen Drei Könige[16], an dessen kranken Vetter, der über den Umgang mit den hölzernen Krippenfiguren wieder gesund wurde, bis hin zum Spüren des Kindes mit den bloßen Händen durch den andächtigen Betrachter zeigt.[17]

Wittig war überzeugt, dass Gott auch Herr dieser geschnitzten Figuren ist. „Gott wirkt in allem und durch alles. Er regiert auch das Volk der geschnitzten und der gemalten Figuren und erbarmt sich sein, wenn es elend ist. Und er macht das genau so, wie er will, nicht wie ihr euch denkt."[18] Krippenfiguren können reden – wenn ich dazu meinen „Weihnachtsglauben" mitbringe.[19] Wittig sprach von der Sehnsucht nach dem Krippenbauen und Krippenfigurenschnitzen. Für die Suche nach dem rechten Gottesbegriff für die Seele kommt dem Kindescharakter und der Unbegreiflichkeit des Kindes in der Krippe eine hohe Bedeutung zu.[20] Zum Himmel von Weihnachten „gehört vor allem die Vertraulichkeit mit Gott, daß man mit Gott reden kann wie mit einem Vater, oder daß man mit dem Christkind so reden und spielen kann wie mein Großvater!".[21] Und: „Alle Jahre wiederholt

15 Vgl. a. a. O., 11.

16 Vgl. *Das Joseph Wittig Buch*. Joseph Wittig in memoriam. Ausgewählte Kapitel aus seinen Büchern mit einer Würdigung seines Lebenswerkes von Paul M. Laskowsky, Stuttgart 1949, 47.

17 Vgl. a. a. O., 54–56.

18 Joseph Wittig, *Das verlorene Vaterunser*. Acht Geschichten, Heilbronn 1933, 91.

19 Vgl. a. a. O., 126.

20 Vgl. a. a. O., 156.

21 Wittig, *Christgeburt*, 25.

sich das Weihnachtsfest, nicht bloß wie eine festliche Erinnerung an ein um zweitausend Jahre zurückliegendes Ereignis, sondern gleich dem ‚Abendmahle' eine in uns geschehende Fortsetzung, Verwirklichung, Vollendung eines ewigen Geschehens."[22]

In der Erzählung „Meine neuen Heiligen Drei Könige" schreibt Wittig: „Im geheimen tat es mir ja – aber bitte, sagt es nicht meinem Bischof! – sehr leid, daß ich Theologie studiert hatte und das Schnitzmesser nicht führen konnte. Es ist nämlich etwas ganz Wunderbares, so kleine Figürlein ganz nach und nach aus dem Lande des Lindenholzes hervortreten zu lassen. Luft und Duft des Lindenholzes weht dem Schnitzer entgegen bei jedem Schnitt. Wie aus dem fernen Orient kommen Wohlgerüche und Spezereien. Zuerst erscheinen die Gestalten wie im Nebel, noch ganz ohne bestimmte Umrisse. Dann tritt das Gesichtlein hervor, so keck oder so fromm, so kindlich oder so männlich, wie es sich der Meister denkt. Dann sieht man die kleinen Stiefel, die Hosen, den Rock und den Mantel. Es ist, als ob sich die kleine Brust höbe und senkte. Man fühlt ordentlich das kleine Herz, das darin pocht. Eine Mutter kann ihr neugebornes Kindlein nicht inniger lieben als ein echter Bildschnitzer seine Figürlein. Dieses Kommen aus der Ferne, dieses immer deutlicher, immer schöner Werden ist gar zu wundersam."[23]

Der Großvater habe ihn einmal „ganz wunderbar beschenkt, indem er mir zeigte, wie er mit dem Jesuskind redete und spielte. Er hatte es selbst aus Lindenholz geschnitzt, etwa 5 bis 7 Zentimeter lang, aber während er es anredete und mit ihm spielte, wurde es in seinen Augen immer größer. Er hielt es in der Hand, krümmte aber so seinen linken Arm, wie wenn er eines seiner Enkelkinder im Arm wiegte. ‚O Kindlein', sagte er, ‚ich weiß, daß

22 Wittig, *Karfunkel*, 54.

23 Joseph Wittig, *Herrgottswissen von Wegrain und Straße*. Geschichten von Webern, Zimmerleuten und Dorfjungen (Der Gesamtausgabe viertes Buch), Gotha 1928, 146.

die ganze Fülle der Gottheit in Dir ruht. Aber für mich bist du ein richtiges Menschenkindlein geworden.' Und er wendete den Oberkörper und wiegte das Kindlein im Arm [...], wie man ein Kind zum Einschlafen bringt. Als aber das Kindlein seine Augen nicht schloß und seine Ärmchen segnend ausgebreitet hielt, sage er: ‚Ach ja, es steht ja geschrieben: Der Wächter Israels schläft nicht!' Da hob er das Kindlein in plötzlicher Bewegung in die Höhe und ließ es schnell wieder herunter, einmal, zweimal, dreimal und sagte dabei: ‚Hoppa, hoppa, hoppsassa!' Da begann das Kindlein zu lachen und zu juchzen wie ein gewöhnliches Kind."[24]

Mein Großvater, so Wittig, „und, soviel ich weiß, auch mein Urgroßvater waren gerade solche Menschen; das ganze Jahr über, wenn sie irgend einmal Zimmerei und Weberei aufgeben konnten, schnitzten sie an ihren Krippenfiguren oder bauten Häuser von Bethlehem."

Auch die kleine Erzählung „Gold, Weihrauch und Myrrhen" stellt den Großvater Johannes Nepomuk Wittig als Krippenbauer ins Zentrum, zusammen mit seinem Vetter, der die Krippe der Familie geerbt hat. Er und der Großvater bauen seit Jahren an ihren Krippen. Jährlich erweitern beide sie und treten bei gegenseitigen Besuchen in einen regen Austausch darüber ein. Als der Großvater von einer lebensbedrohlichen Erkrankung seines Vetters erfährt, macht er sich sofort auf den Weg zu einem Besuch. Bei seinem Eintreffen im Haus des Vetters sind dort bereits die Nachbarn und der Pfarrer zum Versehgang versammelt, doch der Sterbenskranke gesundet über dem Anblick der mitgebrachten Gaben von Wittigs Großvater, der Jerusalemer Balsam, Tabak und ein Stück Lindenholz aus seinem Schnupftuch hervorholt. Auf dem Krankenbett liegend, betrachtet er lange das Holzstück und meint dann strahlend: „Ich sehe schon das Kindlein! Es liegt schon fertig mitten drin! Ich brauche nur das Holz rings-

24 Wittig, *Christgeburt*, 23f.

um abzuschneiden!"[25] Der „Meine neuen Heiligen Drei Könige" überschriebene Text widmet sich der „erblichen Krippenbelastung" des katholischen Theologieprofessors Joseph Wittig, die selbst in der Karwoche nicht einzudämmen war. Wittig erzählt von seinem Karsamstag-Besuch bei einem Verwandten in dessen „Werkstatt für christliche Kunst" am Fuß des Annaberges, an dem er seinen „Krippengedanken" zu entfliehen versuchte, und wie er dort zufällig auf einem Schrank eine Krippenarbeit entdeckt, die er dann kurzerhand ersteht. Wittig beschreibt schließlich das gelehrte fachtheologische Gespräch mit den Figuren in seinem Arbeitszimmer in Breslau, die unverblümt aus ihrer Lebenserfahrung heraus Anfragen an die akademische Theologie richten und sich sogar in eine Examensprüfung einmischen.

In „Der Handelsmann und die ‚Geburt'" geht es um einen Hausierer, der vor der Krippe im Elternhaus Wittigs wieder zum Kind wird. Er handelt mit Näh- und Stecknadeln, Zwirnsfäden und Knöpfen. Die Wittig-Kinder sind in der Weihnachtszeit allein im Haus, weil die Mutter ins Dorf gegangen ist. Mitten beim Auspacken seines Angebots hält der Handelsmann inne, erblickt die Krippe und wird in seinem Innersten erschüttert: „Was er je von der Menschheit erfahren hat, vom Geborenwerden und vom Sterben; was er je ertragen und geduldet hat, alles Lachen und alles Weinen, alle Liebe und aller Haß; was unerkannt und unbewußt in den Gründen seiner Seele liegt, das regt sich und sucht sich zu formen, wenn er an der Wiege eines Kindleins steht [...]. Der Handelsmann hob jetzt langsam seinen rechten Arm, griff mit Daumen und Zeigefinger in den Stall von Bethlehem – und ergriff das kleine, wiegenförmige Kripplein, in dem auf Stroh und feinen Linnenspitzen das Jesuskindlein lag. Ich rannte hinzu und wollte mit böser Stimme schreien: ‚Dos kärrn Se ne!' Aber da machte er ein so weiches Gesicht, als wollte er den hl. Joseph oder die Muttergottes nachmachen, und hielt Kripplein

25 Laskowsky, *Joseph Wittig Buch*, 54f.

und Kind wie ein Vogelnest in den großen Händen – und tat, als ob er das Kind schaukeln wollte, und tat, als ober er es küssen wollte. Dann setzte er sich auf den nächsten Schemel, also ob es ihn verdrösse, ein so großer Mann zu sein, und begann zu singen: ‚Es ruht wohl in einer Mutter Schoß / so manches Kindlein klein. / Doch wird das arme Kindlein groß, / dann fühlt es Angst und Pein. / O Jesulein, in deiner Huld, / vergib mir meine Sündenschuld! / Eia! Eia! / liebe Frau Mareia!'"[26] Wittig spricht immer wieder von der Achtung, die den Krippenfiguren in seiner Heimat entgegengebracht wurde. „Bei uns zu Hause wurde jede Figur, geschnitzte wie gemalte, als ein selbständiges Wesen aufgenommen, das eben bei uns wohnen wollte. Es wurde nicht viel damit hergemacht, aber es war eben bei uns und wurde in unser Leben einbezogen, verschwand auch wieder manchmal für lange Zeit, kam aber dann wieder, oft zerknittert, beschunden, angebrochen, aber dann eher noch mehr geliebt als zuvor."[27] Entscheidend war, dass die Krippenbesitzer „mit ihren Krippenfiguren anständig und nett reden können, und dazu bedarf es der Anrede mit Namen".[28]

In „Das Jesuskind und die Holzhacker von Bethlehem" beschreibt Wittig eine besondere Art Sehnsucht der Krippenschnitzer. „Wenn der Großvater an den Wintertagen hinter dem Webstuhl saß, soll manchmal eine mächtige Sehnsucht nach den freien Zimmerplätzen über ihn gekommen sein. Es gibt ja selten etwas Schöneres in der Welt als ein solcher freier, weiter Zimmerplatz. Ein Duft von Holz und Harz ringsum! Im schimmernden Weiß liegen die abzubindenden Hölzer auf dem Plan. Sie lassen sich miteinander verpassen; sie lassen sich gern ein Stück abschneiden; sie lassen gern Säge und Stemmeisen an sich arbeiten; sie

---

26 Joseph Wittig, *Leben Jesu in Palästina, Schlesien und anderswo* (Der Gesamtausgabe erstes Buch), 1. Teil, Gotha 1927, 59–61.

27 Wittig, *Das verlorene Vaterunser*, 80.

28 A. a. O., 122f.

öffnen ihre Herzen, sie formen sich Hände, mit denen sie sich erfassen, und dann auf einmal stehen sie auf […]. In einer solchen sehnsüchtigen Stunde zur Winterszeit sanken Großvaters Hände vom Gezöge des Webstuhls, griffen zum Schnitzmesser und schnitzten die beiden Männchen. Sie sollten auf der Weihnachtskrippe stehen, ein wenig abseits vom Stall zu Bethlehem, aber nicht zu weit, so daß sie durch eine Luke des Mauerwerks immer wieder einmal einen Blick auf das göttliche Kindlein im Stall werfen könnten. Denn auch Großvaters Augen waren sowohl bei der Weberei wie bei der Zimmerei sehr oft auf das Kind gerichtet, und es beglückte ihn der Gedanke, sein sommerliches Handwerk also zu ehren, daß er es ganz nahe an das Erlösungswerk Gottes brächte […]. Großvater durfte nie länger schnitzen, als Großmutter außerhause war, etwa um Besorgungen […] im fernen Dorf zu machen. Wenn sie heimkam, sagte sie sogleich: ‚Vater, schnellere ock schneller; wir brauchen jeden Pfennig zum Leben!' – und da waren Großvaters heimliche Feiertagsstunden sogleich wieder vorbei. Er soll nur manchmal gesagt haben: ‚Wir brauchen halt auch die Geburt zum Leben', wobei er natürlich nicht an seine eigene Geburt, sondern eben an die Geburt Christi, und zwar an die von ihm geschnitzte, dachte."[29]

In „Der verunglückte Vetter des Großvaters" erzählt Wittig von Heinrich Mihlan, dem in einem Steinbruch auf nächtlichem Weg gestürzten Vetter des Großvaters, der von diesem gesund gepflegt wird. Als das Fieber ihn nach fünf Tagen verlässt, kommt eine tiefe Traurigkeit über ihn. Da zeigt der Großvater ihm seine gerade fertig geschnitzten Heiligen Dreikönige. Schließlich bringt er dem im Bett liegenden Vetter auch noch das Kindlein, das er für die Weihnachtskrippe geschnitzt hatte. „‚Johann!' bat der Kranke, ‚tu mir doch die Binde von den Händen; ich möchte das Kind spüren in den Händen. Wenn ich's wert bin!' Der Groß-

---

29 A. a. O., 131–133.

vater brachte schon das kleine Schnitzwerk und sagte gleich: ‚Wann fragt ein Kind, ob's jemand wert ist! Nimm's! Nimm's in deine Hände.' Und er löste den Verband, und es zeigte sich, daß die Hände wieder gesund waren. Heinrich Mihlan bildete mit den Händen eine Mulde und hielt darin das Kindlein. Und die Hirten und die Heiligen Dreikönige schauten vom Tischrand aus zu."[30]

In „Mariä Lichtmeß" geht es um den Abbau der Weihnachtskrippe. „Als wir aus der Kirche nach Hause kamen, hatte die Mutter ‚im Ofenröhr' einen guten Streuselkuchen gebacken, und der Vater sagte: ‚Wir müssen heute die Geburt einreißen, denn die Weihnachtszeit ist zu Ende.' Da richteten wir alle unsere Augen zu dem herrlichen Krippenwerk an der Langseite unserer Stube. Sein Leben lang hatte der Großvater daran geschnitzt und gebaut [...]. Nun sollte das alles ‚eingerissen' werden. Gewiß, der Vater tat dies nicht gern, aber es mußte einmal sein, denn es kann nicht immer Weihnachtszeit bleiben."[31] Wittig deutet den Akt theologisch: „In den letzten Tagen vor Lichtmess hatte es sich aber gezeigt, daß unsere kleine Welt nicht für die Ewigkeit geschaffen, sondern für den nahen Untergang bestimmt war. Die Wetterfahnen, Kreuze und Halbmonde auf den Stadttürmen waren schon schief geworden, die Sterne am Himmel verloren ihre neue Vergoldung, von den Holzhackern streikte einer."[32] „Der Vater nahm nun zunächst das Jesuskindlein aus dem Stalle und hüllte es samt seinem Spitzendecklein in Seidenpapier ein und legte es in ein besonderes Kästlein. Auch den Stern tat er dazu; ebenso Maria und Joseph und die leicht zerbrechlichen Engelein aus dem Stalle."[33] Am Ende wurden auch „das Gerüst und das Triebwerk auseinandergenommen und sorgfältig ver-

30 Laskowsky, *Joseph Wittig Buch*, 54f.

31 Wittig, *Herrgottswissen*, 107f.

32 A.a.O., 110.

33 A.a.O., 112.

packt. In den dunklen Winkeln unter dem Strohdach war Platz für die ganze Weihnachtsherrlichkeit. Dort ruhten nun Mensch und Vieh, welche die Weihnachtswelt belebt, bis auf die Zeit, ‚da der Herr wiederkommt', bis zum Advent."[34]

Wittig kommentiert aus der Sicht als Erwachsener: „Die Gedanken dieses Tages sind mir zu Lebensgedanken geworden, sobald die Weihnachtszeit der Kindheit vorüber war. Gleich nach dieser Zeit beginnt Gott die erste Welt des Kindes einzureißen. Er tut es nicht an einem Nachmittage, denn er ist sehr langsam. Erst wenn der Abend des Lebens kommt, beeilt er sich."[35] Aber „alles Zerstören und Einreißen ist nichts anderes als ein Aufbewahren bis auf den Tag, da der Herr wiederkommt".[36] Schließlich fasst er zusammen: „Ich glaube, daß Gott am Einreißen eine ebenso große, wenn nicht eine größere Freude hat als am Aufbauen, und daß es ihm da so feierlich und freudig zumute ist wie uns an Mariä Lichtmeß. Aber ich glaube auch, daß er alles sorgfältig aufhebt, sobald er es auseinandergenommen hat. In Kisten und Kästen schlummern die Figuren [...]. Dort warten sie bis auf die neue Weihnachtszeit, bis der Herr wiederkommt."[37] Und dann „wird ein neuer Himmel und eine neue Erde aufgebaut. Wie der Vater das Jesuskind und die heiligen Figuren aus dem Stall der Krippe nicht zu den übrigen Bestandteilen des Krippenwerkes legte, sondern besonders aufhob, so hat der himmlische Vater den Gottmenschen nicht im Grabe liegen lassen, sondern zu sich in den Himmel genommen [...] und wenn Gott auch die Welt deiner Jugendzeit oder gar schon die deines Mannesalters eingerissen hat, so glaube nicht, daß sie für immer zerstört sei. Es ist alles gut verpackt und aufbewahrt. Nichts geht davon verloren. Du darfst es nur den Sommer und Herbst über nicht mehr sehen. Aber es kommt die Adventszeit, in der alles neu vergoldet,

---

34 A.a.O., 113.

35 A.a.O., 114.

36 A.a.O., 114.

37 A.a.O., 115.

geordnet und aufgestellt wird, ‚wenn der Herr wiederkommen wird'!"[38]

## 4. Weitere Aspekte des literarischen Werks von Joseph Wittig

Das zweibändige Hauptwerk „Das Leben Jesu in Palästina, Schlesien und anderswo" hat Wittig 1920 im Auftrag des Herder-Verlags begonnen, der ein „Leben Jesu" in der Sprache des Volkes herausgeben wollte, und es erschien 1925 beim Verlag Kösel und Pustet in Kempten ohne kirchliche Druckerlaubnis.[39] Wittig begründete die literarische Verquickung der biblischen Texte mit seiner eigenen Lebensgeschichte damit, dass jedes der Worte Christi lebe, wachse, wuchere und schon am nächsten Tag anders aussähe als am vorigen. Christus lebe und wachse.[40] Das größte Hindernis, um Wort und Lehre Jesu in der Fülle ihrer Kraft zu erkennen, bleibe, dass man sie schon längst gehört hat. „Man muß so arm am Geiste werden, daß man alles wieder neu erlebt."[41] Das Studium der Theologie mache zu alt, um mit dem Volk von Galiläa über Jesu Bergpredigt staunen zu können. „Ich sah ein, daß ich vor allem dafür sorgen müsse, wieder so zu werden, daß ich staunend erkenne, welche Macht in den Worten Jesu wäre."[42]

Für das „Leben Jesu" wählte Wittig eine eigentümliche Zeitfolge. Jesu Jahre „wachsen nicht quer durch unser Leben, son-

---

38 A. a. O., 116.

39 Vgl. *Leben Jesu I* und das hier in der Gesamtausgabe von Wittigs Werken Bd. 1 (= Leben Jesu I, Gotha 1926) abgedruckte „Begleitwort für die Neuausgabe meines ‚Leben Jesu'-Buches" S. VII–XI.

40 Vgl. Joseph Wittig, *Leben Jesu in Palästina, Schlesien und anderswo* (Der Gesamtausgabe zweites Buch), 2. Teil, Gotha 1927, 29f.

41 A. a. O., 35.

42 A. a. O., 41.

dern längs an unserem Leben hinauf".[43] Er begründet damit seine Entscheidung für eine Gleichzeitigkeit von autobiografischer Erzählung mit den Ereignissen der Evangelien. Die Berufung dazu leitete er davon ab, dass ab Pfingsten die Apostel die Grenzen des Heiligen Landes überschreiten und die frohe Botschaft in die ganze Welt tragen. „Und einer trug es auch über den Sudetenkamm nach Schlesien, und einer setzte davon ein Reislein in mein Herz, und ich mußte davon erzählen."[44]

Im Leben Jesu kommen unterschiedlichste Erzählmittel zum Einsatz. Zum Teil handelt es sich um geistliche Betrachtungen, dann wieder wird der Autor in die biblische Welt der Evangelien hineingezogen und wird Teil der Erlebnisgemeinschaft, oft im unmittelbaren Dialog mit Jesus oder den Aposteln, dann folgen wieder Erlebnisse aus der Kindheit, der Gymnasialzeit, des Studiums, des Alumnatsjahres im Priesterseminar und der ersten Schritte als Priester nach der Priesterweihe. Alles wird locker ineinandergefügt und mit den Quellentexten aus den Evangelien zu einer neuen literarischen Einheit verwoben. Wittig porträtiert im „Leben Jesu" auch unterschiedliche Persönlichkeiten. Im „Leierkastenmann" schildert er die Begegnung mit einem Straßenmusikanten in der Neusorger Flur. Bernhard Herden und Joseph Wittig bekommen als Kinder von ihm ein lustiges Konzert, indem eine Polka auf dem Leierkasten erklingt. Plötzlich beginnen die Glocken vom Schlegeler Kirchturm zu läuten. „Beim ersten Glockenklang hörte der Leiermann mit seinem Spiele auf und war wie einer, der ganz in die Ferne horcht. Dann begann er mit dem Kopfe zu nicken und mit den Händen zu taktieren, ganz so wie unser Hauptlehrer und Kantor Theodor Pietsch beim Hochamt." Schließlich fragt er die beiden Kinder, ob sie nicht den schönen Gesang gehört hätten. Nicht seinen Gesang, sondern den von den Glocken: „E-ang-e-i-um – Evange-

43 A.a.O., 90.

44 A.a.O., 327.

lium – Bethlehem – Nazareth – Jerusalem – Totenklingel – Bums ins Grab, das ganze Evangelium." „Das Wort Evangelium ist ein Glockenakkord. Ihr glücklichen Glöckner, ihr Ministranten, die ihr an den Glockensträngen ziehen dürft, bis sie euch nicht mehr loslassen, […] läutet mit aller Lust […]. Es fliegt wie ein Engel von Haus zu Haus […], es schwingt sich wie ein Adler bis zu Himmelshöhen das freudige Lied: Evangelium!"[45] „Die göttliche Weisheit bleibt auf der Straße stehen und spielt den Jungen am Straßenrand ihr Lied. Man muß nur stehenbleiben und nicht fortrennen."[46]

Zu den Porträtierten aus der erinnerten Kindheit in der Grafschaft Glatz zählt auch „Der verrückte Bettler", „der ungefähr alle Vierteljahre einmal in unser Häuslein kam, aber vor der Stubentür stehenblieb und, ohne anzuklopfen, zu beten begann: ‚Vater unser, der du bist in den Himmeln […].' Wenn dann die Mutter mit einem Schüsselchen Mehlsuppe oder einer Schnitte Brot hinausging, sagte er: ‚Der himmlische Vater gibt's euch wieder.' Wenn ihn aber jemand fragte: ‚Wer sind Sie denn?', dann antwortete er: ‚Ich bin der Sohn Gottes.' Das wußten aber schon alle, und wenn dann einer sagte: ‚Ich denke, Sie sind der Beiernaz aus den Falkenbergen', dann erklärte er demütig: ‚Das bin ich einmal gewesen. Aber als ich getauft wurde, siehe, da kam eine Stimme vom Himmel und sprach: Das ist mein geliebter Sohn, an dem ich mein Wohlgefallen habe.' ‚Das war eben ein Verrückter', meint ihr. Ja, wenn ihr alle für verrückt halten wolltet, die ein wenig anders denken als ihr, dann leset doch gleich nicht weiter! Denn sonst komme auch ich bei euch noch in schlechten Ruf."[47]

In der Szene „Die Wurst aus dem Pfarrhaus", wo Wittig von seiner Zeit als Schüler im Pfarrhaus in Neu-Gersdorf zur Vorberei-

45 Wittig, *Leben Jesu I*, 2–4.

46 A. a. O., 8.

47 A. a. O., 12–13.

tung auf das Gymnasium erzählt, hat er eindrücklich das Phänomen der menschlichen Versuchung beschrieben. „Die Gersdorfer Zeit war die schuldloseste meines ganzen Lebens. Ich habe während dieser vier Monate vielleicht nur eine einzige Sünde begangen, und diese war so groß wie ein Talerstück [...]. Denn es war ein ganz dünnes Scheiblein Wurst [...]. Es war Sonntag, und ich hatte ein gutes Mittagessen gehabt. Pfarrers Schwester, die Rosel, kochte vorzüglich [...] ein zweiter erschwerender Umstand war, daß ich gerade aus der Nachmittagskirche kam [...]. Der Pfarrer und die Rosel hatten noch eine Viertelstunde in der Kirche zu tun, ich war allein ins Pfarrhaus geschickt worden. Meine Nase ging mir voraus. Ohne zu wollen, roch sie plötzlich jenen wunderbaren Duft, den eine gute Wurst Tag und Nacht ausatmet [...] meine Nase war durchaus nicht einseitig auf so fleischliche Genüsse eingerichtet [...] in Neu-Gersdorf war es ihr allergrößtes Vergnügen, den berauschenden, wenn auch noch so feinen Duft der für das heilige Opfer bestimmten Materie, der Hostien und des Weines, in sich aufzunehmen, so daß ich nirgend lieber war als in der Sakristei [...]. Meine Nase gab sich also durchaus keine sündhafte Mühe, die Wurst zu riechen. Der Geruch überfiel sie vielmehr. Ich floh nicht [...]. Ich ging vielmehr tapfer und unerschrocken durch den Hausflur. Da stand die Gewölbetür angelweit auf. Und mitten vom Gewölbe herunter hing ein noch beachtenswerter Rest von Wurst. Da überkam mich eine unnennbare Sehnsucht nach einem Stücklein Wurst. Ein Messer lag auf dem Deckel eines Buttermilchtopfes – und da war es geschehen. Ich habe schwer daran getragen, bis ich diese Sünde beichten mochte und von dem guten Pfarrer die Absolution erhielt: – er lächelte dabei.“[48]

Zu den prägenden Persönlichkeiten, von denen Wittig im zweiten Band seines „Leben Jesu“ erzählt, gehört auch der Strangfeld-Kirchvater, ein Weber, bei dem er als Schüler die Pause bis zum

48 A. a. O., 141f.

Geigenunterricht nach der Schule überbrücken darf. „Ich kam einmal zum Strangfeld-Kirchvater. Der pfiff ein lustiges Lied. ‚Warum sind Sie denn so lustig?' fragte ich ihn. ‚Ich bin nicht lustig, sondern sehr traurig. Ich habe heute keine Lust zum Beten und keine Lust zum Arbeiten. Sieh, dort habe ich mir ein großes Loch in mein Gewebe gemacht, und ich kann es kaum mehr ausbessern. Das Garn ist so schlecht, daß es in einem fort reißt. Und die Anna, meine Alte, ist auch nicht recht auszustehen, sie hat einen bösen Tag.' ‚Warum pfeifen Sie denn da, wenn Sie traurig sind?' ‚Weil ich mich schon darauf freue, wie mir der himmlische Vater helfen wird.' Er sah auf die Uhr. ‚Lange kann es nicht mehr dauern, da kommt die Freude.' Ich setzte mich an den weißgescheuerten Tisch und las in einem Buche, denn ich mußte bis zur Geigenstunde nachmittags um drei Uhr warten. Der Weber nestelte an der verdorbenen Stelle seines Gewebes, zog einen Faden nach dem anderen heraus, bis er die Kette an der verdorbenen Stelle freigelegt hatte, knüpfte sorgsam einige neue Fäden ein, war aber noch lange nicht fertig, als er plötzlich ausrief: ‚Anna, freu dich, es kommt!' ‚Ja, Guste, es kommt', erwiderte die Stranggusten. Ich begriff damals noch nicht, was in diesen beiden Seelen vor sich ging. Es war mir nur, als ob beide elfenbeinweißen Wangen des Kirchvaters mit einem ganz leisen Hauch von Rot gefärbt würden und als ob die Rosinenaugen im breiten Gesicht der Stranggusten heller aufleuchteten. ‚Nimm einmal deine Geige', befahl der Kirchvater, ‚und spiel das Lied: Großer Gott, wir loben dich!' Sie sangen nicht dazu, sondern arbeiteten beide weiter, er am Webstuhl, sie am Wäscheschaff. Strangfeldguste kannte seinen Herrgott."[49]

Immer wieder spielen wunderbare Wandlungen der Menschen eine Rolle. „Ich habe einmal einen vollkommenen Mann gekannt. Es war der Schmidlerbauer in der Saftquetsche oder wie das kleine Tal zwischen der Heuscheuer und dem Glatzer

49 Wittig, *Leben Jesu II*, 50f.

Schneeberge hieß. Er war zunächst bekannt als vollkommen im Fluchen und Prügeln. Aber darauf kommt es nicht an. Es kommt vielmehr darauf an, daß er mit seinem Nachbarn seit sieben Jahren eine grimmige Feindschaft hatte. Und es war an einem Tage, an dem der Herrgott von früh bis spät regnen ließ über Gerechte und Ungerechte [...]. Ich wanderte die Straße entlang und führte mit ihr allerhand theologische Gespräche. Die Straße aber sagte bei jedem Schritt, so oft ich den Stiefel aus dem dicken Kote herauszog: Quatsch! Quatsch! Dieser andauernden Beleidigung eines Theologen machte der Schmidlerbauer, der gerade an mir vorüberfuhr, ein Ende, indem er mich aufforderte, ein Stücklein mitzufahren. Er fuhr zum Rechtsanwalt und erzählte mir die Sache mit seinem Nachbarn."[50]

„‚Ah, sehen Sie', unterbrach mich der Bauer, als wir gerade um eine Straßenbiegung herumfuhren, ‚dort geht der Kerl, der verfluchte Labander. Der läuft auch aufs Gericht!' Da unsere beiden Ochsen nur langsam durch den Kot kamen, fuhren wir ziemlich lange hinter dem ‚bösen' Nachbarn. Da muß Jesus, der auch auf allen Wegen zu finden ist, hinten auf den Wagen geklettert sein, denn der Bauer rückte manchmal nervös mit den Schultern, wie es so die Bauern machen, wenn sie fühlen, daß sich hinten am Wagen jemand angehängt hat. Und auf einmal sagte der Bauer: ‚Es ist doch eine verteufelte Geschichte, daß man wegen so eines verfluchten Kerls durch Dreck und Speck in die Stadt fahren muß. Wir könnten doch wie Brüder miteinander leben.' ‚Ja, ja', sagte ich. Der ‚böse' Nachbar ging immer langsamer. Er spürte ein Fuhrwerk hinter sich und hoffte, ein Stücklein mitfahren zu können. Aber er ging doch, wenn auch langsam, und überlegte sich, was er bei seinem Rechtsanwalt alles gegen den Schmidlerbauern vorbringen wollte [...]. Unterdes hatte Jesus die Zügel in die Hand genommen [...]. Da zwinkerte mir der Bauer zu: ‚Ich will mir jetzt einen Spaß machen; ich will dem verdammten Kerl

50 Laskowsky, *Joseph Wittig Buch*, 141.

sagen, er soll ein Stücklein mitfahren!' O Bauernherz, ich kenne dich! Mit dem Spaß willst du nur etwas verhängen, was da in dir vorgeht! ‚Guda Nochmetts!' rief der Bauer dem vor uns stapfenden Prozeßgegner zu, ‚mir sein zwor biese, ober a Steckla mitfohr kenda Se ju woll!' Die Straße hörte auf einmal auf, Quatsch, Quatsch zu sagen, denn der Nachbar blieb stehen und sah sich um […]. Und er kletterte richtig herauf, und wir saßen dicht gedrängt zu dreien auf dem kurzen Kutscherbrett des Brettwagens. Der Schmidlerbauer fragt den Nachbar, wo er hingehe. Dieser antwortet, er wolle in die Stadt um seine Gerste zu verkaufen. Darauf der Schmidlerbauer: Er wolle auch in die Stadt um Gerste zu kaufen. „Hiermit war das Gespräch abgebrochen. Da stieß mich Jesus in die Seite und sage: ‚Du könntest auch besser wissen, wohin ich fahren will. Tschühü!' Endlich kam mir die Erleuchtung! ‚Da könnten Sie ja eigentlich das Gerstengeschäft schon hier abmachen oder daheim im Trockenen!!' Kaum hatten dies ein paar Engel gehört, da nahmen sie ihre Regenkannen und gossen sie auf einmal über uns drei aus. Das gab den Ausschlag. Das sei eigentlich wahr, sagte der Schmidlerbauer. Das ist wahr, sagte der Nachbar. Der Schmidlerbauer drehte mit seinem Wagen um und fuhr Seite an Seite mit seinem Feinde heim wie Bruder mit Bruder. Der Kot der Straße war zu lauter Pfütze geworden, und bei jedem Schritt sagte die Straße jetzt: ‚Siehste, siehste!'"[51]

Wichtig war für Wittig auch die Welt der Tiere, Pflanzen und Dinge. Sie war für ihn empfindungs- und dialogfähig. Eines der entscheidenden Kennzeichen von christlicher Humanität war für ihn, die Welt auf eben diese Weise wahrzunehmen. So berichtet er am 30. März 1947 in einem Brief, dass „noch am Tage, bevor wir aus Haus und Heimat vertrieben wurden", die Anemonen und Primeln auf der wintergrauen Wiese hinter seinem Wohnhaus in Neusorge wieder blühten. „Ich werde sie vielleicht niemals wiedersehen, und ich glaube, sie senken ihre Köpflein

51 A.a.O., 141–143.

vor Trauer, denn auch die Blumen lieben uns Menschen wie wir sie."[52] Wittig war davon überzeugt, dass im Körperlichen etwas dem Geiste Verwandtes existiert, das mit uns reden kann.[53] Deshalb wollte er das Volk von Neusorge in seinen Erzählungen in priesterlicher Weihe verwandeln und verklären lassen,[54] wie die Bilder in seinem Haus ihre Betrachter zur beglückenden Schau verwandeln[55] oder der Bahnhof von Schlegel zum Bild des Wiederkommenden wird.[56] Wir Menschen haben „unter der Sünde nicht jede Spur vom Ebenbild Gottes verloren".[57] „Wir bauen alle am Dome der Vollendung, ob mit gutem Willen oder mit bösem Willen."[58]

Wittig entwickelte überdies die Vision eines religionslosen Christentums und schreibt im Blick auf den Verlust seines Lehrstuhls und seiner Exkommunikation sowie angesichts des Todes seines Sohnes Höregott: „Wir sind Ausgestoßene, aber das Wort hat nicht den Sinn einer Verfluchung, sondern einer Seligpreisung"[59], denn das Heil kommt immer von den Ausgestoßenen. Das wirkliche Leben wächst über die Kirche hinaus und nimmt neue Gestalt an.[60] Gern sprach Wittig daher von einer „primitiven Theologie", die er betreibe. Für ihn lag unser Heil im Ursprung und in der Rückkehr zu ihr. So war die „primitive Theologie" der Eltern auf der Ofenbank für ihn die rechte Theologie.[61] Was Wittig als primitive Theologie bezeichnete, ist

---

52 Joseph Wittig, *Das neue Antlitz*, Kempen/Niederrhein 1947, 5.

53 Vgl. Wittig, *Herrgottswissen*, 176.

54 Vgl. Joseph Wittig, *Der Ungläubige und andere Geschichten vom Reiche Gottes und der Welt*, Gotha 1928, 1.

55 Vgl. a.a.O., 77.

56 Vgl. a.a.O., 113.

57 A.a.O., 165.

58 Joseph Wittig, *Die Kirche im Waldwinkel und andere Geschichten vom Glauben und vom Reiche Gottes*, München 1925, 292.

59 Vgl. Wittig, *Höregott*, 414.

60 Vgl. a.a.O., 414f.

61 Vgl. Laskowsky, *Joseph Wittig Buch*, 176.

aus liturgietheologischer Sicht die sogenannte theologia prima im Gegensatz zur theologia secunda. „Der Glaube meiner Eltern war nichts anderes als der Alltag. Die Hobelbank des Vaters und der Webstuhl der Mutter waren die Altäre ihres werktäglichen Gottesdienstes."[62]

Auch die Verstorbenen erhielten ihren Ort in Wittigs Erzählungen. „Ein rechter Pfarrer ist nicht nur Pfarrer der Lebendigen, sondern auch der Verstorbenen, die wenigstens nach seinem fürbittenden Gebete verlangen."[63] Dem Glauben ist das Gespräch mit den Seelen der Verstorbenen möglich. Wittig bekannte, seit der Kindheit „ein Freund der ‚Armen Seelen im Fegefeuer' und ein schier täglicher Besucher der Friedhöfe" zu sein.[64] „O ihr heiligen Gottesäcker, ihr Felder und Gärten Gottes auf dieser Erde! Stundenlang wandelte ich auf euren Gängen und Rainen und betete dabei mein priesterliches Brevier, oder ich saß auf einem umgestürzten Denkmal zwischen euren ältesten, von Wildwuchs überwucherten und überschatteten Gräbern und führte stille Gespräche mit den lieben Seelen, deren Leiber schon seit Jahrzehnten hier unter den verfallenen Hügeln ruhten."[65]

## 5. Joseph Wittigs Schlüsseltext „Die Erlösten" als Weg der Befreiung

Die Erzählung „Die Erlösten" erschien zum Osterfest 1922 in der Zeitschrift „Hochland". Der Text war so schnell vergriffen, dass er am Ende mit der Hand abgeschrieben und weitergegeben werden musste. Die Erzählung über die Beichtnöte des katholischen Laien wurde von den Kritikern, allen voran Kardinal Bertram

62 Wittig, *Christgeburt*, 43.

63 A. a. O., 62.

64 Vgl. Joseph Wittig, *Novemberlicht. Drei Skizzen über Allerseelen, Totensonntag, okkulte Erfahrungen und den Auferstehungsleib*, Kempen/Niederrhein 1948, 5.

65 Ebd.

aus Breslau, als Angriff auf das Bußsakrament missverstanden und führte dazu, dass die Erzählung zusammen mit weiteren Aufsätzen Joseph Wittigs 1925 auf den Index der verbotenen Schriften der katholischen Kirche gesetzt wurde. 1926 folgte die Exkommunikation, da Wittig nicht zu einem Widerruf bereit war. Die Emeritierung als Ordinarius für alte Kirchengeschichte, Patrologie und kirchliche Kunst an der Katholisch-Theologischen Fakultät der Universität Breslau folgte auf der Stelle.[66] Wittig machte im Rückblick auf die Ereignisse deutlich, wie die Souveränität der katholischen Laien in der Weltgestaltung durch die Beicht- und Bußpraxis der katholischen Kirche eingeengt wurde: „Der Katholik treibt sich sein Leben lang […] in den Grenzgebieten des Reiches Gottes herum und fühlt sich stets von Strafen für Grenzüberschreitungen gedroht. Er hat gar keine Zeit etwas nach der Mitte des Gottesreiches zu wandern, wo es eigentlich erst schön zu werden beginnt. Er muß fortwährend an der Grenze Grenzverletzungsprozesse mit seiner Seele, mit seinem Beichtvater, mit seinem Herrgott durchfechten."[67] Er forderte daher: „Seht doch noch einmal nach in den Schatzkammern unserer heiligen katholischen Kirche! Da ist gewiß noch manches vorhanden, was das Volk erfreuen kann. Da ist sicher eine wahre Erlösung. Manche von euch haben sich in der Tür verirrt und sind statt in die Schatzkammer vielmehr in die Folterkammer geraten. Und was ihr dort gefunden, das habt ihr den jungen Geistlichen als Erlösungsmittel weitergegeben. Es sind

---

66 Vgl. Hausberger, *Der „Fall" Joseph Wittig*, 299–322, Fritz Schmidt-Clausing, *Der Fall Wittig im Lichte des Zweiten Vatikanischen Konzils*, in: Ref. 15, 1966, 461–476, Theoderich Kampmann/Rudolf Padberg (Hg.), *Der Fall Joseph Wittig fünfzig Jahre danach* (Schriften zur Pädagogik und Katechetik 25), Paderborn 1975, Claus-Peter Klusmann/Norbert Keller (Hg.), *Joseph Wittig. Die Erlösten.* Text und Dokumentation (AGP-Edition 1), Dortmund 1978, und Otto Weiß, *Der Modernismus in Deutschland*, Regensburg 1995, 514–526.

67 Joseph Wittig, *Meine „Erlösten" in Buße, Kampf und Wehr* (Bücher der Wiedergeburt 2), Habelschwerdt 1925, 26. Dort auch Abdruck der strittigen Erzählung unter dem Titel „Meine Osterbotschaft ‚Die Erlösten'", 14–62.

aber nur Zuchtmittel. O bitte, macht die Gnadenkammern auf! Dort müssen noch die Lehren verborgen sein, die einst das urchristliche Volk so froh machten.“[68]

Zu den verborgenen Lehren gehörte für Wittig der Concursus divinus. In den Büchern der Dogmatik habe er an versteckter Stelle gefunden, „daß eine menschliche Handlung, auch eine sündhafte, ihrem Wesen nach ein ganz geheimnisvolles Zusammenwirken Gottes und des Menschen, vor allem aber Gottes, sei, daß sie in ihrem eigentlichen Sein nicht böse, sondern ganz neutral, ja als Produkt der mitwirkenden Tätigkeit Gottes sogar wirklich gut sei, daß sie nur sündhaft werde durch eine sündhafte Gesinnung des Menschen, daß also nur dann eine Sünde geschehe, wenn diese Gesinnung nicht gut ist. Für alles andere übernimmt Gott die Verantwortung. Der Mensch braucht nur guten Willen zu haben, mag nun geschehen, was da wolle, mag es auch aussehen wie Sünde!“[69] „Sobald aber jemand unerschütterlich glaubt, daß bei gutem Willen nie eine wirkliche Sünde werden kann, dann ist er erlöst von seinen Sünden, denn mit der Gnade Gottes wird er immer den guten Willen haben. Sein guter Wille muß so ehrlich gut sein, wie der böse Wille ehrlich böse ist. Dann braucht er seine Kraft nicht zu verschwenden an dem vergeblichen Kampfe gegen Geschehnisse, die nun einmal nach Gottes Ratschluß über ihn kommen, braucht sich nicht zu verzehren in fruchtloser Reue. Dann kann er froh und immer jung an den großen Aufgaben arbeiten, die ihm Gott auf dem Erdreiche und im Gottesreiche zugedacht hat.“[70]

Wittig empfahl daher: „Jeder Priester achte darauf, daß die Schulbubenzeit des katholischen Laien einmal ein Ende haben müsse; er anerkenne ausdrücklich ihre Mannesreife, sobald sie

68 A. a. O., 31.
69 A. a. O., 36.
70 A. a. O., 38f.

gekommen ist, sporne sie an, um des Ritterschlags und der Meisterschaft würdig zu sein! Sie müssen als Familienväter, als Beamte, als Politiker, als Arbeitgeber, als Handwerker, als Arbeiter, in jeglicher Stellung gewaltige Aufgaben für das Gottesreich auf Erden, für die katholische Kultur erfüllen, zu denen der Priester nicht berufen ist, zu denen sie aber auch mündig sein müssen. Ein großes Volk der Erlösten muß sein auf dieser Erde, so frei und stolz und schön und reich, daß niemand mehr bleiben will außerhalb dieses Volkes. Die ganze Welt muß es sein."[71]

## 6. Die Irrelevanz der Gottesfrage angesichts von NS-Ideologie, Zweitem Weltkrieg und Vertreibung

Die Gottesfrage wurde für Wittig im Angesicht der nationalsozialistischen Ideologie und des Zweiten Weltkrieges plötzlich irrelevant. Wir haben keinen Gott, den man fragen könnte, warum er solches zugelassen hat, schreibt er im „Roman mit Gott". „Es geschah so Schreckliches, daß ich immer wieder gefragt wurde: ‚Wie kann Gott solches zulassen?' Selber an Leib und Seele zerschlagen, stand ich mehr auf der Seite der Fragenden als der Antwortenden, bis mir die Antwort kam: ‚Fragt nicht nach Gott! Wir haben keinen Gott; wir haben einen Vater im Himmel, und dieser ist nicht der Herr der Welt. Der Herr der Welt ist nach dem eindeutigen Zeugnis Jesu der Fürst der Welt: der Teufel. Jesus, der Sohn des lebendigen Gottes, hat nur eine kleine Herde aus der Welt herausgerufen. Der Teufel spielt sich indessen als Gott auf!'"[72] Das deutsche Volk wandte sich Propheten der Macht und der Gewalt zu.[73] Der Gott, „den ihr euch vorstellt und von dem die meisten von euch längst abgefallen sind, und von dem

71 A. a. O., 62.

72 Joseph Wittig, *Roman mit Gott*. Tagebuchblätter der Anfechtung, Stuttgart 1950, 4.

73 Vgl. a. a. O., 10.

sie, wenn sie überhaupt noch etwas wissen wollen, nichts mehr wissen wollen, der Gott existiert nicht".[74] Wittig gestand mehrfach, dass er der Hybris der NS-Ideologie wenig entgegenzusetzen hatte.

Er erlebte die wahre Realität des „Dritten Reiches" bereits im März 1933 durch eine Hausdurchsuchung bei ihm, durch die Schließung der jüdischen Geschäfte in Neurode und durch Übergriffe auf den Redakteur der Volksstimme in Neurode. Die apokalyptische Stimmung wird am 1. Februar 1941 im Brief an die Malerin Helene Varges deutlich: „Es lassen sich Stimmen hören und Zeichen beobachten, daß die Welt ein Ende nimmt, und daß wir für ihr Gedächtnis nicht mehr zu sorgen brauchen."[75] Die Verzweiflung, die ihn nach 1945 ergreift, spricht Wittig im Brief an Hugo und Marie Krüger vom 18. November 1946 an: „Für mich selbst wage ich kaum mehr zu beten. Da erhört mich Gott nicht; ich verdiene es nicht. Das liegt mir schwer auf der Seele. Aber einmal wird mir der Herrgott sein Ohr wieder zuwenden und auch mir wieder seine Engel senden, deren Fernbleiben seit 1941 ich sehr schmerzlich empfinde."[76] Im Brief an die Schweizer Freunde Rudolf und Luise Reich vom 2. März 1947 erwähnt er den Vorwurf, nur an das eigene Leiden und die eigenen Verluste zu denken, aber die schrecklichen Leiden zu vergessen, die wir anderen Völkern seit 1938 zufügten. „Sie wissen, daß wir uns persönlich in keiner Weise schuldig gemacht haben an den Leiden anderer Völker, obwohl uns die Buße am Härtesten getroffen hat."[77] Seit 1941 „sind die Engel aus meinem Leben zurückgetreten; sie ließen mich offensichtlich schutzlos den Dämonen preisgeben, besonders 1945/46. Ich fühle mich oft ganz

74 A. a. O., 15.

75 Joseph Wittig, *Kraft in der Schwachheit*, Briefe, Nr. 312. An Helene Varges, 345–346, 346.

76 Nr. 398. An Hugo und Marie Krüger, 425.

77 Nr. 412. An Rudolf und Luise Reich, 435–437, 435f.

vom Himmel verlassen, äußere aber immer wieder mein Vertrauen, das all mein Leben bis 1941 überleuchtet hat."[78]

Es ist wohl davon auszugehen, dass Joseph Wittig der Holocaust in seinem vollen Umfang nicht zur Kenntnis kam. Seine engen jüdischen Freunde Martin Buber und Emanuel Bin Gorion waren frühzeitig nach Palästina ausgewandert. Aber die Schrecken, die der Krieg von Deutschland aus über die Völker der Welt brachte, hatte er vor Augen. Am 22. Januar 1948 schreibt er resigniert an Pater Chrysostomus Dahm und andere: „Ich werde arm und abseits sterben, wie ich geboren bin. Der Herrgott hat mir die Feder aus der Hand genommen"[79], und am 22. Januar 1949 in einem Beitrag für die Westdeutsche Rundschau aus Anlass seines 70. Geburtstages: „Gott hat mir die Feder in die Hand gegeben, damit ich der Welt seine Ehre und die Erkenntnis seiner Liebe verkünde. In solchem Auftrag habe ich mehr als ein Dutzend Bücher geschrieben, aber ich war zu scheu vor der Welt, ich bin nicht hingetreten vor die Welt und habe ihr nicht mit lauter Prophetenstimme zugerufen: Du Welt, halt ein in deinem Lauf! Du mußt auf der Stelle umkehren und dich in deinen Ursprung zurückschwingen! Siehe, der Steg, auf dem du vorwärtsstürzt, ist brüchig, dein Weg hat viele Löcher, in die du versinken wirst. Drunten sind schwarze Löcher!"[80]

## 7. Joseph Wittigs theologisch-literarischer Zugang zur christlichen Humanität coram Deo

Zur Einordnung von Wittigs Werk gehört, dass er von einer „bücherlosen Theologie" sprach. Er hätte sie an den Erzählungen seines Vaters, aus der Seele seiner Mutter, aus den Lebensschick-

78 A. a. O., 436.

79 Nr. 436. An Chrysostomus Dahm u. a., 455–456, 455.

80 Wittig, *Christgeburt*, 128f.

salen seiner Geschwister und Freunde, aus den Bildern und Kapellen am Weg und aus den liturgischen Feiern der Pfarrkirchen wie aus den Steinen, Gräsern und Blumen in seinen theologischen Ferienkursen erlernt und studiert.[81] Entscheidend wurde für ihn die Abgrenzung zum System der neuscholastischen Theologie, das die katholische Kirche und ihre Priesterausbildung bis zum II. Vatikanischen Konzil prägte.

Im „Verlorenen Vaterunser" legte er seine literarisch-theologische Methodik offen und erzählte von den „Fußspuren des lebendigen Gottes" in seinem Leben.[82] „Die Spuren Gottes in meinem Leben waren um keine Linie deutlicher und um keinen Schimmer leuchtender als die in deinem und deiner Freunde Leben! Du brauchst nicht zu verzagen, weil ich so reich und du so arm, ich so gottnahe und du so gottfern seiest"[83], tröstete Wittig den Leser. Diese Einsicht brauche jedoch Zeit und müsse erst wachsen. „Alles, was ich an Gotteserfahrung oder Gottesbegegnung in den leuchtenden Farben deutschen Sinnes und deutscher Sprache geschildert habe, trug im Augenblicke der Erfahrung und Begegnung keineswegs das Bild und den Stempel Gottes an sich, war vielmehr meist etwas rein Menschliches und Natürliches, zufällig manchmal etwas Kirchliches, manchmal sogar ein übermütiges Bubenstück oder eines der vielen Allotria, an denen mein Leben nach Aussage eines Freundes und Kollegen sehr reich sein soll. Meist kein Gedanke dabei an Gott oder Göttliches. Niemand hätte ahnen können, daß das Vorkommnis je auf Gott bezogen werden würde [...]. Aber ich mußte nachts an Gott denken. Nachher kam mir alles ein. Nicht unmittelbar nachher: oft viel später. Und es war von einer Deutlichkeit und Klarheit, daß es mir keine Mühe machte, es niederzuschreiben, wie es mir einkam. Ich brauchte ihm keinen frommen Sinn zu

81 Wittig, vgl. *Herrgottswissen*, 49f.

82 Wittig, *Verlorenes Vaterunser*, 18.

83 A.a.O., 22f.

geben, denn es gab mir selber seinen frommen Sinn."[84] Entscheidend sei, dass man „die Dinge so erzählen können" muss, „daß man den Namen Gottes gar nicht nennt, daß aber die Hörer nachdenken und einmütig die Gegenwart und Nähe Gottes spüren, selber aber wiederum nicht allzulaut sagen: ‚Da war Gott!' Die Magnalia Dei sind zu preisen, indem man sie weder ‚Magnalia' noch ‚Dei' nennt, denn man muß ja von ganz kleinen Dingen reden, die einem jeden Menschen an jedem Tage begegnen. Gott offenbart sich in der Schwachheit; das Himmelreich kommt ohne Aufsehen."[85]

Wittig habe sich „freilich daran gewöhnt, gewissermaßen mit den Augen zu sehen, wie Gottes Schöpferkraft, Gottes Arm, Gottes Hand alle Dinge erhält und zusammenhält und nur ganz langsam zerfallen und verfallen läßt, so wie ein Kind den Sand in der Hand hält und ihn nur ganz langsam zur Erde rinnen läßt. Aber das spielt sich doch nicht nur vor meinem Auge ab, sondern vor jedwedes Menschen Auge."[86] In „der Geschichte meiner Arbeiten sind die Spuren des helfenden Gottes ganz unverkennbar. Nehme ich aber die Fälle einzeln vor, einen nach dem anderen, so ist wiederum gar nichts wunderbares dabei, sondern nur Alltägliches, Selbstverständliches."[87] Vielmehr „war alles natürlich in meinem Leben, alles einfach, alles selbstverständlich und alltäglich. Aber eben das Natürliche und das Selbstverständliche und das Einfache und das Alltägliche, das sind die Fußspuren des lebendigen Gottes in meinem Leben und in jeglichem Menschenleben."[88]

Wittig bekannte, dass für ihn, ehe er seine Bücher schrieb, „die Berge und Büsche und Felder und Wege der Neusorger Land-

84 A.a.O., 29f.
85 A.a.O., 30.
86 A.a.O., 33.
87 A.a.O., 35.
88 A.a.O., 36.

schaft stumm" waren. „Da rief mich Gott, daß ich sie zum Beten und Singen und Reden brächte, zum Reden von Gott und von heiligen Dingen, vom Glauben, von der Vorsehung, von den Geheimnissen ihres Inneren und von dem Paradiese, das in ihnen verschlossen ist."[89] Und er begründete dies mit seiner spezifischen Profession: „Als Kirchenhistoriker habe ich die Aufgabe, zu beobachten und zu erforschen, wie die Lehre von der Erlösung in Vergangenheit und Gegenwart an den christlichen Menschen in sichtbare Wirksamkeit getreten ist."[90]

## 8. Theoriemodelle zum Verständnis von Joseph Wittigs Erzählweise

Wittigs Erzählweise lässt sich gut durch einen Rekurs auf Hartmut Rosas Soziologie der Weltbeziehung erläutern, in der es um das Phänomen der Resonanz und der Resonanzbildung geht. Rosas Begriff der „Resonanzblitze" erweist sich in diesem Zusammenhang als hilfreich. Gefragt wird, wo und wann in der entfremdeten, verdinglichten Welt Ereignisse aufleuchten, die die Menschen an das erinnern, was sie von ihrem Ursprung her sind. Keineswegs zufällig ist, dass Weihnachten bei Wittig eine so große Rolle spielt, denn der Zauber dieses Festes besitzt nach Hartmut Rosa eine große Bedeutung für die Erfahrung von Tiefenresonanz. Rosa deutet die Heilige Nacht horizontal als Schnittpunkt von Resonanzachsen (Fest der Familie), als Eröffnung einer Objektbeziehung (Weihnachtskrippe) und vertikal als Begegnung mit dem Kind und nennt Weihnachten eine Chance blitzhaft sich ereignender Resonanz. Erwachsene entdecken an Weihnachten ihre Resonanzbedürftigkeit und Resonanzfähigkeit wieder. Roland Rosenstock spricht davon, dass

89 Joseph Wittig, *Aussichten und Wege* (Der Gesamtausgabe sechstes Buch), Gotha 1930, 9f.

90 Wittig, *Meine Erlösten*, 9.

aus „der Perspektive einer resonanzsensiblen Theologie“ das Christfest exemplarisch alle vier Kriterien erfülle, „die Rosa für die Erfahrung von Resonanz herausgearbeitet hat: 1) von etwas berührt zu werden; 2) antworten; 3) sich verwandeln lassen und 4) das Unverfügbare erleben.“[91]

Auch Paul Ricœur bietet Theoriebausteine, um Wittigs literarische Leistung näher zu beschreiben. Als neuscholastisch ausgebildeter katholischer Theologe änderte Wittig seine Sprache, indem er, wie gesehen, die Evangelien mit seinen Kindheits- und Jugenderinnerungen literarisch verschränkte. Poetische Mittel bereichern Ricœur zufolge die Sprache „mit Aspekten, Eigenschaften und Werten der Wirklichkeit, die sich ansonsten der direkt deskriptiven Sprache entzögen und nur zum Ausdruck kämen aufgrund des komplexen Zusammenspiels, das zwischen einer metaphorischen Feststellung und dem geregelten Überschreiten der gewöhnlichen Wortbedeutungen in unserer Sprache stattfindet“.[92]

Philosophisch rückt Wittig in enge Nähe zu Wilhelm Schapp und seinem Konzept „In Geschichten verstrickt sein“. Schapp schreibt: „Der einzige Zugang zu uns selbst erfolgt über die Geschichten, in die wir verstrickt sind. Der Zugang zu den anderen Menschen über die Geschichten, in die diese verstrickt sind, der Zugang zu den Tieren über deren Geschichten, und der Zugang zu den Pflanzen entsprechend über deren Geschichten. Den Ausdruck ‚Zugang‘ dürfen wir dabei nicht von außen her nehmen, deswegen setzen wir statt Zugang besser den Ausdruck Mitverstricktsein, indem wir davon ausgehen, daß jede Fremdverstrickung […] nur als Mitverstrickung auf der Grundlage der

91 Roland Rosenstock, *„Etwas, was nicht ist und doch nicht nur nicht ist“*. Konturen einer resonanzsensiblen Theologie im Gespräch mit Hartmut Rosa, in: Pastoraltheologie 107.2018, 401–407, 406. Zu den „Resonanzblitzen“ vgl. Hartmut Rosa, *Resonanz. Eine Soziologie der Weltbeziehung*, Frankfurt am Main 2016, 387.

92 Paul Ricœur, *Poetik und Symbolik*, in: Hans Peter Duerr (Hg.), *Die Mitte der Welt. Aufsätze zu Mircea Eliade*, Frankfurt am Main 1984, 11–34, 32f.

Mitverstrickung auftaucht."[93] Der Mensch sei von vornherein in ein Geschichtenbezugsgewebe eingewoben. Was und wer wir jeweils sind, sind wir durch Geschichten, in die wir verstrickt sind. Joseph Wittig verstrickt seine Leser in Geschichten aus der schlesischen Heimat, die wiederum verstrickt sind mit biblischen Geschichten, aber auch mit Dingen, Tieren, Pflanzen oder der Landschaft.

Helmut Tschöpe spricht von einer mystagogischen Theologie bei Joseph Wittig und betont eine dort begegnende Diaphanizität des Alltags. In Wittigs Erzählen vollziehe sich das Durchscheinen des Göttlichen im Weltlichen. Er führe mit seiner mystagogischen Theologie Menschen in das Geheimnis des Glaubens durch Hineinverwickeln in Geschichten, die in der biblischen Tradition ihren Ursprung haben und von ihm weitererzählt werden. Wittig vermag die Wirklichkeit coram Deo zu sehen, um in ihr eine tiefere Dimension wahrzunehmen. Er macht die Religion der kleinen Leute für die große Theologie fruchtbar.[94]

## 9. Zusammenfassung: Christliche Humanität bei Joseph Wittig

Joseph Wittigs Leistung als Heimat-Theologe besteht darin, gerade keine rückwärtsgewandte Theologie der Heimat zu liefern. Die alte Heimat ist für ihn unwiederbringlich verloren. Sie wird aber dennoch nicht überflüssig, sondern in der Erinnerung bewahrt. Der Schriftsteller bewahrt die nach 1945 untergegangene

---

93 Wilhelm Schapp, *In Geschichten verstrickt. Zum Sein von Mensch und Ding* (1953), 5. Auflage Frankfurt am Main 2012, 136.

94 Vgl. Helmut Tschöpe, *Das Sakrament des Alltags oder: Glaube ist eine wilde Kraft*, in: Alojzy Marcol (Hg.), *Joseph Wittig. Schlesischer Theologe und Geschichtsschreiber.* Deutsch-polnisches Symposium anlässlich der Eröffnung des Wittig-Hauses Neurode-Schlegel 8.–10. Mai 1997, Nowa Ruda 1997, 295–306, 296.

schlesische Heimat und erhebt sie zum Samenkorn einer zukünftigen neuen Heimat. Er ist Heimat-Theologe im Sinne der immer wieder neuen Suche nach Heimat, die dabei an der zurückgelassenen „alten" Heimat Orientierung gewinnt und diese benötigt, ihr aber nicht nachtrauert und sich nicht an sie bindet. Nicht rückwärtsgewandte, sondern zukunftsorientierte Heimat-Theologie ist seine Leistung.

So kann bei ihm von einer Suche nach dem geheimnisvoll im Alten verborgenen Schatz für den Aufbruch in die neuen Herausforderungen des Lebens gesprochen werden. Joseph Wittig und Eugen Rosenstock-Hussey notieren im Vorwort zu ihrer ökumenischen Soziologie „Das Alter der Kirche" von 1927: „Wir legen dieses Buch getrost zum Alten, denn wir haben die Verheißung, daß wir von Erkenntnis zu Erkenntnis fortschreiten. Aber wir müssen es veröffentlichen, weil in ihm das Neue schlummert; es muß aufgelesen und aufgeweckt werden."[95] Dieses Auflesen und Aufwecken ist die Aufgabe des Schriftstellers Joseph Wittig. Das Alte wird dazu coram Deo gestellt, um in ihm den der christlichen Humanität eigenen Respekt gegenüber dem Aufleuchten des Göttlichen im Menschlichen sowie in der Tier-, Pflanzen- und Dingwelt zu evozieren.

Der letzte Text Joseph Wittigs vom 22. Januar 1949, wenige Monate vor seinem Tod verfasst, bekennt auf erschütternde Weise wie in einer Summe seines Lebenswerkes: „Ich weiß von dem unersättlichen wissenschaftlichen Verlangen nach immer tieferem Wissen; ich bin allem Forschen nachgegangen. Ich weiß um die modernste Theologie, erkenne aber jetzt, daß unser Heil in unserem Ursprung und in der Rückkehr zu ihm liegt. Die primitive Theologie meiner Eltern, wie sie auf der Ofenbank saßen und ihr Abendgebet sprachen, das ist die rechte Theologie. O

95 Eugen Rosenstock und Joseph Wittig, *Das Alter der Kirche*, Kapitel und Akten. Band I, Berlin 1927, X.

Welt, du rast der völligen Säkularisierung deiner Heiligtümer zu, kehre um! Du bist der tödlichen Krankheit des Rationalismus verfallen. Höre: wahr ist nur das Irrationale, das Unbegreifliche, das nicht Berechenbare. Das Leben selbst ist etwas Irrationales. Darum führt alles Rationale zum Tode. Ich habe in all meinen Büchern versucht, das Irrationale im ganzen Leben aufleuchten zu lassen, und es ist mir gelungen, ein Tröster der Trostlosen zu werden [...]. Jetzt [...] bin ich trostlos, daß ich nur getröstet, niemanden erschüttert habe."[96]

96 Laskowsky, *Joseph Wittig Buch*, 175f.

# Kapitel III

Hanna-Barbara Gerl-Falkovitz

# Homo Deus
## Das Projekt der Selbstvergottung und seine transhumanistischen Nebenfolgen

### Schöne neue Welt?

Im August 2005 zeigte das Kunstmuseum Bern eine enthauptete Möwe mit dem aufgepflanzten Kopf eines menschlichen Fötus – eine Arbeit des Chinesen Xiao Yu. Er war zuvor schon durch das operative Zusammennähen zweier Mäuse aufgefallen, die in ihrer „plötzlichen Einleibigkeit" und ihren hilflosen Bewegungen als „Kunstwerk" auf Video verkauft wurden.[1] Das „Möwe-Fötus-Objekt" wurde innerhalb weniger Tage wieder entfernt, nicht aus ethischen Bedenken, sondern weil der große Besucherandrang nicht mit der Sicherheitstechnik bewältigt werden konnte. Ähnlichen Erfolg hatten die „Körperwelten"[2], in denen plastinierte Leichen als Pseudo-Lebende auftraten. Welche grauenvolle Lust oder welches lustvolle Grauen zieht die Menschen an?

Wir stehen heute in der Brandung des „Fortschritts", uns selbst konstruieren zu können. Transhumanismus setzt auf die Mechanik des Körpers, die sich nachbauen, mehr noch verbessern, steigern, ja, ersetzen lässt. Der Wunsch nach „übermenschlichem Dasein" tastet sich in die Möglichkeit hinein, die körperlichen und seelischen Grenzen des Menschen technologisch zu weiten, sogar zu sprengen – in unbekanntes Neuland des Könnens und Machens einzutreten. Utopien im Sinne des totalen Selbstentwurfs setzen sich zunehmend durch.

1 Neue Zürcher Zeitung vom 9. August 2005.

2 Seit 1996 veranstaltete Wanderausstellung des Anatomen Gunther von Hagen von überwiegend menschlichen plastinierten Leichen.

*Brave New World, Schöne Neue Welt* war der Titel der 1932 erschienenen Negativutopie von Aldous Huxley (1894–1963), die schon damals das Schreckensbild einer künftigen rein biologistisch verfassten und manipulierten Menschheit entwarf, in der Menschen industriell fabriziert und kollektiv erzogen werden. Der neue Mensch sollte sich nicht als gezeugt und geboren, sondern als gemacht verstehen, als *factum,* nicht als *genitum* und *natum.* Es war der Bruder Aldous Huxleys, der Biologe Julian Huxley (1887–1975), der offen von „Transhumanismus" sprach: von nicht-staatlichen, individuell übernommenen eugenischen Programmen zur Verbesserung der Nachkommenschaft.[3] Solches Bio-Engineering ist Arbeitsweise und Ziel des *homo faber,* und die vater- und mutterlose Gesellschaft ist seine Schmiede.

Einige Wege dahin sind bereits gebahnt. Dem Mathematiker und Ingenieur Ray Kurzweil schwebt der Einbau von Nanocomputern in den menschlichen Körper vor – natürlich können sie beständig neu programmiert werden. Seine „fortschrittliche" Frage lautet: „Braucht die Zukunft noch den (bisherigen) Menschen?" Die Antwort heißt natürlich „Nein". „Die natürliche Auslese schuf den Menschen, der Mensch erschuf die Technik, Mensch und Technik arbeiten nun zusammen an der nächsten technologischen Generation. In der Singularität wird zwischen Mensch und Technik keine Trennung mehr bestehen – *nicht weil Menschen zu Maschinen werden, sondern weil Maschinen wie Menschen (und noch viel mehr) werden.*"[4]

Grenzen zwischen Fleisch und Plastik, Körper und Computer verwischen sich. Das heißt aber auch: Grenzen zwischen Ich und Fremdsteuerung werden durchlässig. Unsere Lebenswelt ist damit auf dem gefährlichen Weg zur „Überwindung" des Menschseins, mittlerweile auch des gegebenen Geschlechts. Der

---

3 Julian Huxley, *Essays of a Humanist* (1964) (Neuauflage: Evolutionary Humanism, 1992); dt.: *Ich sehe den künftigen Menschen: Natur und neuer Humanismus,* München 1965.

4 Ray Kurzweil, *The Singularity is Near. When Humans Transcend Biology,* 2005; dt.: Menschheit 2.0. *Die Singularität naht,* Berlin 2014, 41.

Mensch wird seine eigene Software mit angeblich immer wieder möglicher Formatierung. „Wer bin ich – und wenn ja, wie viele?“ war der Titel eines sonst mäßigen Bestsellers. Die Botschaft lautete: nur eine Momentaufnahme im Fluss weiterer Entfaltungen. Dafür einige Beispiele – keineswegs nur Fantasien.

## Fleisch wird „Kunst-Stoff“

„Angekommen im neuen Jahrtausend steht der Körper selbst zur Disposition. Menschliche Körper fungieren als bloße Kunstobjekte, sie bilden lebendige Skulpturen, ein bewegliches Ereignisfeld oder sind überhaupt nur noch ‚undifferenziertes Fleisch‘.“[5] So der Kunsthistoriker Philip Sampson. Tatsächlich erscheint schon seit Jahrzehnten in der Kunst ein neues Material: Anstelle von Stein, Holz, Ton, Bronze wird das menschliche Fleisch zum Kunst-Stoff. Schon seit den 1960er Jahren kommt es zum Einsatz von eigenem Fleisch und dessen Säften: Die Französin Orlan (ein Pseudonym) verkauft ihre Gesichts-OP-Videos als Kunstwerk[6]; in den Verdauungstrakt eingeführte Kameras filmen die Darmbewegungen – auch als Video erhältlich; Schweiß, Blut, Urin, Sperma dienen als Gestaltungsmittel. Einige Namen der heutigen Kunstszene: Gina Pane pflanzte sich Rosendornen ein, Chris Burden schoss sich in den Oberarm, Marina Abramovic ließ sich ohrfeigen, Marc Quinn stellte ein plastisches Selbstporträt her aus seinem eigenen gefrorenen Blut. Mittlerweile wird auch fremdes Fleisch benutzt: In der Ausstellung „Dekalog“ des Dresdner Hygienemuseums vom Herbst 2004 war die abgeschnittene Zunge eines Jungen aus Lateinamerika zu sehen, der umgekommen war und dessen Eltern die Zunge als Preis

---

5 Philip J. Sampson, *Die Repräsentationen des Körpers*, in: Kunstforum International, Bd. 132. Die Zukunft des Körpers I, Ruppichteroth 1996, 94–111, hier: 101.

6 In Youtube abrufbar: The Future of the Body with Performance Artist ORLAN, Science Gallery Dublin, 01. Juli 2015.

für seine Beerdigung an die Künstlerin verkauften. So verliert der Körper seine angebliche Starre und wird immer wieder neu „inszeniert", wie das Zauberwort heißt.

## Männlich und weiblich fließen ineinander

Seit den 1990er Jahren legt die Gender-Theorie nach: Es gebe überhaupt keinen „natürlichen" Körper „vor" der Sprache und Deutung der Kulturen. Körperliche Geschlechtsunterschiede seien allesamt sozial bearbeitet. Schlicht ausgedrückt: Auch „Biologie" sei Ergebnis der Kultur. So werden auch biologische Vorgaben dem „Rollenspiel" unterstellt. Widerstandslos, ja nichtig bietet sich der Leib angeblich als vorgeschlechtlicher Körper an.[7]

Die Sprengwirkung solcher Vorstellungen ist beträchtlich. Der offene Körperbegriff, eine „fließende Identität" unterlaufen mittlerweile den Gegensatz männlich und weiblich. Der eigene Körper ist nicht mehr „festgelegt" und legt nicht mehr fest. Auch Geschlechtsleben wird „inszeniert", das Ich trage nur die jeweilige geschlechtliche Maske – mit der möglichen Folge, dass „diese Maske gar kein Ich verbirgt"[8] …

Transvestismus und Geschlechtsumwandlung, psychisch wie physisch, werden denkbar und sogar wünschbar. Der Popstar Michael Jackson ließ sich mit Hilfe mehrerer Operationen ein transsexuell-synthetisches Gesicht schneidern. Berichte über berühmte Transsexuelle bestärken diese Tendenz. So schwelgte Roberta Klose, geboren in Brasilien als Luiz Roberto Gambine Moreira, bereits 1997 über die Möglichkeiten der Medizin in der Schweiz: Mit einem Zürcher verheiratet, wollte sie/er ein Kind „mit eigenem Samen", der in einem Schweizer Laboratorium la-

7 Am einflussreichsten ausgearbeitet bei: Judith Butler, *Gender Trouble* (1990); dt.: *Das Unbehagen der Geschlechter*, Frankfurt am Main 1991.

8 Seyla Benhabib, *Feminismus und Postmoderne. Ein prekäres Bündnis*, in: Seyla Benhabib/Judith Butler/Drucilla Cornell/Nancy Frazer, *Der Streit um Differenz. Feminismus und Postmoderne in der Gegenwart*, Frankfurt am Main 1993, 15.

gert. Vor der Geschlechtsumwandlung im Londoner Charing-Hospital hatte Roberta Klose vorgesorgt, eine gute Freundin werde die Leihmutter spielen.[9] In Berlin brachte im Herbst 2017 ein Mann, der zuvor eine Frau war, ein Kind zur Welt; das Gericht untersagte ihm allerdings, sich als „Vater" zu bezeichnen. Es ist fast schon alltäglich: Ein Kind könnte heute bereits fünf oder mehr Eltern haben: Eimutter, Leihmutter, „Bei"-Mutter, Samenspender und Soziovater.

So ist das Überschreiten natürlicher Grenzen zum Wunschtraum (Albtraum?) einer „androgyn-multiplen" Kultur geworden.[10]

## Transhumaner Maschinen-Körper

Solche Utopien der Selbstschöpfung haben tiefe Wurzeln, eine davon steckt im neuzeitlich-technischen Umgestalten, ja visionären Neuschaffen von Welt und Mensch. Tatsächlich fasst die europäische Neuzeit schon seit der Renaissance die Natur als eine Art mechanischer Werkstatt auf. Adam fühlt sich zum Allherrscher ernannt, der die Mitgeschöpfe als anonymes Gegenüber sieht, als Hohlraum seines Austobens, als „Vorwurf" und „Widerstand" (die wörtliche Übersetzung von Ob-jekt), den es zu brechen gilt. Francis Bacon, einer der Väter der neuzeitlichen Naturwissenschaft, erklärte, man müsse die Natur auf die Folterbank legen, um ihr die Geheimnisse abzupressen; Kant verwendet ähnlich in der „Kritik der reinen Vernunft" das Bild der Richterin Vernunft, die die Natur unter Anklage stellt. Der Forscher muss mit Theorien „in einer Hand und mit dem Experiment [...] in der anderen, an die Natur gehen, zwar um von ihr belehrt zu

---

9 *Das schönste Photomodell wird endlich eine Frau,* in: Neue Zürcher Zeitung, 17. März 1997, 28.

10 Vgl. dazu ausführlich: Hanna-Barbara Gerl-Falkovitz, *Frau – Männin – Menschin. Zwischen Feminismus und Gender*, Kevelaer 2015.

werden, aber nicht in der Qualität eines Schülers, der sich alles vorsagen lässt, was der Lehrer will, sondern eines bestallten Richters, der die Zeugen nötigt, auf die Fragen zu antworten, die er ihnen vorlegt".[11] 1748 erschien das berühmte Buch *L'Homme machine* (*Die Mensch-Maschine*) von La Mettrie – und dass Tiere ohnehin nur Maschinen seien, hatte bereits Descartes behauptet. E. T. A. Hoffmann schuf in der Puppe Coppelia den Automatenmenschen; einzig ihr starres Auge, sonst der Sitz des Gemüts, verriet die seelenlose Hülle.[12] Im 19. Jahrhundert betrachtete eine atheistisch eingefärbte Medizin – im Sog der Aufklärung – alle Leibvorgänge als bloße Maschinenreaktionen. Auch seelische Empfindungen, die Liebe eingeschlossen, wurden als steuerbar-mechanische Abläufe gedeutet. Damit gab es „Geschlechtsteile" an der Körpermaschine. Eine solche Selbstreduktion degradiert den menschlichen Leib zum Körper. Denn alles Dinghafte ist Körper, auch das Tote.

Das Mensch-Maschinen-Modell findet jedoch mit der Digitaltechnik weiter ausgreifende, ungeheure Verwirklichungen. Vom Designer-Kind zum Mischwesen aus Mensch und Roboter reichen die Wunschvorstellungen. „Enhancement", Leistungssteigerung durch Pillen, ist schon bekannt und wird praktiziert – aber könnte man nicht ebenso das Gedächtnis steigern durch eingebaute Chips, das Bewusstsein auf externe Festplatten laden, Muskelkraft hochtreiben durch elektronisch gesteuerte Prothesen, durch genetische Veränderungen? Muss es überhaupt beim vergänglichen menschlichen Fleisch bleiben, ließen sich nicht die Organe nach und nach durch haltbare Materialien ersetzen?

Nicht mehr geht es darum, durch Roboter menschliches Leben zu erleichtern, sondern den Roboter einzubauen, also den

---

11 Vorrede zur 2. Aufl. KrV, Kants Werke in 12 Bdn., 3. Bd., Frankfurt am Main 1977, 22.

12 Auch Goethe griff dieses Thema auf hohem Niveau auf: Die *Wahlverwandtschaften* sind als chemische Elementaranziehungen konzipiert.

Körper zu einem „Cyborg“ (Cyber Organismus)[13] umzumodeln. Ab wann wird dann der eigene Körper wirklich zum Roboter?

In dem Augenblick, in dem er kein Körper mehr ist, sondern von Anfang an eine Maschine, auf die menschliche Bewusstseinsinhalte „geladen“ werden. Das kann angeblich geschehen, indem mit Hilfe der Hirnforschung das menschliche Gehirn, auch und gerade das individuelle, analysiert, gescannt und auf die Festplatte eines Roboters übertragen wird. Übrigens mit der Utopie verbunden, dass so auch Anlagen zum Bösen, zu unerwünschtem sozialen Verhalten nämlich, vorher ausselektiert werden. Das liest sich folgendermaßen:

„Ich sehe diese Maschinen als unsere Nachkommen. […] Und wir werden unsere neuen Roboterkinder gern haben, denn sie werden angenehmer sein als Menschen. Man muß ja nicht all die negativen menschlichen Eigenschaften, die es seit der Steinzeit gibt, in diese Maschinen einbauen. […] Diese Dinge kann man einfach weglassen – genauso wie den Wesenszug der Menschen, daß sie ihr Leben auf Kosten anderer sichern wollen. Ein Roboter hat das alles nicht. Er ist ein reines Geschöpf unserer Kultur und sein Erfolg hängt davon ab, wie diese Kultur sich weiterentwickelt. Er wird sich also sehr viel besser eingliedern als viele Menschen das tun. […] Wir werden sie als Kinder annehmen – als Kinder, die nicht durch unsere Gene geprägt sind, sondern die wir mit unseren Händen und mit unserem Geist gebaut haben.“[14]

In Kalifornien wird derzeit eine *Real Doll* („*wirkliche* Puppe“ oder „wirkliche *Puppe*“?) zur baldigen Serienfertigung entwickelt, zunächst noch weiblich (später auch männlich), Alter um die zwanzig Jahre, aus „gefühlsechter“ Plastik, hübsch, sexuell auch von sich aus aktiv, zugleich beschlagen in Literatur (sie kann Shakespeare zitieren), empfiehlt Kunstausstellungen und Thea-

---

13 Donna Haraway, *Woman, Simian and Cyborgs. The Reinvention of Nature*, London 1991.

14 Hans Moravec, *Computer übernehmen die Macht: Vom Siegeszug der künstlichen Intelligenz*, Hamburg 1999, 136.

ter, ist nie launisch oder redet gar zuviel, kann auch einfach abgeschaltet und als Plastikmüll entsorgt werden … eine gespenstische Begleiterin.

Der Philosoph Hans Jonas kennzeichnete treffend den Umschlag der menschlichen Macht über die Natur in ein Übermächtigtwerden, ja, in Ohnmacht vor den eigenen Produkten, wie er hier anschaulich wird. Er sprach vom „Verlust der Kontrolle über sich selbst, welcher die Unfähigkeit bedeutet, nicht nur den Menschen vor sich selbst, sondern auch die Natur vor dem Menschen zu schützen".[15]

## „Fleisch ist der Angelpunkt"

Das deutsche Wort Leib (im Unterschied zum Körper) verbindet in der Wortwurzel lb- Leben und Liebe. Leib ist immer schon beseelter Leib, *meine* mir eigene Lebendigkeit. Leibhaft ist lebhaft, liebesfähig. Helmuth Plessner formulierte sinngemäß den klassischen Satz: „Ich habe einen Körper, aber ich bin mein Leib."[16]

Der Schlüssel zur biblischen Erfahrung ist daher ausdrücklich das Fleisch, die sinnliche, geschichtliche Fleischwerdung, die das Neue Testament behauptet. *Ho logos sarx egeneto*, sagt der Johannesprolog (Joh 1,14), einen Widerspruch zusammenfügend: *Sarx* ist Fleisch, das zum Logos quersteht, ja, mit ihm unvereinbar ist und ihn niederzieht, sogar dem Tod die Flanke öffnet – und doch *hat* der *Logos* sich mit ihm unbegreiflich verbunden. So stirbt der Sohn, Logos vor aller Zeit und vor aller Schöpfung, in

---

15 Hans Jonas, *Prinzip Verantwortung*, Frankfurt am Main 1979, 253f. Ähnlich Jürgen Habermas, *Die Zukunft der menschlichen Natur*, Frankfurt am Main 2001, mit eindringlichen Warnungen vor der Macht des Menschen über die kommenden Generationen, welche den in der Aufklärung gewonnenen „Selbstzweck" jedes Menschen außer Kraft setze.

16 Helmuth Plessner, *Lachen und Weinen* (1941), in: Ders., *Philosophische Anthropologie*, Frankfurt am Main 1970, 11–171; hier: 43: „Ein Mensch *ist* immer zugleich Leib … und *hat* diesen Leib als Körper."

der Passion des Fleisches. Aber als er aufersteht nach drei Tagen, behält er das Fleisch, wie alle Evangelien berichten, ja, er hat es „verklärt" nach dem Ausdruck der alten Sprache, und behält es in Ewigkeit. Leben ist nunmehr – durch den Tod hindurch – der Verwandlung ins Zeitfreie fähig. Darin liegt der Unterschied zu Dionysos, zu Tammuz und anderen mythischen Göttern und Heroen des alten Orients, die sinnbildlich den naturhaften Untergang und Aufgang des Jahresumschwungs wiedergeben und selbst zeitlose Verdichtungen für dieses Schwanken sind, also undeutliche Vorgaben für den Einen, der ihre Ahnungen wirklich-wirksam einlöst. Jesus geht durch den wirklichen zeitlichen Tod, nicht um den natürlichen Kreislauf zu illustrieren, sondern um den Tod zu durchbrechen: Damit nimmt er dem Fleisch den Charakter des Vergänglichen und gibt ihm den Charakter des Endlos-Lebendigen.

Wie ist das zu denken? Jesu Auferstehung hat den Leib miterlöst. Auferstehung ist nichts rein „Geistiges", sie vollendet die Menschwerdung. „Er hat das Fleisch durch das Fleisch befreit."[17] „*Caro cardo*" – Fleisch ist Angelpunkt der Erlösung. Und noch einmal: „Caro inquit: mors mortua est" – „Das Fleisch sagt: Der Tod ist tot."[18]

„Verklärt" bedeutet, seit Mose mit den Gesetzestafeln des Herrn auf dem Sinai zurückkehrte, ein Umstrahltsein von solchem Licht und solcher Macht, dass die Zeugen zurückschrecken. Ähnliches geschieht schon vor Jesu Tod auf dem Tabor (Mt 17,1–9). Aber diese Verklärung erscheint im Auferstandenen deutlich gesteigert: Sein Leib ist unabhängig von Schwerkraft und anderen materiellen Gesetzen – er geht durch Wände, über das Wasser, kommt und entzieht sich außerhalb von Raum-Zeit-Ordnungen.

---

17 Caecilius Sedulius († ca. 450, Italien), *Hymnus „A solis ortus cardine"*, in: Andreas Schwerd (Hg.), *Hymnen und Sequenzen*, München 1954, 38: „carne carnem liberans".

18 Augustinus, zit. nach Hans Urs von Balthasar, *Augustinus. Das Antlitz der Kirche*, Einsiedeln/Trier 1942, 158.

## Leibhafte Auferweckung der Toten

Jesu schwerelose und doch greifbare Leiblichkeit wird vielfach und immer wieder anders in den Osterevangelien herausgestellt. Und – was häufig vergessen wird – sie wird durch die Taten vor seinem Tod im Verständnis seiner Umgebung vorbereitet. Und das dreimal. Jesus holt „erschüttert" den schon verwesenden Freund Lazarus aus dem Totenreich zurück (Joh 11,1–45). „Tief gerührt" gibt er der Witwe den einzigen Sohn am Stadttor von Nain wieder (Lk 7,11–17). Und wiederum richtet er ein verstorbenes Mädchen auf und gibt es dem Vater Jairus zurück (Mk 15,21–43). Tod wird nichtig, abgestorbenes Fleisch lebendig. Und an ihm selbst, dem Ausgang dieser unvergleichlichen Kraft, sollte weniger geschehen sein?

Freilich gibt es exegetische Versuche, auch diese Totenerweckungen nur bildlich, nicht wörtlich zu verstehen. Die Toten seien „in den Herrschaftsbereich Jesu getreten"; ebenso seien die Trauernden „an die Macht Gottes geraten". Ihre Toten seien zwar tot, aber bei ihm geborgen, „lebendig". Letztlich erweckt Jesus also nur die Trauernden aus ihrer tödlichen Trauer, Psychotherapie statt Sprengung der irdischen Welt … Aber die Schrift meint trotz solcher Einebnungsversuche Handgreifliches: Johannes spricht vom Gestank, von den abzuwickelnden Leinenbinden, vom Entsetzen der Umstehenden. Und er spricht gerade nicht von ihrem Glauben an ein jenseitiges Weiterleben. Im Gegenteil – Martha, die Schwester, nennt ja die „Auferstehung am Jüngsten Tag", und Jesus antwortet mit dem ungeheuren Satz: „Ich bin die Auferstehung" (Joh 11,25).

Dieser Satz widerlegt die Einwände aller Couleur souverän. Aber wie äußert er seine Macht? Indem er zuerst die Schwestern allein lässt und den Freund durch das dunkelste aller Tore schickt – und ihn erst dann zurückholt. Ein hartes Spiel der Liebe – tiefster Absturz und danach leuchtende Höhe und Fülle. Es gibt kein größeres Beispiel für die Sendung und Macht Christi: Er wird den Ort der Schrecken, das Grab, zu einer Stätte des Heils umwandeln. Darum muss Lazarus sterben, darum müssen die Schwestern durch die Trauer gehen, damit auch die Finsternis erlöst wird. Die Liebe Christi mutet genau das den Seinen zu: Mitten im furchtbaren Grauen wendet sich das Schicksal der Welt.

## Leiblichkeit nach dem Tod

Ebenso wenig nur ein Gleichnis ist die Rede von Jesu Leib nach der Auferstehung. Die Zeugen (und wie viele!) haben ihn leibhaft erlebt, und jedes Mal umwerfend. Thomas bricht fast zusammen, als er endlich die Hand in die Seitenwunde Jesu legen soll. Keiner seiner engsten Vertrauten wagt ihn auch nur zu fragen, als er unerwartet in der Morgenfrühe neben dem Kohlenfeuer am Ufer des Sees steht und mit ihnen Fische isst (Joh 21). Jesus kommt überraschend, in diese Welt nicht mehr einzuordnen, aber von unabweisbarer Wirklichkeit. Und Wirklichkeit meint eben Leib: berühren, essen, trinken, nach Emmaus wandern, ohne sich den Gesetzen des Irdischen zu verweigern und ohne sich ihnen unterzuordnen.

Ein tief ergreifendes Merkmal der leiblichen Identität Jesu sind seine Wunden. Sie zeigen etwas außerordentlich Schönes: Verklärte Leiblichkeit heißt nicht Retuschieren des irdisch Gebrochenen und Verletzten. An Jesu Leib blieben die Wunden sichtbar, für immer ist er den wirklichen Tod gestorben. Die kranke und böse Wirklichkeit wird nicht übertüncht, sie wird vielmehr: erlöst. An ihm als dem Ersten (von allen) wird sichtbar: Erlösung ist nicht Auslöschen der Identität; sie ist Steigerung der Identität *im eigenen Leib*.

Es ist kein Einwand zu sagen, dass das Alte Testament lange Zeit keine leibliche Auferstehungshoffnung besaß. Wie hätte es sie haben können ohne die umstürzende Erfahrung von Jesu leibhafter Verklärung? Die jüdisch-christliche Überzeugung ist in langen und mühsamen Anschüben gelehrt worden, einen neuen Himmel und eine neue Erde zu erwarten. Es geht nicht um Unsterblichkeit nur der Seele, es geht um eine neue Welt. Die Herrschaft des Unwirklichen, der leiblosen Identität ist mit der Auferstehung vorbei. Es gibt kein Ende, es gibt Voll-Endung. Leib ist der Lieblingsweg der Gnade.

Hans Urs von Balthasar verdankt sich eine Reflexion über dieses Neue, Vollendete, das doch dasselbe ist wie immer, aber nun „ergriffen" und in Fülle gelebt wird: „Als sei das, was wir Liebstes erlebt, Kostbarstes erfahren haben, uns genommen, auch wenn es durch Besseres ersetzt würde. Als sei das ewige Leben ein zweites, dem ersten nachfolgendes Dasein. Nein: was wir jetzt unerfüllt leben – was wir vergeuden, und dem wir immerfort den Abschied geben – das eben wird sich in seiner ewigen Tiefe enthüllen. Oder sollen wir auf schönere Rosen warten, auf größere vielleicht, die länger blühen und besser duften? Nein, Gottes Geschöpfe, und nicht ihr Doppel sind so, wie sie sind, vollkommen. Nur sehen wir's jetzt nicht und einst werden wir's sehen. Nun scheint alles dagegen zu sprechen, aber einst wird alles dafür sprechen."[19]

Können die Fischer, die mit dem Auferstandenen am Seeufer essen (Joh 21), so vieles auf einmal begreifen? Sicher nicht, aber während dieser Stunde ist zu ahnen, dass Tod seitdem auch den Sprung in ein ungeahntes, leibhaftes Selbst vorstellt. Jesu Freiheit von der irdischen Vergänglichkeit ist ein großes Versprechen, das in das Credo aufgenommen ist als apokalyptische *resurrectio mortuorum*. Und dann schmerzt die Zeugen auch nicht, dass der Herr sich wieder entzieht. „Alle österlichen Erscheinungen sind nur ein Pascha, ein Vorübergang. […] Wüßten wir nur diese Augenblicke recht zu würdigen, und bliebe unser Herz brennend davon."[20]

---

19 Hans Urs von Balthasar, *Eschatologie in unserer Zeit*, Einsiedeln ²2010, 114.

20 Edith Stein, *Vorbereitungsexerzitien für die ewigen hl. Gelübde* (10.–21. IV. 1938), ESGA 20, Freiburg 2007, 84.

Vor all dem verblasst das Hochladen eines gescannten Gehirns in einen Roboter. Unsterblichkeit, die auf den Leib verzichtet? Mit Leib verzichtet sie geradezu ausdrücklich auf Leben und Liebe, die der Leib einschließt. Transhumanismus bedeutet Dekarnation, Entfleischlichung. Die Kultur braucht umgekehrt das Denken einer Inkarnation, einer wirklichen, endlichen, nicht erträumten, nicht künstlich ersetzten Fleischwerdung des Menschen, die den Leib auch durch den unabweislichen Tod hindurch mitnimmt und verwandelt, aber nicht entleiblicht. Wer löst dem biblischen Wort (wieder einmal) die Zunge, um seine Einsichten ins Licht zu heben?

# Kapitel IV

Jobst Landgrebe

# Transhumanismus als moderne Form der Gottesvergessenheit

## I

Das Leben im Abendland ist deswegen so attraktiv, weil wir durch die Verschmelzung von Humanismus und Christentum eine Kultur der Achtung des Individuums entwickelt haben, die staatstheoretisch im Naturrecht, rechtlich-politisch im demokratischen Rechtsstaat mit Gewaltmonopol und sozio-kulturell in einer friedensstiftenden zivilisatorischen Selbstkontrolle der Bürger ihren Ausdruck findet.

Letztere ist eine Art innerer Verrechtlichung, Max Weber nannte diese für moderne Zivilisationen essentielle Verinnerlichung sozialer Normen das „stahlharte Gehäuse der Hörigkeit".

Durch Mittel wie Kompetenznormen (Gewaltenteilung), Rechtsstaatlichkeit, Isonomie, Grundrechte zur Begrenzung der Normsetzung, Verfahrensnormen (wie etwa die StPO), Besetzungsnormen (Wahlen oder Losverfahren) und Öffentlichkeitsnormen wird dabei traditionell versucht, einen Missbrauch des staatlichen Gewaltmonopols zu verhindern[1]. Die im pluralistischen Gesellschaftsideal kumulierte liberale Ordnung hat jedoch zwei Schattenseiten, die zum Verfall der tradierten Form von Staatlichkeit, wie wir sie kennen, geführt hat: den Subjektivismus der Selbstverwirklichung und eine anthropologische Fehlaxiomatisierung, die nicht mehr mit der Schwäche und Unfähigkeit der meisten Menschen zur freien, unabhängigen Existenz rechnet. Die Zusammenhänge sind komplex und können hier nicht erläutert werden. Erwähnt aber sei, dass sich im Halbdun-

1 Heinrich Popitz, „*Phänomene der Macht*", 1992, 65.

kel des Selbstverwirklichungsversprechens, das den Massen immer weitere Freizeit- und Konsummöglichkeiten verheißt, heute eine sich selbst radikal verwirklichende plutokratische globale Elite etabliert hat. Sie ist im Begriff, das im pluralistischen Gesellschaftsideal angestrebte Gleichgewicht zwischen staatlichem Gewaltmonopol und Machtmissbrauchsgefahr zugunsten ihrer Interessenlage zu kippen. Diese Elite arbeitet, begleitet von massiver staatlicher sowie freiwilliger privater Propaganda, daran, den Staat für die Durchsetzung ihrer Herrschaftsagenda zu nutzen. Das geschieht durch konsequente Arbeit an der Auflösung des Nationalstaats, der als Ort politischer Willensbildung der weiteren Konzentration des Eigentums innerhalb der globalen Eliten sowie der vollen Entfaltung ihres Herrschaftsanspruchs hinderlich ist. Die dafür genutzten Mittel sind: Verlagerung der Staatsgewalt in demokratisch nicht kontrollierbare supranationale Organisationen im Namen der „Menschheit"; Angriff auf die demokratische Öffentlichkeit durch Bekämpfung bzw. Verächtlichmachung von dem Rechtsstaat verpflichteten Bürgern als „Rechtsextreme" oder „Nazis"; Migration als Machtmittel zur Zersetzung nationaler Kultur und Willensbildung; Missachtung der Verfassung (Euro-Rettung, NetzDG, Grenzöffnung); Unterminierung von Verfahrensnormen (z. B. BAMF, Asylrecht); staatliche Förderung nicht-staatlicher Gewalttäter (Antifa). Diese Art Globalismus ist post-humanistisch, sie hat das Ideal der Philanthropie aufgegeben. Wir sind mit ihr auf dem Weg zum Willkürstaat, der historisch leider die Hauptform menschlicher Vergesellschaftung darstellt. So weit, so schlecht.

Und der Transhumanismus? Der ist die extreme Form dieses Globalismus. Doch er treibt dessen Probleme auf die Spitze.

Der Transhumanismus wurde an der US-Westküste erdacht. War er in den 1980er Jahren lediglich die Domäne von originellen Science-Fiction-Autoren wie William Gibson (Roman *Neuromancer*, 1984), so greifen inzwischen sogar Lehrstuhlinhaber das Gedankengut auf und versuchen es philosophisch zu bearbeiten (wie etwa Y. Harari oder S. Zizek), freilich ohne es technisch zu verstehen. Eine Übersicht zum Denken der Transhumanisten findet man im Transhumanist[2] Reader von 2013. Transhumanisten streben an, den Menschen durch Einbau technischer Implantate zum überlegenen „Cyborg" aufzurüsten, durch genetische Manipulation zum „transgenen Übermenschen" zu vervollkommnen oder durch "Uploading" seiner Seele in einen Computer unsterblich zu machen.

Betrachten wir zunächst die technische Seite, so stellen wir fest, dass unser heutiges naturwissenschaftliches Bild vom Menschen die Realisierung transhumaner Vorstellungen extrem unwahrscheinlich macht. Warum?

## II[3]

Das beginnt schon mit dem „*Cyborg*". Verbesserungen am zentralen Nervensystem (ZNS, Gehirn und Rückenmark) eines Gesunden per Technologie sind extrem unwahrscheinlich – therapeutische Neuroimplantate gibt es bereits, aber das sind sehr schlechte Substitute der natürlichen Sinne. Das Nervensystem hat eine afferente und eine efferente Komponente. Auf den afferenten Bahnen erhalten wir Sinnesdaten über unsere Umwelt und unseren Körper. Die afferenten Systeme des Menschen sind für diejenigen Sinnesbereiche, auf die wir spezialisiert sind, hochgradig optimiert und maschinell nicht verbesserbar. Für Bereiche, auf die wir nicht spezialisiert sind – wie beispielsweise auf Radioaktivität, niedrige und hohe Licht- oder Tonfrequenzen – haben wir hingegen keine kortikalen Verarbeitungsareale, um uns die Sinneseindrücke bewusst zu machen und sie zu verarbeiten. Doch die tierhafte, flüssige, blitzschnelle Reaktion auf sinnliche Reize beruht auf der optimalen Verbindung von

2 Max More, Natasha Vita-More (Hg.). *The Transhumanist Reader,* Oxford: Wiley-Blackwell, 2013.

3 Dieses Kapitel wurde dem Artikel des Autors: https://www.achgut.com/artikel/getoese_ueber_cyborgs_und_transgene_uebermenschen entnommen und angepasst.

Afferenz, Verarbeitungszentren und motorischer Feinjustierung der Sinneswahrnehmung durch Bewegung von Augen, Kopf und Körper. Das alles ist uns nicht bewusst, macht uns aber erst lebensfähig. Es ist undenkbar, in das zentrale Nervensystem so einzugreifen, dass wir diese Afferenz-Efferenz-Interaktion gesunder Menschen tatsächlich verbessern.

Und die efferenten Systeme? Mit ihnen steuert unser ZNS in ständiger Rückkopplung mit den Afferenzen den Körper und ermöglicht über Sprache und Bewegung (zu der auch Mimik und Gestik zählen) unsere Interaktion mit der Umwelt. Daher entwickelt die Menschheit seit langem technische Systeme, die es erlauben, sowohl mit der Sprache als auch mit den Händen Maschinen zu steuern, die mehr ausrichten können als wir selbst – man denke nur an die riesigen Schaufelradbagger im Tagebau, die ein einzelner steuert, oder an die Steuerung gigantischer Computersysteme durch wenige wie bei Amazon oder Google. Zwar könnten Brain-Machine-Interfaces diese Steuerung von Maschinen durch Gedanken noch direkter machen – doch es ist unklar, ob sie effizienter wäre als die durch Sprache und Hand: Beide Kommunikationskanäle sind extrem schnell und differenziert (man denke an Paganini) – vor allem kann Sprache Resultate der geistigen Arbeit sehr schnell und hochverdichtet auf verschiedenen Abstraktionsebenen zum Ausdruck bringen. Außerdem, und das ist der entscheidende Punkt, wäre dies kein qualitativer Unterschied zur heutigen Maschinensteuerung: Mensch und Maschine verschmelzen nicht, sondern der Mensch bleibt der Steuermann.

Und wie sieht es mit dem Gedankenlesen, einer weiteren Zielvorstellung des Transhumanismus, aus? Wahrscheinlich lassen sich bei komplexen Gedanken keine räumlich-zeitlichen Muster der Nervenaktivität messen, die mit den Gedankeninhalten so genau korreliert sind, dass deren Bedeutung erfasst werden könnte. Gedankenlesende Maschinen sind unmöglich. Denn wir wissen nicht, wie sich die verschiedenen Aspekte des Denkens im Gehirn materiell vollziehen, obwohl sicher ist, dass sie dort eine materielle Basis haben. Doch können wir diese nicht verstehen oder modellieren, was aber notwendig wäre, um aus Messungen der Gehirnaktivität Gedanken lesen zu können.

Das ZNS des Menschen ist so komplex und so natürlich auf die Interaktion mit der Umwelt optimiert, dass wir zwar immer größere und wirksamere Maschinen steuern können, auch können wir einfache Neuroimplantate zur Behandlung Kranker nutzen, aber wir können uns nicht durch den Einbau von Technologie in das Gehirn von Gesunden von unserem natürlichen Menschsein wegbewegen.

Ähnliches ist über den Bereich der *Genmanipulation* des Menschen zu sagen. Die neuen Möglichkeiten der Keimbahntherapie, der gezielten Veränderung des Genoms der Gameten (Geschlechtszellen) in vitro vor der Befruchtung, werden sicherlich im Laufe der nächsten zwanzig bis dreißig Jahre beim Menschen zur Heilung von monogenetischen (sich nach der mendelschen Lehre vererbenden) Gendefekten zur Anwendung kommen. Dabei werden Erbkrankheiten, die auf pathogenen Mutationen in einem Genlokus beruhen, durch Korrektur in den Geschlechtszellen geheilt, so dass nach der Befruchtung in vitro ein gesunder Embryo entsteht. Noch ist das Verfahren in Deutschland verboten, doch es gibt dafür – sind erst die technischen Probleme bewältigt – keine ethischen Gründe mehr, solange das Verfahren therapeutisch eingesetzt wird: Bei allen Therapien, auch pharmakologischen, stellt sich im weitesten Sinne die Frage nach dem Verhältnis von Nutzen und Kosten. Wie bei der Cyborg-Idee kommt es darauf an, ob die Keimbahntherapie gegebenenfalls auch zur Optimierung gesunder Menschen eingesetzt werden kann. Die Antwort ist klar: Nein. Denn wir verstehen das Zusammenspiel genetischer und epigenetischer (vererbter, aber nicht im Genom kodierter Moleküle und Molekülvarianten) Faktoren bei so komplexen Eigenschaften wie Gesichtszügen, Körperbau oder gar geistigen Eigenschaften nicht ausreichend. Die Verursachung dieser Eigenschaften derart komplex, dass sie – im Gegensatz zu mendelsch vererbten

Eigenschaften – nicht mathematisch modellierbar ist. Beispielsweise wird die Körpergröße, im Vergleich zur Intelligenz oder Persönlichkeitszügen wie Reizbarkeit oder Empathie eine einfache Eigenschaft, mit Hilfe von mehreren zehntausend Genloci vererbt, weswegen Humangenetiker nun bereits von omnigenetischer Vererbung sprechen[4]. Daher scheidet eine Keimbahnoptimierung aus – und sollte auch verboten bleiben. Es gibt weder den Cyborg noch den gentechnisch erzeugten Übermenschen oder die digitale Unsterblichkeit – noch wird es sie jemals geben.

Der tiefere Grund dafür ist unsere Unfähigkeit, komplexe Systeme mathematisch exakt zu modellieren. Nur derartige Modelle ermöglichen sichere und wirksame technische Eingriffe in den menschlichen Körper, wie man sie für die direkte Kopplung technischer Apparate mit dem Nervensystem oder die genetische Keimbahnoptimierung des Menschen benötigen würde.

Solche exakten Modelle müssten kausale Erklärungen liefern oder nahezu exakte Vorhersagen machen. Oftmals können Kausalzusammenhänge durch Differentialgleichungen modelliert werden, beispielsweise können die Bewegungen der Planeten unseres Sonnensystems mit Hilfe der Newtonschen Gesetze erklärt und auch ziemlich exakt vorausberechnet werden. Auch stochastische Modelle können exakt sein. Doch lassen sich komplexe Systeme wie das menschliche Nervensystem oder der Zusammenhang von Genom und höheren Eigenschaften des Menschen nicht exakt modellieren.

Denn diese Systeme haben folgende Charakteristika: (i) Evolutionäre Eigenschaften, (ii) Überlagerungen der vier fundamentalen Wechselwirkungen und Anisotropie, (iii) nicht-ergodischer Phasenraum, (iv) Getriebenheit mit Energiegradienten und (v) Kontextabhängigkeit. Das bedeutet, dass solche Systeme (i) spontan immer wieder neue Elemente, Elementtypen und Elementrelationen entwickeln. Sie lassen sich (ii) nicht wie die

---

4 Evan A. Boyle/Yang I. Li/Jonathan K. Pritchard, ‚*An Expanded View of Complex Traits: From Polygenic to Omnigenic*'. In: Cell 169 (2017), 1177–1186.

klassischen Modelle der Physik mit Hilfe einer dominierenden Kraft modellieren und weisen keine regelmäßige Ausbreitung der Wirkung einer Kraft im Raum auf. Die Aufenthaltswahrscheinlichkeit der Teilchen, aus denen sie bestehen, ist nicht modellierbar (iii). Sie werden von Energie durchflossen, die ständig auf chaotische Weise der Dissipation unterliegt (iv). Sie sind stark vom Kontext, in dem sie sich befinden, abhängig und können nicht von ihm losgelöst modelliert werden (v). Solche Systeme können immer nur in Teilaspekten approximativ mathematisch modelliert werden, Kausalmodelle oder nahezu exakte prädiktive Modelle sind bei ihnen nicht möglich[5]. Alle lebenden Systeme sind komplex, und auch in der unbelebten Natur sind die meisten Systeme komplex. Darum können wir weder digitale Unsterblichkeit noch transgene Übermenschen modellieren oder gar technisch realisieren.

## III

Kehren wir zum Ausgangspunkt zurück: Was sagt uns die Ideologie des Transhumanismus in geistesgeschichtlicher Hinsicht? Wie der Globalismus leugnet auch der Transhumanismus die Biologie, Geschichte und Kultur des Menschen, um dessen Selbsterhöhung zu ermöglichen – unfraglich auf Kosten der Verlierer globaler Eigentumsverschiebungen, denn Transhumanismus wäre (wenn er machbar wäre) extrem teuer und nur einer winzigen Minderheit zugänglich.

*Was ist seine geistige Grundlage?* Der Transhumanismus ist eine konsequente Fortsetzung des dekonstruktivistischen Diskurses von der sozialen Konstruiertheit der biologischen Eigenschaften des Menschen, wie wir ihn bei Judith Butler, einer Schülerin Derridas, finden[6]. Der Transhumanismus negiert wie Butler die

---

5 Stefan Thurner/Peter Klimek/Rudolf Hanel, *Introduction to the Theory of Complex Systems*. Oxford: Oxford University Press, 2018.

6 Judith Butler, *Bodies that matter: On the discursive limits of sex*, Abingdon, UK:

Begrenztheit des Menschen als eines natürlichen Lebewesens, er sieht das Säugetier Mensch in der Tradition des Materialismus als mangelhafte und verbesserungsbedürftige Wesen an, das sich nun als Geisteswesen definiert, sich vom Schöpfer emanzipiert und sich nun vollständig selbst bestimmen kann. *Ursprung dieser Haltung ist eine tiefe, reuelose und sich selbst bejahende Gottesvergessenheit des modernen agnostischen Menschen.* Denn nach dem Tod Gottes nimmt der Mensch selbst dessen Stellung ein (Nietzsche). Von der ihn beleidigenden Existenz Gottes befreit, kann sich der „natürliche Mensch", der „Gott hasst" (Luther), nun grenzenlos in einer krassen, auto-affirmativen, narzisstischen Form des Subjektivismus selbst verwirklichen. Dabei stören die Philanthropie des römisch-heidnischen Humanismus und mehr noch die christliche Nächstenliebe nur. Konsequenterweise fehlen dem Transhumanismus und seiner Mutterideologie, dem Globalismus, jeder mitfühlende Blick auf die Mühseligen und Beladenen, nämlich auf jene, die Christus gerade zu sich ruft (Mt 11,28). In diesem seinem Wort zeigt sich als ein wesentliches Element christlich-abendländischer Zivilisation die Hinwendung zu den Schwachen, die aus Luthers Sicht Ausdruck der Überwindung von immer wieder einsetzender Gottesvergessenheit (unserer Sünde) ist (tertius usus legis, Melanchthon): Es ist aber nur möglich, dass wir uns den Schwachen zuwenden, wenn wir aus unserem Glauben heraus Gnade empfangen, und sie ist es, die uns temporär aus der Gottesvergessenheit erlöst. Globalisten hingegen betreiben Moral nur als Vorwand – wie etwa in der Migrationsfrage oder beim „Kampf gegen den Klimawandel", nämlich als Fassade zur Durchsetzung ihrer Interessen gegen die der überwältigenden Mehrheit der Menschen. Zwar berufen sie sich dabei auf den Humanismus, doch entkleiden sie ihn seiner Ethik. Geistesgeschichtlich ist das plausibel, da – wie Kant in der *Kritik der praktischen Vernunft* gezeigt hat – eine wirklich humane Ethik ohne Glauben theoretisch undenkbar ist. Das wird auch daraus

---

Taylor & Francis, 1993.

ersichtlich, dass die heidnische Antike die Philanthropie zwar als Tugend ansah, sie aber nicht zum Zentrum eines kohärenten ethischen Systems zu machen wusste, wie eben christliche Denker das taten. Sind einem einmal die Schwachen egal, kann man sich rücksichtslos auf deren Kosten selbst verwirklichen. Dieses Muster wiederholt sich in der Geschichte immer wieder, sei es in der Antike bei den Vernichtungszügen Alexanders des Großen, sei es im späten 19. und frühen 20. Jahrhundert in Belgisch Kongo, sei es im Dritten Reich in Deutschland oder sei es heute im Globalismus der führenden Industrienationen (OECD-Staaten und China).

Fassen wir zusammen: Der Transhumanismus als Tochterideologie des Globalismus ist ein menschenfeindliches Denksystem, das zum Glück nicht realisierbar ist. Aber es verdeutlicht das Denkmuster des pseudoliberalen Globalismus. Und der ist umsetzbar, leider, wie wir erleben müssen, derzeit propagiert von linksliberalen Eliten, bis die Bürger erwachen und die Fehlentwicklung korrigieren. Je später das geschieht, desto unangenehmer wird es werden.

Friedhelm Wachs

# Auf dem Weg zu einer Ethik für die Künstliche Intelligenz

Im Jahr 1269 steht der junge Venezianer Marco Polo, Sohn eines wohlhabenden Kaufmanns, vor dem prägenden Abenteuer seines Lebens: Vater und Onkel sind gebeten, dem großen Mongolenherrscher und Nachfahren Dschingis Khans, Kublai Khan, den christlichen Glauben näherzubringen. Der wünscht sich hundert christliche Gelehrte sowie geweihtes Öl aus Jerusalem an seinen Hof. Daraus wird eine Asienreise, die uns, durch Polos Tagebuch veranschaulicht, bis heute fasziniert. Und doch lesen wir nur das heraus, was wir erwarten. „Ich rede und rede … aber der Zuhörer behält nur die Worte, die er erwartet. Es ist nicht die Stimme, die der Geschichte anordnet, es ist das Ohr." Als Marco Polo in die Fremde reiste, wurde er gewahr, anders zu sein, ganz anders. Überall wurde er als Fremder begrüßt. Und er sah so vieles Fremdes, dass er nur die Hälfte davon berichtete, weil es ihm niemand geglaubt hätte. Marco Polo hörte zu. Wenn es nun um einen gemeinsamen Kompass geht, weil der Kompass des Einzelnen beim Verlassen des eigenen Kulturkreises versagt, dann bleibt uns nichts anderes. Wir müssen zuhören. Vier Punkte möchte ich benennen, wo uns das derzeit nicht gelingt. In der aktuellen Debatte um eine Ethik für Künstliche Intelligenz werden sie nicht berücksichtigt. Dabei wären sie die Grundlage für eine gedeihliche Implementierung von Regeln und eine Ethik für die Künstliche Intelligenz[1]. Sie sind ein Bei-

1 Unter Künstlicher Intelligenz verstehen wir hier die deterministischen Algorithmen, die explizite oder implizite mathematische Modelle implementieren und in Turing-Maschinen ablaufen. Aus heutiger Perspektive gibt es keine maschinelle Intelligenz.

spiel dafür, dass wir die Innovation und ihre Auswirkungen unterschätzen, dass wir uns zwar mit den ethischen Fragestellungen für Künstliche Intelligenz beschäftigen, aber leider nur innerhalb unseres sehr begrenzten eigenen Horizontes und unter Ausschluss der globalen Entwicklung. Bildlich gesprochen: Auf dem mir vertrauten Bolzplatz meines Dorfes kann ich, egal wie gut ich Fußball spiele, niemals ein Champions-League-Spiel gewinnen. Die Auswahl des richtigen Platzes für den Wettbewerb ist zwingend. Diese vier Punkte markieren den Weg zu diesem Platz:

1. Hätte bei der Einführung des Automobils die Vereinigung der Pferdebesitzer (wir) die Regeln für die Nutzung des neuen Gefährts festgelegt, was wäre aus ihm geworden? Eine ethische Debatte um Künstliche Intelligenz ohne Einbeziehung chinesisch-atheistischer bzw. konfuzianischer Ethik wird die weitere Entwicklung der Künstlichen Intelligenz nicht beeinflussen können. Beschäftigen wir uns also mit der jahrstausendealten philosophischen Tradition Chinas.

2. Die sächsische Stadt Meißen, Heimat des ersten Porzellans, hat sich beim Bau der ersten Ferneisenbahn auf der Strecke Dresden–Leipzig dagegen gewehrt, das Teufelszeug durch ihre Stadt fahren zu lassen. Sinnvoll wäre der Verlauf der Linie durch das Elbtal bis Riesa gewesen. Am Ende wurden die Gleise über Großenhain verlegt. Den Bau hat das kaum beeinflusst. Erst sehr viel später wurde Meißen mit einem Stichgleis wenigstens an Dresden angeschlossen. Eine Ablehnung der Künstlichen Intelligenz aufgrund ethischer Motive wird die Weiterentwicklung der Künstlichen Intelligenz kaum tangieren. China muss auf unsere Befindlichkeit keine Rücksicht nehmen, die Künstliche Intelligenz wird kommen und wird eingesetzt werden. Nicht das Ob können wir bestimmen, sondern lediglich das Wie und das Wo. Das allerdings mit allen Konsequenzen.

3. Die derzeitige ethische Debatte sowohl um die Digitalisierung als auch um die Künstliche Intelligenz dreht sich ausschließlich um das Individuum und behandelt die einzelnen Komplexe des Informationsschutzes wie Silos. Die unbegrenzt möglichen Kombinationen aller Daten werden ausgeblendet. Versäumt wird, menschliches Handeln in seinen Zusammenhängen, auch im wirtschaftlichen Bereich, zu schützen.

Wir führen immer öfter bislang geschützte, nur zwischen Staat und dem jeweiligen Menschen ausgetauschte vertrauliche Informationen in den öffentlichen Raum. Die wirtschaftlichen Verhältnisse des Einzelnen gingen bislang nur das Finanzamt etwas an und ggf. jene, mit denen dieser in unmittelbarer geschäftlicher Beziehung stand. Heute drehen wir das um. Generelle Transparenz soll herrschen. So führen alle derzeitigen Bemühungen um Transparenz in der Wirtschaft zu einem gläsernen Eigentümer, bei dem dieser fremden wirtschaftlichen Mächten wie auf dem Silbertablett dargeboten wird. Schon heute kann man mit bestehenden Auswertungsmöglichkeiten aus öffentlichen Daten die private wirtschaftliche Leistungsfähigkeit eines Eigentümers analysieren. Unternehmen wie Creditreform und Einrichtungen wie das Fraunhofer-Institut analysieren Bilanzen durch Künstliche Intelligenz Sekunden nach der Veröffentlichung, und der Roboter verpasst ihnen sein Scoring. Spätestens im Ausland verbinden andere diese Daten mit weiteren vorhandenen Informationen zu einem Röntgenbild, das den unternehmerisch tätigen Menschen in einer Weise schutzlos macht, wie es für einen privaten Menschen nicht erlaubt ist. Sichtbar wird das auch bei politischen Äußerungen, wo beispielsweise die Türkei verschiedene Daten zusammenführt, um Deutschen die Einreise zu verweigern oder sie rechtlich zu belangen. Wer nur den Menschen als Person beschützt, nicht aber das Haus, das diesen schützt, der verhält sich wie ein Brandstifter. Er beraubt den Menschen seines Schutzes und unter Umständen auch seiner Würde.

4. Keiner hätte gedacht, dass es nach den harten Auseinandersetzungen um die Volkszählung in den 1980er Jahren, bei der es nur um Bruchteile der heute öffentlich verfügbaren privaten Informationen ging, eine praktisch freiwillige Hergabe des Privaten an soziale Medien und digitale Werkzeuge geben würde. Auch die vermeintlichen und realen Datenskandale um Facebook ändern nichts daran, dass die überwiegende Zahl der User diese Instrumente weiter nutzt. Die derzeitige ethische Debatte sowohl um die Digitalisierung als auch um die Künstliche Intelligenz verfehlt damit, Antworten zu geben auf eine exponentielle Entwicklung, bei der morgen schon Akzeptanz hat, was heute noch als undenkbar gilt. Wie bei der Einführung des Automobils und der Eisenbahn wird die tatsächliche Entwicklung eine Vielzahl von jenen ethischen Fragen unbeantwortet lassen, die für die Ausbreitung und sichere Anwendung keine oder nur eine nebensächliche Relevanz haben.

Neben diesen Fragen müssen für eine Ethik für die Künstliche Intelligenz weitere Aspekte einbezogen werden. Da ist zunächst das Problem der enthemmenden Wirkung des Einsatzes von Künstlicher Intelligenz auf denjenigen Menschen, der sich aus der Entscheidung heraushält oder dem sie entzogen bzw. auf die KI übertragen wird.

Beispielhaft sei diese Beobachtung an dem alliierten Einsatz in Afghanistan gezeigt: Die Einführung von KI-gestützten Waffensystemen wie etwa Drohnen führt im Afghanistankonflikt zu wesentlich mehr unschuldigen Opfern als sonst. Nicht weil diese Systeme unpräzise wären, sondern weil sie häufiger eingesetzt werden. Bei jedem Schlag, mit dem ein Gefährder durch gezielte Bombardierung ausgeschaltet werden soll, gibt es in der Regel unschuldige Opfer. Seit dem Ersatz von Piloten vor Ort durch drohnensteuernde Offiziere, die in den Luftwaffenbasen in Nevada in den USA sitzen, haben diese Bombardierungen deutlich zugenommen. Hier wirft also nicht die KI als solche eine ethische Fragestellung auf, sondern die fundamentale Verringerung des Risikos für Material und Soldaten von Streitkräften, die KI einsetzen. Die Resonanz auf diese Entwicklung zeigt: Solange es relativ zur Anzahl der Einsätze nicht noch mehr unschuldige Todesopfer gibt, wird die Anwendung akzeptiert. Eine solche Haltung schleicht sich in unser Denken ein.

Man stelle sich vor, eine solche Relativität würde bei der Einführung des autonom fahrenden Automobils und der dabei zu erwartenden Todesfälle eingefordert. Während der Spiegel kürzlich berechnen ließ, dass eine generelle Tempo-130-Begrenzung auf deutschen Autobahnen 112 Tote jährlich vermeiden helfen würde, reduziert autonomes Fahren die Todesfälle um mindestens 2500 pro Jahr und damit um 80 Prozent. Damit ist die nächste ethische Fragestellung beschrieben, nämlich die Frage nach der Verpflichtung zum Einsatz Künstlicher Intelligenz zum frühestmöglichen Zeitpunkt.

In der Medizin dürfte sich zuerst zeigen, dass ethisch auch eine von uns nicht verstandene KI zum Einsatz kommen muss und kommen wird, wenn sie ein besseres Ergebnis erzielt als die derzeitigen Diagnosemethoden. Bereits heute verlangt die ärztliche Sorgfaltspflicht den Einsatz von Behandlungsmethoden, die sich am aktuellen Stand der Wissenschaft orientieren. Ärzte, die die Künstliche Intelligenz nicht einsetzen, obwohl ihr Nutzen in vielen medizinischen Fächern nachgewiesen ist, verletzen ihre Sorgfaltspflicht. Bislang ersetzt die Künstliche Intelligenz zwar nicht den Arzt, aber nachgewiesenermaßen sind insbesondere im diagnostischen Bereich die Fähigkeiten der Künstlichen Intelligenz so groß, dass sie das Ergebnis gemeinsam mit dem Arzt um ein Vierfaches verbessern, als wenn der Arzt allein die Diagnosen stellen würde. Das betrifft nicht nur die bildgebenden Verfahren, sondern auch den chemischen Nachweis von Botenstoffen im Blut.

Obwohl der Fokus der Nutzung und der Entwicklung von Künstlicher Intelligenz in China und in den USA liegt, findet sie längst auch in der Europäischen Union in sensiblen Lebensbereichen Einsatz. In Dänemark werden beispielsweise auf der Basis von Risikoparametern die in Ämtern verfügbaren Daten von Familien und Kindern ausgewertet, um frühzeitig vernachlässigte Kinder identifizieren zu können. In Italien hilft Künstliche Intelligenz im Gesundheitssystem die sowohl effektivste als auch effizienteste Behandlung für Patienten auszuwählen, die zudem durch datenbasierte Entscheidungen bei den Kosten optimiert wird. Und in Finnland analysieren Arbeitgeber mit Künstlicher Intelligenz die E-Mail-Postfächer von Bewerbern. Es werden automatisch Persönlichkeitsprofile erstellt und die aussichtsreichsten Kandidaten vorausgewählt, woraufhin die Personalverantwortlichen anschließend ihre Entscheidung treffen.

In vielen Ländern der Europäischen Union sind in der öffentlichen Verwaltung Systeme der Künstlichen Intelligenz im Einsatz, ohne dass die Bürger wissen, wo und zu welchem Zweck automatisierte Entscheidungen fallen. Aber die Unterschiede sind groß. Sowohl im Umgang mit sozialen und politischen Konsequenzen als auch hinsichtlich der Investitionen, dem Kompetenzaufbau und der Regulierungstiefe.

All diese Fragen diskutieren wir mit der naiven Langsamkeit einer alternden Gesellschaft, die sich auf den nationalen und bestenfalls europäischen Horizont beschränkt.

Frankreich hat eine nationale KI-Strategie beschlossen, und Deutschland ist im Dezember 2018 mit einer eigenen gefolgt. Keine der beiden Strategien enthält konkrete Schritte für grenzüberschreitende Kooperation und Koordinierung von Standards.

Wir leisten uns derzeit zur Ethik der Künstlichen Intelligenz eine auf uns zentrierte Debatte, die das Globale der Digitalisierung einfach ausblendet. „Digitale Technologien und Künstliche Intelligenz müssen ethisch gestaltet werden, damit sie unsere Gesellschaft nicht überrollen", sagte Christiane Woopen, ehemalige Sprecherin der Datenethikkommission der Bundesregierung und heute Vorsitzende des Europäischen Ethikrates (European Group on Ethics in Science and New Technologies). Weder unsere Verfassungsgrundsätze noch unsere Demokratie dürften aufs Spiel gesetzt werden.

Das gilt aber für jedes einzelne Land in Europa. Entsprechend mühsam ist schon die europäische Debatte. Sie erinnert an meinen Bolzplatz im Dorf. David Archard, Vorsitzender des britischen Nuffield Council on Bioethics, hat das bei einer Konferenz des Deutschen Ethikrates mit einem Witz bekräftigt: „Ein Fremder hat sich verirrt und fragt einen möglicherweise ortskundigen Bauern, wie er denn nach Plummesgate komme. Der Bauer antwortet nach kurzem Überlegen: ‚Hm, dann würde ich hier nicht starten.'" Mit anderen Worten: Auf den richtigen Ort kommt es an. Weiterhin sagte er, das Schwierigste sei, einen Anfang zu machen, denn der beginne nicht in einer philosophischen Idealwelt, sondern in einer unvollkommenen Wirklichkeit.

Und die sieht in Europa unter anderem so aus:

Der deutsche Begriff Menschenwürde, der auf Kants Metaphysik der Sitten zurückgeht und Quelle von Autonomie und Freiheit ist und den wir Deutschen mit dem ersten Satz im ersten Artikel unseres Grundgesetzes zur Aufgabe und gleichzeitig zur Selbstbeschränkung des

Staates erklären, wird im heutigen Europa als schwammiges und missbrauchbares Konzept zur Disposition gestellt.

Die österreichische Verfassung kennt das Prinzip Menschenwürde nicht. Aus der Perspektive des österreichischen Bundeskanzleramtes ist das ein schwieriger Begriff, der inflationär gebraucht werde.

In der Schweiz dagegen ist die Menschenwürde in der Verfassung verankert. Aber ihre Definition bleibt unscharf. Am häufigsten wird sie am Anfang und Ende des Lebens bemüht, allerdings pragmatischer als in Deutschland.

In Großbritannien dagegen berufen sich Philosophen eher auf Prinzipien wie Autonomie, Freiheit und Gerechtigkeit. Begriffe wie Menschenwürde und Solidarität finden weniger Anwendung.

Wie also eine Ethik formulieren und rote Linien ziehen für neue Technologien, wenn schon die Ethiker untereinander sich nicht einig sind? Das hohe Maß an Pluralität in Europa lässt auch den Deutschen Ethikrat daran zweifeln, dass die notwendigen Debatten auf Konsensfindung ausgerichtet werden können, von gemeinsamen absoluten Positionen gar nicht zu reden.

Die Grundhaltung scheint zu sein, dass Ethik als Bestandteil der Wissenschaft nur vorläufige Ergebnisse bringt und sie deshalb lediglich ein Herantasten beim Finden von Auslegungsordnungen darstellt. Doch der prozesshafte Charakter bei der Bewertung neuer Technologien erzwingt eben nicht nur die Einbeziehung der Experten, sondern auch die Aufklärung und Einbeziehung der Öffentlichkeit. Und gerade hier gilt es Akzeptanz zu finden.

Während wir uns in der deutschen Debatte noch klare Positionen wünschen, wurden David Archard wie auch sein französischer Kollege Frédéric Worms vom Comité Consultatif National d'Ethique bereits deutlich: Sie betrachten die Förderung der öffentlichen Debatte und die Organisation eines gesellschaftlichen Diskurses als ihre wesentliche Aufgabe.

Für einen Dialog mit China, dessen Wertesystem nicht nur kommunistisch, sondern auch konfuzianisch geprägt ist, sind das schlechte Voraussetzungen, um unser christliches Menschenbild in der Künstlichen Intelligenz sowie im Prozess der Digitalisierung zu verankern.

Und wie ernst nimmt China die Ergebnisse der von der EU-Kommission auf Vorschlag des europäischen Ethikrates eingesetzten 52-köpfigen Expertenkommission? In der von ihr geschaffenen Charta der Ethik für Künstliche Intelligenz sollen nach Angaben der Vorsitzenden, Christiane Woopen, zwei Grenzziehungen für Klarheit sorgen:

1. Der gängigen Praxis der Bewertung des Menschen durch KI müsse auch von China eine klare Absage erteilt werden.
2. Menschen müssen wissen, mit wem sie gerade kommunizieren, einem Menschen oder einer Maschine.

Das klingt für unsere Ohren gut und richtig. Für den zweiten Punkt haben wir sogar Anknüpfungspunkte in der Vergangenheit. Am Beginn der Automobilära lief vor einem jeden neuen Gefährt ein Mensch mit einer Flagge und warnte vor der drohenden Gefahr. Als die Autos schneller wurden und allgemein bekannt wurde, was das für Fahrzeuge waren, verzichtete man auf die Sicherheitsmaßnahme.

Beim ersten Punkt allerdings reiben wir uns verwundert die Augen. Denn auch in Deutschland wird der Mensch längst durch Künstliche Intelligenz bewertet. Bei Facebook, bei Amazon, in Versicherungsgesellschaften, bei der Schufa, um nur einige Beispiele zu nennen.

Ist die Kommission wirklich auf der Höhe der Zeit? Hat sie sich der Pluralität gestellt, oder versucht sie weiterhin eine absolute Position zu formulieren?

Das Gremium forderte die „Einleitung eines Prozesses […], der den Weg für die Entwicklung eines gemeinsamen, international anerkannten ethischen und rechtlichen Rahmens für die Konstruktion, Produktion, Verwendung und Steuerung von Künstlicher Intelligenz, Robotik und ‚autonomen' Systemen bereiten würde". Der Ehrgeiz besteht also darin, Europas ethischen Ansatz auf die globale Bühne zu bringen. Allerdings mit einem Ausschlusskriterium: Die Kommission ermöglicht die Zusammenarbeit nur für diejenigen Nicht-EU-Länder, die bereit sind, diese Werte zu teilen.

Im Kontrast dazu steht das beherzte Vorwärtsgehen Chinas wie auch das der USA.

In Kalifornien sind seit März 2018 vollständig autonom fahrende Fahrzeuge zugelassen. Mit dabei sind unter anderem BMW, Mercedes und Continental. Kalifornien setzt mit dieser Praxis gleichsam ethische Normen nebenbei.

Nicht nur die Pluralität europäischer Institutionen ist ein Problem, sondern auch die Fehlbewertung der Erfolgsfaktoren von Unternehmungen, die man sich zum Vorbild genommen hat: Wir haben ein verzerrtes Bild davon, was das Silicon Valley eigentlich ist. Die Architekten der deutschen und der EU-Strategie erkennen offenbar nicht, dass hier ein einzigartiges Ökosystem existiert, das sich nicht einfach replizieren lässt. Denn ein Großteil des technologischen Erfolgs des Silicon Valley beruht auf den massiven Militärausgaben, die es seit Jahrzehnten subventionieren.

In China ist das noch ausgeprägter, denn der Staat investiert strategisch in eine Industriepolitik sowie dazu passende Zukunftsfelder. Die genauen Beträge sind streng geheim. Bekannt aber ist: Chinas Alibaba investiert in den nächsten drei Jahren dreizehn Milliarden Euro in Spitzentechnologien, wobei der Schwerpunkt auf KI liegt. Die chinesische Regierung hat angekündigt, in den kommenden Jahren eine heimische KI-Industrie im Wert von 133 Milliarden Euro aufzubauen und das Land bis 2030 zum Weltmarktführer für KI zu machen; die Regierung investiert fast zwei Milliarden Euro allein in den Bau eines nationalen KI-Technologieparks in Peking. Und Europa? Deutschland, Frankreich und Großbritannien werden in den nächsten Jahren 5,5 Mrd. Euro investieren, also bestenfalls den Gegenwert von drei chinesischen Technologieparks. Das ist ein Taschengeld gegen die Investitionen der Amerikaner und Chinesen. Wie will man damit vom Nachzügler zum Spitzenreiter aufsteigen?

So hängen wir uns an die Proklamationen jener, die die Künstliche Intelligenz führend mitgestalten und bei denen unser Bauchgefühl Ja sagt: an Brad Smith, Microsoft-Präsident und Chefjustiziar. Microsoft ließ durch ihn verlauten: „Wir haben mit führenden Vertretern aus Politik und Wirtschaft diskutiert. Was schnell deutlich wurde: Wir brauchen ethische Grundprinzipien und Rahmenbedingungen, die den Einsatz von Künstlicher Intelligenz beschränken und regeln. Microsoft hat hierfür sechs ethische Grundsätze definiert, die das Fundament für die Entwicklung und Nutzung von KI darstellen sollen: Fairness, Zuverlässigkeit, Datenschutz und Sicherheit, Inklusivität, Transparenz und Verantwortlichkeit. Was Computer wirklich können sollen, müssen wir entscheiden. Dafür brauchen wir diese ethischen Grundsätze. KI-Systeme müssen fair sein, und es muss eine Art Rechenschaftspflicht bestehen für alle, die KI entwickeln. Bevor wir für den Umgang mit KI neue Gesetze verabschieden, müssen wir uns der universellen Werte bewusst sein, die von den KI-Prinzipien geschützt werden sollen."

Angesichts eines Binnenmarktes mit 1,3 Milliarden Menschen und angesichts der Pluralität der ethischen Standpunkte in Europa gibt es für China derzeit keinen Grund für Kompromisse. Und es gibt für die Chinesen auch keine Ansätze, wem sie es wie recht machen sollen. Ihre offizielle ethische Debatte schwankt zwischen der Proklamierung wenig verankerter Normen und der prozesshaften Begleitung der Entwicklung des technologischen Geschehens.

## Was ist chinesische Ethik?

Deutschland und die christlich geprägten Länder des Westens müssen sich dringend mit der Frage beschäftigen, was die ethischen und philosophischen Voraussetzungen der chinesischen Künstlichen Intelligenz sind. Denn häufig schwirren in unseren Debatten über China untaugliche Begriffe wie „purer Materialismus" und auch „Kommunismus" herum, die wir mit unseren eigenen Kategorien belegen, ohne das Land und sein System zu verstehen. Darin unterscheiden wir uns von Marco Polo, der vor 800 Jahren wohl mehr über China wusste als wir heute, aber schon damals damit konfrontiert war, dass man in Europa nicht alles hören wollte, was es zu erzählen gab.

Christiane Woopen hat dieses Defizit auf entwaffnende Weise sichtbar gemacht: „Ich mache mir große Sorgen in Richtung China. Ich glaube, die [Chinesen F. W.] tatsächlich in diese ethische Diskussion einzubeziehen, ist ausgesprochen schwierig oder hat jedenfalls deutlich andere Farben.“ [2]

China ohne Ethik oder in deutlich anderen Farben? Was sind diese anderen Farben? Und was sind „unsere“ europäischen Farben? In einer globalisierten Welt, in der wir eher nach Multilateralismus denn nach Unilateralismus streben, ist es anstrengend, aber nötig, sich auf den Weg zu machen, um den anderen zu verstehen. Nicht nur in China, auch in Europa. Denn woran soll China sich orientieren, wenn es um die Ethik der Künstlichen Intelligenz in Europa geht?

Schauen wir der Realität ins Auge: Es war ein gewaltiger, aus mancher Sicht ein gewaltsamer Versuch, Anfang 2019 im Auftrag der Europäischen Kommission eine gemeinsame europäische Ethik für Künstliche Intelligenz zu formulieren. Er musste scheitern. Schon unsere europäischen Farben waren nicht komplementär zu dem Versuch, „ethische Leitlinien für eine vertrauenswürdige KI“ zu fassen. Zudem: Wenn an so einem Projekt bei 52 Experten nur drei Philosophen und trotz ihrer Kompetenz und Relevanz für solche Themen keinerlei Vertreter der christlichen Kirchen aus Europa beteiligt sind, dann kann nichts gesellschaftlich Tragfähiges herauskommen. Besonders dann nicht, wenn zwischen angelsächsischen, französischen und deutschen Philosophietraditionen auch noch ernsthafte Differenzen bestehen, die eine auf die Schnelle arbeitende Kommission nicht auflösen kann. Da fehlt es bereits in Europa an jenen gemeinsamen Farben, die Frau Woopen fälschlicherweise voraussetzt. Entsprechend hart sind die Ergebnisse kritisiert worden.

---

2 Deutschlandfunk, Interview 4. Dezember 2018, Christiane Woopen im Gespräch mit Sandra Schulz.

Hundert Jahre nachdem sich Max Weber mit China und dem Konfuzianismus beschäftigt hatte, müssen auch wir endlich China in unsere ethische Diskussion einbeziehen und der Frage nachgehen: Was für Werte und Haltungen prägen dort die Entwicklung der Künstlichen Intelligenz?

Denn das wahrscheinlichste Szenario für das Ende der 2020er Jahre ist die Dominanz Chinas. Dominanz bedeutet nicht Monopol. Selbstverständlich wird es weitere Mitspieler geben. Aber China ist bei der Schaffung zuverlässiger Anwendungen von Künstlicher Intelligenz nicht zu stoppen. In den internationalen Gremien haben seine Experten bereits vielfach die Führung übernommen. Ein Beispiel: 2018 trug China in der 5G-Gruppe der Internationalen Standardisierungsorganisation (ISO) 40 Prozent der Standards und 32 Prozent der Dokumente bei. DIN weicht zunehmend chinesischen Normen und die auf protestantischer Ethik beruhenden Standards solchen, die dem Konfuzianismus verpflichtet sind. In Deutschland und Europa wird diese Entwicklung noch nicht wahrgenommen. Fakt ist aber, dass Europa als eine der führenden Technologieregionen der Welt auch Anwendungsregion sein will. Mithin müsste sich auch unsere Ethik in den neuen Technologien wiederfinden.

Bei der Formulierung einer Ethik für die Künstliche Intelligenz geht es um drei Felder: Zum einen um die „Herstellung", das heißt um das Design der Algorithmen und Halbleiter. Sodann um die Zuverlässigkeit der darauf basierenden Geräte für den Endgebrauch. Und schließlich um eine Ethik für die durch einen Menschen angeordnete bzw. in Gang gesetzte Künstliche Intelligenz.

Da wir in Europa nicht zu einem ethischen Konsens finden, müssen wir als Anwender und Zulieferer die andere Seite verstehen, in diesem Falle die chinesische, um für uns eine Entscheidung darüber treffen zu können, ob und welche KI und welche auf ihr basierenden Geräte wir bei uns zulassen und nutzen wollen. Wir müssen uns also mit den Prägungen beschäftigen, die diese Künstliche Intelligenz formen.

Worin bestehen sie? Wesentlich sind der Konfuzianismus sowie die allgemeinen Inhalte des Lernens in China.

## Guoxue

Das dafür relevante Schlagwort heißt ‚Guoxue 国学', was mit der französischen Wendung ‚études nationales' oder deutsch mit ‚Erlernen des nationalen Kulturerbes' wiedergegeben werden kann. Seit über fünfundzwanzig Jahren wird in China mit exponentiell wachsender Intensität sowohl im Bildungswesen als auch auf anderen gesellschaftlichen Gebieten eine Rückkehr zum traditionellen chinesischen Denken vollzogen. Guoxue gliedert sich in vier Bereiche:

1. die Beschäftigung mit dem Kanon klassischer chinesischer Schriften des Altertums
2. das Studium der klassischen chinesischen Geschichtsschreibung
3. das Studium der traditionellen chinesischen Philosophien
4. die Auseinandersetzung mit vormoderner chinesischer Literatur.

Guoxue wird im heutigen China bereits im Kindergarten praktiziert. Spielwarengeschäfte führen Spielzeug mit integrierten MP3-Playern für Vorschulkinder, in denen Texte der konfuzianischen Tradition wie das Sanzijing 三字经, der Drei-Zeichen-Klassiker aus dem 12. Jahrhundert, gespeichert sind. Die Kinder lernen sie wie ihre Vorvorfahren auswendig. Im Curriculum der Grundschulen ist das offizielle Studium der grundlegenden Schriften fest verankert, und bis zum Abitur hört die Beschäftigung damit nicht mehr auf. Im chinesischen Staatsfernsehen werden Schülerwettbewerbe zum Erkennen seltener Schriftzeichen aus Passagen klassischer Texte veranstaltet und ausgestrahlt.

Während bei uns Philosophie so gut wie nie Bestandteil eines technikorientierten Studiums ist, gehört in China die Beschäftigung mit klassischer chinesischer Philosophie und Kultur als eine Art Studium generale auch in technischen Fächern zum Lehrplan. In der Wirtschaft ist es nicht anders. Geschäftsleute besuchen an Wochenenden Seminare zur Wirtschaftsethik in konfuzianischen Tempeln.

Von einer ethiklosen Nation kann keine Rede sein, von anderen Farben im Vergleich zu Europa allerdings schon.

Der Konfuzianismus übt seit Jahrtausenden eine ähnlich gesellschaftsprägende Wirkung aus wie bei uns die monotheistischen Religionen. Im Gegensatz zu diesen ist er ausschließlich im Hier und Jetzt verwurzelt und hat keinen Bezug auf einen überweltlichen Gott. Schon in seinen Grundwerten wird ein relevanter Unterschied sichtbar: Die Hauptideen des Konfuzianismus sind Ye = Sittlichkeit, In = Humanität, Zwischenmenschlichkeit, Ui = Rechtschaffenheit, Hyo = Achtung den Eltern gegenüber und Chung = Loyalität.

Im Gegensatz zum westlichen Denken, wo sich spätestens seit Reformation und Aufklärung alles auf den einzelnen Menschen hin orientiert, auf das Individuum, wird in China der Mensch immer nur als Mensch in Beziehung zu anderen gesehen und damit auch immer als Teil einer hierarchischen Ordnung, als befördernder oder störender Teil einer Harmonie.

Und nicht nur das. Max Weber hat schon vor hundert Jahren in seinen religionssoziologischen Schriften wesentliche Unterschiede zum europäischen Denken herausgearbeitet, die auch heute noch Gültigkeit haben.

## Hilft Max Webers Chinabild?

„Von außen könnten manche patriarchalen Seiten […] der lutherischen Ethik Ähnlichkeiten mit dem Konfuzianismus aufzuweisen scheinen. Aber dieser Schein ist äußerlich. Denn keine, auch nicht eine mit den Ordnungen der Erde in einen noch so engen Kompromiss verflochtene christliche Ethik konnte die pessimistische Spannung zwischen Welt und überweltlicher Bestimmung des Einzelnen mit ihren unvermeidlichen Konsequenzen so von Grund aus beseitigen, wie das konfuzianische System des radikalen Weltoptimismus", stellt Weber fest.

Und weiter: „Irgendwelche ‚Erlösung', außer von der Barbarei der Unbildung, begehrte der Konfuzianer nicht. Was er als Lohn der Tugend erwartete, war im Diesseits langes Leben, Gesundheit und Reichtum, über den Tod hinaus aber die Erhaltung des guten Namens. Es fehlte [...] jede transzendente Verankerung der Ethik, jede Spannung zwischen Geboten eines überweltlichen Gottes und einer kreatürlichen Welt, jede Ausgerichtetheit auf ein jenseitiges Ziel und jede Konzeption eines radikal Bösen. Wer die auf das Durchschnittskönnen der Menschen zugeschnittenen Gebote innehielt, war frei von Sünden.

Vergebens suchten deshalb christliche Missionare ein Sündengefühl da zu wecken, wo solche andere Haltung so selbstverständlich verankert ist. Ein gebildeter Chinese würde entschieden ablehnen, dauernd mit ‚Sünden' behaftet zu sein, wie ja übrigens für jede vornehme Intellektuellenschicht dieser Begriff etwas Peinliches, als würdelos Empfundenes zu haben und durch konventionell oder feudal oder ästhetisch formulierte Abwandlungen (etwa: ‚unanständig' oder ‚geschmacklos') vertreten zu werden pflegt. Gewiss gab es Sünden, aber das waren auf ethischem Gebiet Verstöße gegen die überlieferten Autoritäten: Eltern, Ahnen, Vorgesetzte in der Amtshierarchie, also gegen traditionalistische Gewalten, im Übrigen aber magisch bedenkliche Verletzungen der überlieferten Bräuche, des überlieferten Zeremoniells und endlich: der festen gesellschaftlichen Konventionen. Diese alle standen untereinander gleich: ‚ich habe gesündigt' entsprach unserem ‚entschuldigen Sie' bei Verstößen gegen die Konvention."

Hier greift der wesentliche, bis heute geltende und auch die Künstliche Intelligenz beeinflussende Unterschied zwischen einer christlichen, vor allem vom Puritanismus geprägten, und einer chinesischen Ethik:

*„Im größten Gegensatz gegen die auf Versachlichung der kreatürlichen Aufgaben hinauslaufende puritanische Ethik entfaltete die chinesische Ethik ihre stärksten Motive innerhalb der Kreise der naturgewachsenen (oder diesen angegliederten oder nachgebildeten) Personenverbände [worin auch der Staat als Teil einer „Super-Familie" einbezogen ist / F. W.]. Während die religiöse Pflicht gegen den überweltlichen, jenseitigen Gott im Puritanismus alle Beziehungen zum Mitmenschen: auch und gerade zu dem in den natürlichen Lebensordnungen ihm nahestehenden, nur als Mittel und Ausdruck einer über die organischen Lebensbeziehungen hinausgreifenden Gesinnung schätzte, war umgekehrt die religiöse Pflicht des frommen Chinesen gerade nur auf das Sich Auswirken innerhalb der organisch gegebenen persönlichen Beziehungen hingewiesen."*[3]

Dieser Unterschied findet nicht nur über das Chip-Design Eingang in die von chinesischen Ingenieuren gestalteten Halbleiter, sondern auch in die Gestaltung und Programmierung von Algorithmen und letztlich in die massenhafte Markierung und Kodierung von Datenmaterial, aus dem die Künstliche Intelligenz lernt. Diese von einem anderen Menschenbild geprägte Ethik führt zu einer anderen Art der Entscheidungsfindung und damit auch in der KI zu anderen Entscheidungen. Schon das Betriebssystem der Halbleiter kann den entscheidenden Unterschied ausmachen, noch ehe das Anlernen der Künstlichen Intelligenz beginnt. Ohne Frage führt dies alles auch zu einer anderen Form des Lernens der Künstlichen Intelligenz. Sie kann auf einem Gerät chinesischer Prägung später nicht einfach durch eine KI europäischer Prägung ersetzt werden. Denn im Zusammenspiel mit dem Betriebssystem des mit chinesischem Denken designten Halbleiters, sagen europäisch geprägte Halbleiter-Designer, kann in Grenzsituationen das Verhalten einer darauf aufgesetzten europäischen KI nicht vorhergesagt werden.

Doch genau darauf kommt es uns beim Einsatz Künstlicher Intelligenz am Ende doch an. Wie verhält sich das System in

---

3 Max Weber: *Gesammelte Aufsätze zur Religionssoziologie.* 8., photomechanisch gedruckte Auflage; Band 1, Tübingen: J. C. B. Mohr (Paul Siebeck), 1986 (1. Auflage 1920), 514 und 522.

Grenzsituationen, und wie stellen wir sicher, dass es sich im Rahmen unserer Normen verhält?

Eine präzise Vorhersage ist wohl nur für ein in sich schlüssiges, also entweder konfuzianisch oder aber christlich geprägtes System denkbar. Wenn die Künstliche Intelligenz aus China kommt, muss also alles aus China kommen, und das heißt, wir gehen ohne Wenn und Aber mit einer konfuzianistisch geprägten KI um.

Auch im Sinne einer Ethik der Produktzuverlässigkeit wird aus chinesischer Sicht eine Verzahnung chinesischer KI mit den in China entwickelten Chips und Algorithmen qualitätssteigernd wirken.

Welche Produkteigenschaften sollte China also künftig in seinen Geräten verankern, damit sie auf den hiesigen Märkten angenommen werden könnten?

## Vertrauen, Empathie und Moral Machines

Der ehemalige Rektor der Humboldt-Universität zu Berlin, Prof. Dr. Christoph Markschies, hat Vertrauen und Empathie als die letzten Restdomänen der Menschheit bezeichnet[4]. Uneinnehmbar durch Künstliche Intelligenz.

Markschies hat recht, wenn er darlegt, dass Vertrauen nicht dem Medikament, sondern dem Hersteller des Medikaments und den Menschen, die es zugelassen haben, entgegengebracht wird. Aber in der Praxis zeigt sich, dass dieses Vertrauen in die handelnden Personen ziemlich schnell anonymisiert auf das jeweilige Produkt übertragen wird. Am Ende vertrauen die Menschen tatsächlich den Produkten und nicht den Menschen, die diese produziert haben, oder den Menschen, die sie zugelassen haben.

---

4 Christoph Markschies, *Warum sollte man einem Computer vertrauen*, u. a. FAZ 23. Februar 2019.

Das Vertrauen in die Produkte aber ergibt sich aus einer möglichst fehlerfreien Anwendung und dem Vorhandensein der versprochenen Eigenschaften. Nicht umsonst werden Facebook, WhatsApp und andere Dienste akzeptiert, obwohl die Menschen – inzwischen aufgeklärt – wissen, dass viele der dabei erhobenen Daten von den genannten Unternehmen gewerblich weiterverkauft werden. Der Mensch nutzt die Instrumente, sobald sie fehlerfrei funktionieren und sie ihnen Erleichterungen oder Vorteile verschaffen. Insofern ist das Ziel auch der chinesischen Hersteller das Erreichen höchster Zuverlässigkeit ihrer KI im jeweiligen Anwendungsgebiet. Ist das Vertrauen erst einmal hergestellt und bleibt es erhalten, ist die Anwendung, außer durch staatliche Regulierungen und Eingriffe oder neue disruptive Technologien, durch nichts zu stoppen.

Dieses Vertrauen wiederum könnte China herstellen, indem Produzenten die ethischen Grundvorstellungen der Anwender berücksichtigen. Auf diese Weise würden nicht nur akademisch fundierte und historisch tradierte ethische Herleitungen Eingang in die Systeme finden, sondern auch die Summe individueller ethischer Überzeugungen. Solche könnten durch Umfragen präzise evaluiert werden und wären sowohl kurzfristig als auch mit überschaubarem Aufwand zu beschaffen. Gleichzeitig – das sieht man an den Auseinandersetzungen zwischen Facebook und der Europäischen Kommission – immunisiert sich ein Unternehmen auf eine gewisse Weise gegen Kritik bestehender Rechtssysteme durch das Eingehen auf die individuellen ethischen Vorstellungen der Anwender, auch wenn diese vom jeweils etablierten ethisch hergeleiteten Rechtsrahmen abweichen. Das Genbestimmungsunternehmen 23andme zeigt das ebenso wie WhatsApp oder Facebook.

Auch ein chinesischer Produzent könnte für jedes der von ihm entwickelten Produkte eine Umfrage starten, wie es das Massachusetts Institute of Technology (MIT) mit seiner „Moral Machine" zu Dilemmata-Situationen selbstfahrender Automobile gemacht hat. Diese Studie mit über 2,3 Millionen Teilnehmern ist vielleicht ein wegweisender Versuch in eine internationale Ethik der Künstlichen Intelligenz.

Sie basiert auf einem Experiment, bei dem das MIT eine sogenannte Moral Machine als Plattform bereitstellt, auf der Besucher in dreizehn Dilemma-Szenarien jeweils eine Entscheidung treffen sollen und dabei neun unterschiedliche Klassifikationen berücksichtigen können. Zur Wahl stehen beispielsweise der Tod eines Fahrzeuginsassen versus der Tod von fünf Fußgängern. Oder der Tod von drei Frauen und zwei Kindern versus der von fünf Rentnern. Oder der von vier Insassen versus von vier Passanten, die bei Rot die Straße überqueren. Oder der von drei Kriminellen und einem Obdachlosen versus von zwei Doktoren und zwei Frauen.

Man könnte nun angesichts unserer Debatten erwarten, dass sich in den jeweiligen Clustern der christlich geprägten Länder eine gemeinsame Tradition widerspiegelt. Drei Cluster haben sich inzwischen herausgebildet, ein westliches, ein südliches und ein östliches. Gäbe es die eine christlich geprägte Antwort, aus der man eine Ethik für die Künstliche Intelligenz herleiten könnte, müssten das westliche und das südliche Cluster weitgehend übereinstimmen, denn die Gebiete, in denen sie vorkommen, sind christlich geprägt. Doch das tun sie nicht.

Die Unterschiede sind fundamental. Die einzige Gemeinsamkeit besteht in der Erwartung, dass das selbstfahrende Fahrzeug im Dilemma-Fall zuerst Menschen und erst dann Tiere schützt und dass der Schutz der größtmöglichen Zahl von Menschen gilt und dabei junges Leben besonders beachtet wird. Auf Basis dieser Gemeinsamkeit ließe sich eine sehr einfache und grundlegende Übereinkunft treffen, wie Maschinenethik weltweit zu gestalten sei. Aber schon hier gibt es länderbezogen erhebliche Unterschiede in der Bewertung.

Das lässt sich gut an den 2017 vorgeschlagenen Regeln der Ethikkommission für autonomes Fahren des Bundesverkehrsministeriums zeigen. Bislang ist dies weltweit der erste und einzige Versuch, offizielle Leitlinien für die Maschinenethik im autonomen Fahren vorzugeben. Die deutsche Ethikregel Nr. 7 besagt, dass in Dilemmata-Situationen die Bewahrung menschlichen Lebens absoluten Vorrang vor der Bewahrung des Lebens anderer Lebewesen hat. Auch die Bevölkerung teilt diese Auffassung, wie die Forschungsergebnisse der Moral Machine ergeben. Ganz anders die Bewertung der deutschen Ethikregel Nr. 9. Hier heißt es unter anderem: „Eine Aufrechnung von Opfern ist untersagt. Eine allgemeine Programmierung auf eine Minderung der Zahl von Personenschäden kann vertretbar sein." Dafür gäbe es noch eine deutliche öffentliche Unterstützung, wenn man der MIT-Studie folgt. Gleichzeitig verbietet Ethikregel Nr. 9 die Auswahl personenbezogener Merkmale, wenn es um die Bevorzugung bei der Erhaltung von Menschenleben geht. Das wiederum kollidiert massiv mit der öffentlichen Erwartung, Babys, Kleinkinder und Schwangere eher zu schützen als andere Verkehrsteilnehmer.

Auch zwischen China und Deutschland ist die Abweichung in den Beurteilungen deutlich. Wie also soll in Deutschland eingesetzte KI entscheiden, wenn die Entscheidungspfade chinesischen ethischen Mustern folgen?

Wenn die Unterschiede so deutlich sind, dann kommt dem Anwender die Aufgabe zu, die eigenen ethischen Maßstäbe bei der Entscheidung anzulegen, ob ein Produkt und eine KI in seinem Verantwortungsbereich eingesetzt wird oder nicht. Ob nun aus marktwirtschaftlichen Gründen oder aus Gründen technischer oder politischer Dominanz: Die chinesische Führung und die chinesischen Unternehmen haben ein Interesse daran, ihre Produkte auf internationalen Märkten zum Einsatz zu bringen. Dabei schaut China nicht nur nach Europa und in die USA. China weiß seine Interessen in Drittländern zu sichern. Man braucht sich nur die Strategien der Chinesen zur Rohstoffsicherung und zur Sicherung und Entwicklung von Handelswegen anzuschauen, um zu ahnen, dass man hier mit ähnlicher strategischer Brillanz vorgehen dürfte. So bietet China seine auf KI beruhenden Überwachungstechnologien bereits als machtsichernde Instrumente in Staaten mit fragilen oder autoritären Machtstrukturen an. Überwachungsinstrumente auf der Basis von Gesichtserkennung werden in Seminaren den Entscheidern in autoritären Staaten nahegebracht. Während die Ethik des Produzenten dessen eigenen Regeln folgt, zählt beim Einsatz die Ethik des Anwenders, im Guten wie im Bösen. Die Ethik des Anwenders schlägt am Ende die Ethik des Produzenten.

Nicht jede chinesische Künstliche Intelligenz wird von uns aus gesehen undemokratische Bestrebungen haben. Überdies kann die Anwendung moralisch bedenklicher Instrumente jederzeit unterlassen werden, ob nun gesetzlich erzwungen oder nicht. Es ist unsere verantwortungsethische Entscheidung. Aus deutscher Perspektive und aus unserer philosophischen Tradition heraus sollten wir allerdings schneller und mit wesentlich mehr Energie als im Moment den internationalen Wettbewerb suchen und uns dort normgebend einbringen.

Jobst Landgrebe

# Technikkritik im Zeitalter der Technosphäre

## 1 Einleitung

Technik ist die Anwendung naturwissenschaftlicher Erkenntnisse auf unsere Lebenswelt, um Artefakte zu erstellen, die in der Natur nicht vorkommen. Diese Artefakte werden eingesetzt, um auf die Natur, zu der auch wir selbst zählen, einzuwirken.

Seit dem Ende des 17. Jahrhunderts haben wir unsere Umwelt mit Hilfe des Einsatzes von Technik immer mehr verändert und heute in dicht besiedelten Regionen der Erde zu einem Hybrid aus natürlicher Welt und artifizieller Technosphäre umgestaltet. Wir bewegen uns in dieser Hybridwelt, unser Leben hängt von deren Funktionieren ab. Die Agrarkultur, die das Leben der Menschen seit dem Neolithikum getragen hatte, wurde von der Kultur der Technosphäre abgelöst. Zwar befindet sich die Technosphäre in der Natur und interagiert mit ihr, doch sind wir in urbanen Gegenden ständig von technischen Artefakten umgeben. Die wichtigste Interaktion mit der Natur findet über die Atmung statt, doch berührt unser Körper im urbanen Alltag selten die Natur – auch unsere Wege sind dort künstlich, und wir trinken fast nur Flüssigkeiten, die durch Maschinen hindurchgegangen sind.

Besonders wirkungsvoll waren bei der Entwicklung der Technosphäre die Erfindung der Telekommunikation (seit der Einführung der Telegraphie), die Elektrifizierung, die Einführung von Leitungswasser und Kanalisation sowie die Revolution von Mobilität und Logistik durch die Erfindung und Kommerzialisierung des Verbrennungsmotors.

Zusammen haben sie ab etwa 1890, als sie begannen, sich spürbar auf den Alltag der Massen auszuwirken, eine radikale Umwälzung erzeugt [45, Kapitel 2].

Bei allen Problemen, die mit der Technisierung unserer Welt einhergehen, wie der Umweltschädigung oder der Verfügbarkeit von Massenvernichtungsmitteln, ist der Einsatz moderner Technologie ein Segen für die Menschheit. Die Technosphäre gibt dem Menschen eine viel höhere Hintergrunderfüllung [11, Kapitel 12] als die Agrargesellschaft, sie hat die Kindersterblichkeit seit 1870 von 250 je 1000 Kinder auf 3 von 1000 gesenkt [37], viele Infektionskrankheiten und zahlreiche andere Leiden therapierbar gemacht, Hunger und Mangelernährung überwunden und so das Leben um ein Vielfaches lebenswerter, angenehmer und auch länger werden lassen.

Dies hat Beobachter immer wieder dazu veranlasst, den technischen Fortschritt naiv zu extrapolieren, wie in den letzten Jahren beispielsweise Yuval Noah Harari, der glaubt, Technologie ermögliche es dem Menschen, die Natur zu überwinden[1], oder Transhumanisten wie Elon Musk oder Klaus Schwab, die Künstliche Intelligenz oder Unsterblichkeit für machbar halten. Der Fehler dieser Technikgläubigen liegt in einer völlig illusorischen Vorstellung davon, wie technischer Fortschritt entsteht und welcher Quellen er sich bedient. In der Physik hat es seit 1925 keine fundamentalen theoretischen Verbesserungen mehr gegeben. Die Technologie, die in Unternehmen, dem Staatsapparat und Privathaushalten zur Anwendung kommt, beruht gänzlich auf den Entdeckungen der klassischen Physik und der Atomphysik, die bis dahin gemacht wurden, unter Nutzung von Materialien, die die Chemie bereitstellt. Doch der Großteil der anwendbaren Physik wurde bereits in Technik umgesetzt. Am meisten Veränderung ist noch im Bereich der Energiegewinnung zu erwarten (bessere Kernspaltung, Fusionsreaktoren).[2] Danach ist eine deutliches Nachlassen der technischen Neuerungsgeschwindig-

---

1 Siehe in diesem Band die Beiträge von Klaus Scholtissek und Wolfgang Huber.

2 Quantencomputer, eine Anwendung der Quantenphysik, werden zwar schneller rechnen als heutige Maschinen, sind aber wie diese immer noch Turing-Maschinen und werden sich qualitativ nicht von ihnen unterscheiden [6].

keit zu erwarten. In der Biologie sind weitaus weniger Neuerungen möglich, als die Technikgläubigen erwarten, weil wir die belebte Natur aus systematischen Gründen schlecht modellieren können, aber nur dort Technik nutzbringend und sicher einsetzen können, wo gute approximative oder exakte Modelle verfügbar sind. Technikpropheten wie Harari fehlt schlicht und ergreifend naturwissenschaftliches Wissen, nur deswegen lassen sie sich zu ihren törichten Prognosen hinreißen. Interessanterweise ist die Technikeuphorie ein kulturelles Phänomen der globalen Eliten und letztlich Ausdruck ihrer tiefen Gottesvergessenheit.[3]

Doch wichtiger als die Technikeuphorie ist die Technikskepsis. Denn die moderne Technik wurde seit den 1930er Jahren immer schärfer kritisiert, und diese Kritik ist seitdem nicht abgerissen, sondern wellenhaft immer wieder aufgetreten. Sie ist derzeit so stark, dass die Errungenschaften, die wir dank der Technosphäre genießen, ernsthaft in Frage gestellt werden und nun durch politische Maßnahmen in Ländern wie Deutschland oder der Schweiz bereits wieder im Begriff sind, abzunehmen – wie beispielsweise die Verfügbarkeit einer unterbrechungsfreien Energieversorgung für Haushalte und Unternehmen.

Technikkritik ist Teil der Kulturkritik [42]. Sie ist ein Konglomerat von Ideen, Hypothesen und Theorien, die die Technik, mit der wir uns umgeben haben, problematisiert. Im Folgenden werden die wichtigsten Argumente der klassischen Technikkritik anhand der Hauptthesen ihrer wichtigsten Vertreter untersucht und gewürdigt. Dann wird auf drei aktuelle Kritiker von Digitalisierung und Telekommunikation eingegangen. Zum Schluss wird die Technikkritik bilanziert und eine alternative, rationale Sicht auf die Technik vorgetragen. Wir haben zur Technosphäre keine Alternative. Die Bedrohung des Lebens in der Technosphäre folgt nicht aus dem Ressourcenverbrauch oder der Naturzerstörung durch Zivilisationsabfälle, weil das erste kein

3 Siehe in diesem Band den zweiten Beitrag des Autors ‚Transhumanismus als moderne Form der Gottesvergessenheit'.

Problem ist und das zweite mit Sicherheit gelöst werden wird. Vielmehr hängt die Bedrohung durch die Technik von der Frage ab, wie sie als Machtinstrument eingesetzt wird.

## 2 Würdigung klassischer technikkritischer Positionen

Eine Möglichkeit, um eine Übersicht über die Technikkritik zu gewinnen, besteht in einer Klassifikation ihrer wichtigsten Thesen, und zwar anhand von zwei Dimensionen: (1.) dem Ausmaß der Technikkenntnis oder der technischen Richtigkeit, also nach dem Maß der aus naturwissenschaftlicher Perspektive realistischen Einschätzung von Technik und Technikfolgen (Dimension A in Abbildung 1), und (2.) dem Anteil an metaphysisch-spekulativen Aussagen oder axiomatischen Prämissen zur Technik (Dimension B in Abbildung 1). Metaphysisch-spekulativ ist eine These, die sich weder durch die Verallgemeinerung empirischer Beobachtungen (Induktion) noch durch die Nutzung von Universalien (im Sinne der in Husserls Logischen Untersuchungen von Adolf Reinach und von Ingarden [18] formulierten Phänomenologie) ableiten lässt und daher keinen Anspruch auf Wahrheit hat.[4]

Tabelle 1 stellt die wichtigsten klassischen Thesen der Technikkritik von etwa 1930, als Mumford [30] als einer der Ersten damit begann, eine umfassende Kritik der Technik zu erstellen, bis 1980, als der zweite Band von Günther Anders' „Die Antiquiertheit des Menschen" erschien, dar. Thesen zur Digitalisierung sind ausgeschlossen und werden separat betrachtet (siehe Abschnitt 3). Abbildung 1 zeigt ein Streudiagramm der Thesen anhand der beiden Dimensionen A und B; wir erläutern die Thesen im Folgenden nach ihrer Ähnlichkeit zueinander.

---

4 Einfache Beispiele für wahre Aussagen in diesem Sinn sind das Gravitationsgesetz (Induktion) und $\varpi$ rad. als Summe der Innenwinkel eines Dreiecks (synthetisches Urteil aus rein mentalen Universalien).

Betrachtet man die Abbildung, fällt auf, dass die meisten Thesen hochgradig metaphysisch-spekulativ sind, während das Maß an Technikverständnis variiert.

Es gibt drei Gruppen von Thesen: 1 und 6 haben eine hohe naturwissenschaftliche Richtigkeit und ein geringes Ausmaß an spekulativem Gehalt. Thesen 2 bis 5, 15, 16 und 17 zeugen von einem mittelgradigen Technikverständnis, alle anderen bis auf These 8 sind hochgradig metaphysisch-spekulativ und vollkommen losgelöst von der naturwissenschaftlichen Realität.

## 2.1 Thesen mit guter Technikkenntnis ohne Metaphysik

Die Thesen 1 und 6 beschreiben Basisphänomene der Kultur der Technosphäre, insbesondere die unstrittige Tatsache, dass die technische Zivilisation einen hohen Ressourcenverbrauch aufweist und viel Abfall produziert, darunter auch jede Menge toxischen Müll und hochtoxischen Sondermüll (beispielsweise Schwermetallmüll, schwach strahlende Produkte der Kernspaltung mit langen Halbwertszeiten).

## 2.2 Spekulative Thesen Gruppe 1

These 2 beschreibt Folgen der Technisierung, die von Kulturkritikern und -pessimisten oft beklagt werden. Während der Einsatz von Technik immer zu Standardisierung führt, da die technische Massenproduktion dies erfordert, stellt sich die Frage, ob Konformität, Verdinglichung, Banalisierung, Vermassung und Fragmentierung Folgen der Technisierung sind. Die meisten Menschen sind als Gemeinschaftswesen in jeder Gesellschaftsform normkonform, sonst gäbe es gar keine Gesellschaft [36]. Auch ist das Leben fast aller Menschen stets von sich wiederholenden, banalen Abläufen geprägt.

Ab wann kann man von Menschenmassen sprechen? Sicherlich ab einer Stadtgröße, in der so viele Menschen leben, dass anonyme Beziehungen das öffentliche Leben dominieren. In solchen Städten verläuft die Sozialisation nach Schichten relativ einheitlich – vor der Einführung der allgemeinen Schulpflicht mit Bildung nur für Adel, Klerus, und einige wenige direkt geförderte Talente, ohne Bildung für alle anderen.

Dieser Zustand wurde schon im Zuge der antiken Urbanisierung erreicht, lange vor der industriellen Revolution und der Technisierung des Alltags. Die meisten in der These formulierten Befunde sind also so alt wie die historische Existenz [31] und haben mit der Technosphäre nichts zu tun.

Und was ist eigentlich Fragmentierung? Wohl die Lockerung des sozialen und gemeinschaftlichen Zusammenhalts bei zunehmender Individualisierung. Dies ist in der Tat eine für die Moderne typische Entwicklung, die durch die Technisierung ermöglicht wurde, doch nicht allein darauf zurückzuführen ist.

**Tabelle 1:**
Die wichtigsten technikkritischen Thesen seit 1930[(a)]

| Theseninhalt | Autoren[(b)] | A[(c)] | B[(d)] | No.[(e)] |
|---|---|---|---|---|
| Konsumgegenstände der Technikkultur sind kurzlebig und haben eine hohe Umlaufgeschwindigkeit | [1, 2, 30] | 4 | 0 | 1 |
| Der Einsatz von Technik führt zu Standardisierung, Konformität, Verdinglichung, Banalisierung, Vermassung und Fragmentierung menschlicher Gemeinschaft. | [2, 14, 20, 30] | 3 | 3 | 2 |

| | | | | |
|---|---|---|---|---|
| Der Mensch verliert durch Einsatz der Technik die Verbindung zum Substrat (‚Humus' [20], ‚Erde' [3]) seines Lebens. | [1, 3, 13, 20] | 3 | 3 | 3 |
| Technik erzeugt künstliche Bedürfnisse. | [1, 2, 30] | 2 | 3 | 4 |
| Technik dominiert unser Leben. | alle (f) | 4 | 4 | 5 |
| Die Technik zerstört die natürliche Umwelt. | [2, 8, 14, 19, 20, 30, 49] | 4 | 0 | 6 |
| Technik führt zur ‚Megamaschine' [30] [oder sinngemäß bei anderen Autoren], die unser Leben immer mehr beherrscht. | [1, 2, 14, 30] | 2 | 4 | 7 |
| Die Technik führt zur Fixierung der Menschen unserer Zeit auf die ständige Verbesserung der Ezienz. | [1, 2, 8] | 2 | 2 | 8 |
| Der Mensch sakralisiert die Technik, obwohl sie es ist, die die Natur, das archaische Sakrale, zerstört. | [8] | 2 | 4 | 9 |
| ‚Die Herrschaft des Gestells droht mit der Möglichkeit, da dem Menschen versagt sein könnte, in ein ursprünglicheres Entbergen einzukehren und so den Zuspruch einer anfänglicheren Wahrheit zu erfahren.' | [13] | 0 | 4 | 10 |

Wird fortgesetzt …

a. Kritik an Digitalisierung, Computern und Internet ausgenommen (siehe dazu Abschnitt 3).
b. Beispiele, kein Anspruch auf Vollständigkeit.
c. Dimension A: Ausmaß der Technikkenntnis/naturwissenschaftlichen Richtigkeit, Skala 0–4. 0: Keine, 4: Hohe Kenntnis/Richtigkeit.
d. Dimension B: Stärke des spekulativ-metaphysischen Charakters, Skala 0–4. 0: Kaum, 4: Intensive Metaphysik/Spekulation.
e. Nummer, mit dem die These in Abbildung 1 bezeichnet wird.
f. Alle in dieser Tabelle zitierten Autoren.

Die erste Gruppe spekulativer Thesen enthält Aussagen, die metaphysisch sind, aber nicht von Technikunkenntnis zeugen oder für letztere nicht relevant ist.

These 3 beschreibt die Entfremdung des Menschen von der Natur als Folge der Technisierung. Während es eine Tatsache ist, dass Technik den Menschen von der Natur unabhängiger macht und die Willkür der Natur mindert (Kinder- und Müttersterblichkeit, Missernten, Infektionskrankheiten, Kälte, Hitze) und die Menschen insbesondere in urbanen Siedlungsformen auch von der Natur entfernt, ist die Aussage, der Mensch verlöre dadurch die Verbindung zu seinem Substrat, unwissenschaftlich.

Denn der Mensch bleibt trotz Technik ein lebendiger Organismus, der anorganische Substrate in Energie umwandelt, um zu leben und sich fortzupflanzen.

These 4 ist nicht unplausibel, doch zuerst einmal hat der Mensch biologische Bedürfnisse. Die Art, wie diese befriedigt werden, wird mit zunehmender Komplexität der Zivilisation immer differenzierter und variantenreicher. Die fundamentale Tendenz des Menschen, sich – im Gegensatz zu Tieren – nie zufriedenzugeben, sondern aus einem Überschuss an Antrieben heraus immer neue Wünsche zu entwickeln, ist unabhängig von der technischen Zivilisation ([39, S. 1], [9, Kapitel 42]). Sie gibt diesem Antrieb lediglich mehr Entfaltungsmöglichkeiten.

These 5 trifft für unser äußeres Leben sicherlich zu: Wir leben in einer Technosphäre. Doch meinen die technikkritischen Autoren, unser Leben sei auch in einem höheren Sinn von der Technik dominiert, beispielsweise spricht Heidegger von Technik als der neuen Metaphysik. Anders bezeichnet den Menschen im Vergleich zur Technik als ‚antiquiert'. Trifft das zu?

Zuerst einmal sind wir Säugetiere, die biologische Bedürfnisse haben und von diesen dominiert werden: Wir müssen atmen, essen, trinken, brauchen Schutz vor Kälte und Nähe zu anderen Menschen. Diese natürlichen Bedürfnisse bestimmen unser Verhalten und unser Fühlen und Denken. Selbstverständlich prägt uns auch die kulturelle Umgebung, die wir uns selbst schaffen, doch kann sie uns in unserer Geschöpflichkeit niemals dominieren.

These 8 besagt, dass die Kultur der Technosphäre stark auf die Verbesserung der Effizienz ausgerichtet ist. Es ist sicherlich richtig, dass Effizienzsteigerung so lange angestrebt wird, wie es technischen Fortschritt gibt und die volkswirtschaftlichen Erträge ausreichen, um die erforderlichen Investitionen, deren Grenzkosten mit zunehmender Technisierung immer weiter steigen [17], vorzunehmen. Ob allerdings eine ‚Fixierung' [8, S. 2] darauf besteht, ist zu bezweifeln; die meisten Menschen dürften den technischen Fortschritt einfach hinnehmen.

## 2.3 Spekulative Thesen Gruppe 2

Die Thesen dieser Gruppe sind hochgradig metaphysisch-spekulativ und zeugen bis auf die Thesen 15 und 16, die hinsichtlich der Technikkenntnis indifferent sind, von grober Unkenntnis naturwissenschaftlicher Zusammenhänge. Gehen wir sie im Einzelnen durch. These 7 ist eng mit These 5 verwandt. Mit ‚Megamaschine' meint Mumford [30] die Synthese von Wissenschaft, Wirtschaft, Technologie und politischer Macht, andere Autoren verwenden ähnliche Metaphern, beispielsweise Heidegger, wenn er von der ‚Machenschaft' (siehe These 12) spricht. Doch hier liegt eine Verwechslung von Technologie und Gesellschaft vor. Was Mumford und andere beschreiben, ist einfach die Durchdringung der Gesellschaft mit Technik. Selbstverständlich wird Technik von Menschen überall genutzt – seit dem paläolithischen Faustkeil, der bereits für unterschiedliche Zwecke, auch zur Machtausübung, verwendet wurde. Diese umfassende Nutzung von Technik ist für den Menschen charakteristisch, dessen evolutionäre Anpassung im Gegensatz zum Festgelegtsein aller anderen Tiere auf ihr natürliches Habitat darin besteht, sich ein eigenes Habitat gestalten zu müssen, das seinen Bedürfnissen entspricht, um zu überleben [9].

**Fortsetzung Tabelle 1:**
Die wichtigsten technikkritischen Thesen

| | | Dim | | |
|---|---|---|---|---|
| **Theseninhalt** | **Autoren** | **A(a)** | **B(b)** | **No.** |
| Die Technik steht zwischen dem Menschen und seinem Zugang zur Wahrheit, sie ist eine Gefahr des Entbergens und damit des Zugang des Menschen zu seiner Essenz. | [13] | 0 | 4 | 11 |
| Die Technik ist die ‚letzte und äußerste Weise der *Machenschaft*' und die ‚Zerstörung des Seyns und des Menschenwesens'. | [14, 15] | 0 | 4 | 12 |
| Der unvollkommene Mensch ist seinen perfekten Produkten nicht gewachsen (‚prometheisches Gefälle'). | [1] | 0 | 4 | 13 |
| Der Mensch stellt mehr her, als er braucht und als er sich vorstellen kann. | [1, 2] | 0 | 3 | 14 |
| Der Mensch glaubt, das, was er kann, auch zu dürfen, zu sollen und zu müssen. | [1, 2] | 2 | 3 | 15 |

| | | | | |
|---|---|---|---|---|
| Die Technik wird vom Objekt zum Subjekt, welches den Menschen bestimmt, indem es die Zwecke, für die es geschaffen wurde, perpetuiert. | [1, 2] | 2 | 4 | 16 |
| Die klassischen und tradierten Ethiken werden den veränderten Bedingungen der technischen Zivilisation nicht mehr gerecht. | [19] | 2 | 4 | 17 |
| Ökologischer Imperativ: ‚Handle so, dass die Wirkungen deiner Handlung verträglich sind mit der Permanenz echten menschlichen Lebens auf Erden.' | [19] | 0 | 4 | 18 |

a. Dimension A: Ausmaß der Technikkenntnis/naturwissenschaftlichen Richtigkeit, Skala 0–4. 0: Keine, 4: Hohe Kenntnis/Richtigkeit.
b. Dimension B: Stärke des spekulativ-metaphysischen Charakters, Skala 0–4. 0: Kaum, 4: Intensive Metaphysik/Spekulation.

These 9 von Ellul [8] behauptet, der Mensch sakralisiere die Technik. Sicherlich stimmt es, dass das religiöse Bedürfnis der Menschen in der säkularen, gottlosen Moderne, der Epoche der instrumentellen Vernunft, nach neuen Gegenständen und Inhalten sucht.

Diese finden sich beispielsweise in der Esoterik, dem Kult der unberührten Natur, aber auch in der politischen Moral. Dort vor allem im Gleichheitsideal, das sich seit der Mitte des 17. Jahrhunderts, als es zuerst in Frankreich als politisches Programm formuliert wurde [28], im Westen immer mehr als moralisch-politisches Hauptideal herauskristallisiert hat ([10, Kapitel 6, 10], [45, Kapitel 1: ‚Did Babeuf deserve the Guillotine?']). Ob man dabei allerdings von Sakralisierung reden kann, ist äußerst fraglich, denn es fehlen dieser Gleichheitsideologie, die vor allem von Privilegierten vorgetragen wird, zahlreiche Kennzeichen der Religiosität, wie der transzendentale Charakter oder die echte Opferbereitschaft. Erst recht kann mit Bezug auf Technik nicht von Sakralisierung gesprochen werden, weder jetzt noch zur Zeit der Entstehung von Elluls Buch.

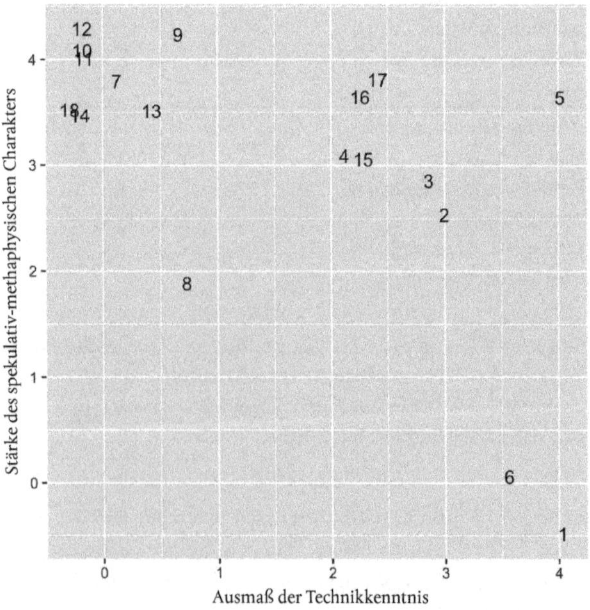


Abbildung 1: Wichtige klassische Thesen der Technikkritik (1930–1980); Kritik an Digitalisierung nicht berücksichtigt, siehe dazu 3. Die Nummern sind die Thesennummern aus Tabelle 1, die Positionen sind leicht verwackelt aufgetragen, um ein Überdrucken zu verhindern.

Thesen 10 bis 12 von Heidegger enthalten die fundamentalste Technikkritik, die im 20. Jahrhundert von einem breit rezipierten Philosophen geäußert wurde. Für ihn versperrt die Technik dem Menschen den Zugang zu seinem wahren Wesen und seiner Essenz. Heidegger hat nie sagen können, was dieses Wesen ist.[5] Das ist auch nicht verwunderlich, denn es ist eine der Fragen, die sich uns aufdrängen, ohne dass wir darauf eine rationale Antwort geben könnten [21]. Seine Thesen 10 und 11 sind daher vollkommen esoterisch. Doch geht Heidegger mit These 12 noch einen Schritt weiter: Technik versperrt nicht nur den Zugang zur Wahrheit, sie ist auch die maximale Form der ‚Machenschaft' und der ‚Zerstörung des Seyns und des Menschenwesens'. Die ‚Machenschaft' ist bei Heidegger ein zutiefst kulturpessimistischer Begriff, mit dem er die gesellschaftliche Realisierung der ‚Seinsverlassenheit' und ‚Seinsvergessenheit', um die sein Denken sich beständig dreht, bezeichnet [41]. Technik bewirkt also ‚Seinsvergessenheit', die Entfremdung des Menschen von sich selbst. Doch hat Heidegger aus der selbstgemachten Aporie der Seinsvergessenheit nie einen Ausweg gefunden. Betrachtet man das menschliche Leben aus der Perspektive des gesunden Menschenverstandes, ist sein Pessimismus und seine Verzweiflung über die Seinsvergessenheit und die Machenschaft unverständlich. Aus christlicher Sicht ist Seinsvergessenheit immerhin als eine säkulare, atranszendente Wahrnehmung der Gottesvergessenheit, die zur conditio humana [27, Kapitel 2] gehört, interpretierbar.

These 12 ist daher nüchtern betrachtet vollkommen ungeeignet, um rational über Technologie nachzudenken.

Die Thesen 13 bis 16 wurden alle von Anders, der bei Husserl promovierte, dann aber stark unter den Einfluss Heideggers geriet, in seinen beiden Büchern zur ‚Antiquiertheit des Menschen' entwickelt [1, 2]. Seine Gedanken kommen der heideggerschen Technikkritik sehr nahe. Anders Grundidee besagt, dass zwischen dem unvollkommenen Menschen und seiner ‚perfekten Maschine' ein ‚prometheisches Gefälle' besteht. Der Mensch sei

5 Er macht zur Essenz des Daseins unterschiedliche, in sich widersprüchliche Aussagen, siehe [29, S. 198].

antiquiert, weil er mit der Leistungsfähigkeit der Maschine nicht mehr mithalten könne und gegenüber seiner eigenen Schöpfung rückständig sei (These 13).

Diese These ist in mehrfacher Hinsicht falsch. Erstens sind technische Gegenstände nicht perfekt, sondern weisen immer wieder Fehler auf – wenn nicht, sind sie nur für bestimmte Zwecke geeignet. Universalmaschinen gibt es nicht. Zweitens brauchen alle technischen Gegenstände regelmäßige kundige Wartung und Reparatur durch den Menschen oder Nachschub an Energiezufuhr, sonst gehen sie kaputt oder werden unbrauchbar. Die These ist also aus naturwissenschaftlicher Sicht falsch. Drittens ist der Mensch das einzige Lebewesen mit der Fähigkeit zu abstrakter Begriffsbildung und sprachlicher Intelligenz, nur der Mensch kann sich die Welt zum Objekt machen. Keine Maschine hat diese Leistungsfähigkeit oder wird sie je erreichen [25]. Der Mensch kontrolliert die Technik, wenn er dazu ausgebildet ist oder Kontrolle über die Ausgebildeten hat. Daher ist es auch unsinnig zu sagen, die Technik sei vom Objekt zum Subjekt geworden (These 16). Maschinen sind keine Personen, haben keine Absichten und können auch keine Zwecke setzen, sie können nicht Subjekte sein.

Der Wahrheitsgehalt von These 14 hängt davon ab, wie man ‚brauchen' definiert, schon bei These 4 wurde gezeigt, dass der Mensch prinzipiell unstillbare Wünsche hat. Der letzte Teil des Satzes ‚als er sich vorstellen kann' ist mit Sicherheit unsinnig, denn dank seiner Begriffsbildungsfähigkeit kann der Mensch sich Beliebiges vorstellen.[6]

Die Thesen 17 und 18 wurden von Hans Jonas, der bei Heidegger promoviert hatte, aufgestellt. Er geht davon aus, dass die Kultur

6 Anders reflektierte als einer der ersten ausführlich die Atombombe [1]. Er führte aus, dass die Menschheit damit die Möglichkeit geschaffen habe, sich selbst zu vernichten. Obwohl seine metaphysischen Schlussfolgerungen daraus im Wesentlichen uninteressant sind, kommen wir auf diese Tatsache im letzten Abschnitt zurück.

der Technosphäre die Ethik, die im Zeitalter der Agrarkultur entwickelt wurde, obsolet gemacht hat und wir eine neue Ethik brauchen. Diese Idee ist mit Anders' These 15 verwandt, in der behauptet wird, dass sich aus dem technischen Können ein Sollen oder Müssen ergäbe, dass also die Fähigkeit, etwas zu tun, dieses zu tun auch gebiete. Aus Sicht der praktischen Philosophie (Ethik) kann man sich kaum einen krasseren Unsinn vorstellen. Keine abendländische Ethik von der Stoa bis zum Utilitarismus oder der Wertethik [12, 40] schreibt vor, das zu tun, was man kann, denn dann wären ja Mord und Totschlag, zu denen jeder Mensch fähig ist, eine Pflicht. Sicherlich ist es wahr, dass verfügbare Technologien auch eingesetzt werden. Doch geschieht dies selbstverständlich unabhängig von der moralischen Verpflichtung oder der Wünschbarkeit: Ethik und Technik sind unabhängig voneinander. Jedes menschliche Handeln, egal welche Technik es einsetzt, muss anhand ethischer Maßstäbe geprüft werden. Selbstverständlich kann ein Faustkeil mehr Schaden anrichten als eine Faust, eine Maschinengewehr noch einmal mehr, erst recht eine Brandbombe, noch mehr eine Massenvernichtungswaffe.

Doch rührt die Änderung des Maßstabs nicht daran, dass Ethik und Recht als soziale Normen den zulässigen Einsatz von Technik regeln. Daher ist These 17 genauso falsch wie These 15: Wir können mit dem verfügbaren Repertoire an Werten und deren Kombination zur Erreichung moralischer Urteile jegliche Form menschlichen Handelns bewerten [12], egal ob mit oder ohne Einsatz von Technik. Daher wird auch kein neuer ökologischer Imperativ (These 18 ) benötigt, sondern es reicht die Anwendung klassischer Werte bei der Entscheidung, welche Technik wie eingesetzt werden soll.

Wir stellen fest, dass die klassischen Thesen der Technikkritik oftmals keine naturwissenschaftliche Basis haben und größtenteils hochgradig spekulativ sind und somit keinen Beitrag zu einem rationalen Nachdenken über Technik leisten. Dennoch war ihre Formulierung historisch vor allem als Grundlage des

Umweltschutzes wichtig. Die wichtigsten validen Thesen lauten, dass der Einsatz von Technik durch Freisetzung von Müll die Umwelt zerstört, dass übermäßiger Konsum von Technologieprodukten dem Menschen schaden kann[7] und dass Technologie das Potential der Gewaltausübung bis zur Möglichkeit der Selbstvernichtung der Menschheit hin steigert.

## 3 Neuere und aktuelle Technikkritik: Digitale Telekommunikation

Obwohl zahlreiche Technikkritiker die Massenmedien bereits seit den 1950er Jahren kritisch gewürdigt hatten [1, 26], setzte die Kritik der Auswirkungen des Einsatzes von Computern auf die Gesellschaft erst in den 1970er Jahren ein, weil erst dann die Massenverwendung von Computern begann. Weizenbaums Buch ‚Die Macht der Computer und die Ohnmacht der Vernunft' war eines der ersten zu diesem Thema [49]. Weizenbaum vermeidet als Computerwissenschaftler die Schwächen der klassischen Technikkritiker bei der fachgerechten Einschätzung von Technik. Ihm zufolge hat der Computer als Werkzeug in der ‚bereits hochtechnisierten Gesellschaft lediglich die früheren Zwänge verstärkt und erweitert, die den Menschen zu einer immer rationalistischeren Auffassung seiner Gesellschaft und zu einem immer mechanistischeren Bild von sich selbst getrieben haben' [49, S. 25]. Als Maschine funktioniert der Computer zuverlässig und regelmäßig, er wird zum ‚unentbehrlichen Bestandteil jeder Struktur, sobald er so total in die Struktur integriert ist […], dass er nicht mehr herausgenommen werden kann, ohne die Gesamtstruktur zu schädigen' (S. 49). Jedoch würde die Rationalität von Computerprogrammen, die in der Praxis eingesetzt werden, überschätzt, ihr Verhalten sei oftmals aufgrund der Kom-

7 Anders wies vor allem auf die Folgen des Fernsehkonsums hin [1].

plexität der Software nicht mehr voll vorhersehbar. Des weiteren bildeten Computer stets nur einen kleinen Teil der Realität ab, würden aber oftmals so eingesetzt, als beschrieben sie die ganze Realität. Der Einsatz von Computern müsse daher bewusst und mit gesundem Menschenverstand und unter Berücksichtigung der Autonomie des Einzelnen erfolgen. Weizenbaum machte sich über den Begriff ‚Künstliche Intelligenz' lustig und stellte fest, dass es niemals intelligente Maschinen geben würde, zweifelsohne formulierter er damit eine wahre Einsicht ([7, 24, 25], [5, S. 325]).

Seit den 1970er Jahren kam es zu einer Flut von Kritiken der Digitalisierung, die aktuelle Technikkritik bezieht sich vor allem auf die Folgen des massenhaften Einsatzes digitaler Telekommunikation durch das mobile Internet und die sogenannten ‚social media'. Die Kritiker greifen dabei auf Thesen der oben diskutierten Klassiker zurück. Wir betrachten stellvertretend nur drei von ihnen: Manfred Spitzer, ein Psychiater, der von ‚digitaler Demenz' und ‚Cyberkrankheit' spricht, Joachim Köhler, ein Philosoph, der die Folgen der Digitalisierung umfassend kritisiert, und Nick Bostrom, ein Philosoph, der befürchtet, dass es bald zur digitalen Superintelligenz komme, was zum Ende der Menschheit führen könne.

Spitzer konzentriert sich auf die psychologischen und sozialen Folgen der unkritischen, übermäßigen Nutzung moderner Medien und legt detailliert dar, wie diese bei Kindern und Jugendlichen, aber auch bei Erwachsenen, zu sozialer Isolation, Nachlassen kognitiver Leistungsfähigkeit, Depressionen, Suchtverhalten, Kommunikationsstörungen führen sowie gestörtes Sozialverhalten (Vereinsamung, Mobbing) verursachen können [43, 44]. Spitzer untermauert seine Aussagen sorgfältig mit empirischen Befunden. Er ist kein Kulturkritiker, sondern ein Arzt, der aufgrund solider Forschungsergebnisse zu einem sorgfältigen und sinnvollen Umgang mit Medien aufruft.

Bostrom geht davon aus, dass durch eine der vielen Möglichkeiten, die er durchspielt, bald eine Superintelligenz entstehen wird, die uns Menschen geistig überlegen sein wird (was er in der Tradition des Futurologen Vernor Vinge ‚Singularität' nennt) und uns versklaven oder vernichten könnte [4]. Da das, was technisch möglich sei, auch gemacht würde, müsse die Menschheit sich darauf konzentrieren, die Herrschaft der Supermaschinen zu verhindern. Seine Überlegungen sind aus naturwissenschaftlich-mathematischer Sicht allesamt falsch. Es wird keine Singularität, keine Superintelligenz und auch keine ‚digitale Unsterblichkeit' geben [25].

Köhler bietet ein umfassendes kritisches Panoptikum der Digitalisierung, das sich einerseits aus der Anwendung klassischer Thesen der Technikkritik, andererseits aus der Wiedergabe von Erkenntnissen der medizinischen Forschung zu den psychosozialen Folgen der Mediennutzung, aber auch aus dystopischen Visionen im Stil Bostroms zusammensetzt [22]. Er behandelt alle relevanten Aspekte, wie etwa Internetsucht, Künstliche Intelligenz und Superintelligenz, Social-Media-Mobbing, Rufmord, Werbung mit Hilfe von Influencern, Bedarfsweckung für Konsumgüter (siehe oben These 4), Transhumanismus oder Steuerung des Nutzers durch die Suchmaschinen. Dabei alternieren solide Forschungserkenntnisse mit Wahrheitsanspruch mit im apodiktischen Tonfall vorgetragenen metaphysisch-spekulativen Aussagen in der Tradition Heideggers, Anders' oder Jonas'. Beispielsweise verwendet er den andersschen Topos der Objekt-Subjekt-Umkehr (These 16) bei der Beschreibung der Manipulation des Suchmaschinennutzers: ‚Dank Data Mining kann man ziemlich genau berechnen, was ein Kunde als nächstes bestellen wird oder für welche politische Radikalisierung er geeignet ist' [22, S. 98]. Damit werde dem Nutzer seine Autonomie bei der Nutzung des Internets genommen, er werde gesteuert. Köhler vergleicht die Fähigkeiten der Maschinen in diesem Zusammenhang gar mit dem Laplaceschen Dämon (S. 99). Daran ist nichts wahr. Die menschliche Präferenzbildung ist die Emanation eines komplexen Systems und ist daher mathematisch nicht adäquat modellierbar [46]. Zwar erreicht die Masse der personalisierten

Werbeschaltungen im Internet einen besseren Effekt (den sogenannten Lift [47]) als klassische Streuwerbung, doch ist dies Ausdruck einer stochastischen Gruppenkorrelation, bei der der Nutzer einer Käufergruppe zugeordnet wird (wie etwa: Reiche Frauen kaufen mehr teure Kosmetika als andere Gruppen) und nicht einer Steuerung des Einzelnen. Dies liegt nicht nur an der erratischen menschlichen Präferenzbildung, sondern auch daran, dass viele der Nutzereingaben in den Social Media (Freitexte, Bilder) nicht maschineninterpretierbar sind [23].

## 4 Kein Ausweg aus dem Rationalismus

Was bleibt von der Technikkritik? Im Wesentlichen lassen sich drei relevante Aussagen herausarbeiten:

1. Der Mensch zerstört durch den Einsatz von Technologie Teile der Natur, von der er aber abhängig ist.
2. Der Mensch kann sich durch übermäßige Nutzung technischer Produkte, insbesondere von Medien, selbst schädigen.
3. Die Menschheit hat durch die Technologie das Potential erhalten, sich selbst zu zerstören [1, Kapitel ‚Über die Bombe'], insgesamt potenziert Technologie das Missbrauchspotential von Macht.

Wie ist angesichts der Unvermeidbarkeit des umfassenden Einsatzes von Technologie damit umzugehen?

### Naturzerstörung

Da die Ressourcen zur Produktion von Energie und die Rohstoffe, die wir auf der Erde zur Verfügung haben (oder durch Energieeinsatz aus Abfall recyclen können), im Wesentlichen unerschöpflich sind [16], ist das Problem der Naturzerstörung vor allem ein Problem des Mülls – in Form von Abgasen, Flüssigkeiten und Feststoffen. Unter Anwendung ganz klassischer Werte und Normen sind wir dazu verpflichtet, den Müll durch Besteuerung zu reduzieren. Seit den 1970er Jahren erkennen wir einen Trend: Je höher der Wohlstand eines Landes ist, desto teurer macht es Müll-Externalitäten, weil die Bürger den Wert des Naturerhalts erkennen. Daher ist damit zu rechnen, dass das Müllproblem durch Wohlstandszuwachs und technischen Fortschritt gelöst werden wird – beispielsweise durch Transmutation lang strahlender minorer Actinoide Neptunium, Americium und Curium, die in Leichtwasserreaktoren bei der Uranspaltung entstehen [38]. Dies gilt auch für den Ausstoß von Abgasen, insbesondere von $CO_2$, dessen Gefährlichkeit sehr viel geringer ist als allgemein angenommen [48].

## Selbstschädigung

Menschen haben sich schon immer durch Missbrauch von Genussmitteln selbst geschadet. Eine Prävention ist nur durch Erziehung und Bildung möglich. Verbote kulturell etablierter Genussmittel haben, mit Ausnahme von harten, nicht etablierten Drogen mit sehr hohem Suchtpotential und hoher akuter und chronischer Toxizität (wie Opiaten, Kokain, Methamphetamin) [32], wo sie dringend erforderlich ist, keine Wirkung im Sinne einer Reduktion der Selbstschädigung [33].

## Machtmissbrauch

Technologie kann sehr effektiv zum Machtmissbrauch eingesetzt werden: zur Überwachung, Steuerung, Indoktrinierung, Konditionierung, Bestrafung und Gewaltausübung bis hin zur Massenvernichtung [35]. Darauf haben Machttheoretiker und Literaten schon früh hingewiesen, beispielsweise Russell [39] und Orwell [34]. Dies ist die mit Abstand größte Gefahr, die Menschen durch Technologie droht. Auch die Exekutive freiheitlich-demokratischer Rechtsstaaten ist stets in Versuchung, Technologie zu Machtzwecken zu missbrauchen. Ein Patentrezept zur Bewältigung des Problems gibt es nicht, am meisten Hoffnung liegt wohl in der Systemkonkurrenz zwischen verschiedenen Staaten.

## Literatur

[1] Günther Anders, *Die Antiquiertheit des Menschen. Über die Seele im Zeitalter der zweiten industriellen Revolution*, München: C. H. Beck, 1956.

[2] Günther Anders, *Die Antiquiertheit des Menschen. Über die Zerstörung des Lebens im Zeitalter der dritten industriellen Revolution*, München: C. H. Beck, 1980.

[3] Dietrich Bonhoeffer, *Schöpfung und Fall. Eine theologische Auslegung von Genesis 1–3*, München, 1958.

[4] Nick Bostrom, *Superintelligence. Paths, Dangers, Strategies*, London: Oxford University Press, 2003.

[5] François Chollet, *Deep learning with Python*, Shelter Island, New York: Manning Publications Company, 2017.

[6] Martin Davis, ‚*The Myth of Hypercomputation*', In: *Alan Turing: Life and Legacy of a Great Thinker*, Hg. von Christof Teuscher, Heidelberg: Springer, 2004, 195–211.

[7] Hubert L. Dreyfus, *What Computers Can't Do: The Limits of Artificial Intelligence*, Cambridge, MA: MIT Press, 1972.

[8] Jacques Ellul, *La Technique: L'Enjeu du si'ecle*, Paris: Economica, 2008.

[9] Arnold Gehlen, *Man: His Nature and Place in the World [1940]*, New York: Columbia University Press, 1988.

[10] Arnold Gehlen, *Moral und Hypermoral*, Frankfurt am Main: Vittorio Klostermann, 2004.

[11] Arnold Gehlen, *Urmensch und Spätkultur*, Frankfurt am Main: Vittorio Klostermann, 2004.

[12] Nicolai Hartmann, *Ethik*, 3. Aufl. Berlin: Walter de Gruyter, 1949.

[13] Martin Heidegger, *Gesamtausgabe Bd. 7: Vorträge und Aufsätze (1936–1953)*, Frankfurt am Main: Vittorio Klostermann, 2000.

[14] Martin Heidegger, *Gesamtausgabe Bd. 96: Überlegungen XII–XV (Schwarze Hefte)*, Frankfurt am Main: Vittorio Klostermann, 2014.

[15] Martin Heidegger, *Gesamtausgabe Bd. 97: Anmerkungen I–IV (Schwarze Hefte)*, Frankfurt am Main: Vittorio Klostermann, 2014.

[16] Peter Heller, *Das Märchen von den Grenzen des Wachstums*, 2017. URL: https://www.tichyseinblick.de/kolumnen/lichtblicke-kolumnen/das- maerchen-von-den-grenzen-des-wachstums/.

[17] Alexander Horn, *Die Zombiewirtschaft*, Frankfurt am Main: Novo Argumente Verlag, 2020.

[18] Roman Ingarden, *Der Streit um die Existenz der Welt*, Tübingen: Niemeyer, 1964.

[19] Hans Jonas, *Das Prinzip Verantwortung*, Frankfurt am Main: Suhrkamp, 1979.

[20] Friedrich Georg Jünger, *Die Perfektion der Technik (1946)*, Frankfurt am Main: Vittorio Klostermann, 2010.

[21] Immanuel Kant, *Kritik der reinen Vernunft (1787)*, Hamburg: Felix Meiner, 1956.

[22] Joachim Köhler, *Verloren im Cyberspace: Auf dem Weg zur posthumanen Gesellschaft*, Leipzig: Evangelische Verlagsanstalt, 2020.

[23] Jobst Landgrebe/Barry Smith, ‚*Making AI Meaningful Again*', in: *Synthese (online first)* (2019), doi: https://doi.org/10.1007/s11229-019-02192-y.

[24] Jobst Landgrebe/Barry Smith, ‚*There is no Artificial General Intelligence*', in: *arXiv* abs/1906.05833 (2019).

[25] Jobst Landgrebe/Barry Smith, *There Will Be No Singularity*, Monographie in Vorbereitung, 2021.

[26] Marshall McLuhan, *Understanding media: The extensions of man*, New York: McGraw Hill, 1964.

[27] Philipp Melanchthon, *Loci Communes*, Leipzig, 1521.

[28] Étienne-Gabriel Morelly, *Code de la nature, ou le véritable esprit de ses loix, de tout tems négligé ou méconnu*, Paris: Le vrai sage, 1755.

[29] Kevin Mulligan, ‚*Modes of Being and the Mind*', in: *Quo Vadis, Metaphysics*, hg. von Miroslaw Szatkowski, 2019, 183–202.

[30] Lewis Mumford, *Pentagon of Power: The Myth of the Machine*, San Diego, CA: Harcourt Brace Jovanovich, 1970.

[31] Ernst Nolte, *Historische Existenz*, München: Piper Verlag, 1998.

[32] David Nutt u. a., ‚*Development of a rational scale to assess the harm of drugs of potential misuse*', in: *Lancet* 369.9566 (2007), 1047–1053.

[33] Daniel Okrent, *Last call: The rise and fall of prohibition*, New York: Simon und Schuster, 2010.

[34] George Orwell, *Nineteen Eighty-Four*, London: Secker & Warburg, 1949.

[35] Heinrich Popitz, *Phänomene der Macht*, Tübingen: Mohr Siebeck, 1992.

[36] Heinrich Popitz, *Soziale Normen*, Frankfurt am Main: Suhrkamp, 1961.

[37] Oliver Razum/Jürgen Breckenkamp, ‚*Kindersterblichkeit und soziale Situation: Ein internationaler Vergleich*', in: *Dtsch Arztebl* 104.43 (2007), 2950–6.

[38] Ortwin Renn, *Partitionierung und Transmutation: Forschung – Entwicklung – Gesellschaftliche Implikationen*, München: Herbert Utz Verlag, 2014.

[39] Bertrand Russell, *Power: A new social analysis*, New York: Routledge, 1938.

[40] Max Scheler, *Der Formalismus in der Ethik und die materiale Wertethik (1916)*, Tübingen: Francke, 1966.

[41] Arpad Sölter, ‚*Heideggers kulturkritische Theorie des gegenwärtigen Zeitalters*', in: Heidegger-Jahrbuch 12: *Jenseits von Polemik und Apologie*, hg. von Alfred Denker/Holger Zaborowski, Freiburg im Breisgau: Alber, 2020.

[42] Arpad Sölter, *Moderne und Kulturkritik. Jürgen Habermas und das Erbe der Kritischen Theorie*, Bonn: Bouvier, 1996.

[43] Manfred Spitzer, *Cyberkrank!: Wie das digitalisierte Leben unsere Gesundheit ruiniert*, München: Droemer, 2015.

[44] Manfred Spitzer, *Digitale Demenz: Wie wir uns und unsere Kinder um den Verstand bringen*, München: Droemer, 2012.

[45] David Stove, *On enlightenment*, New Brunswick, NJ: Transaction Publishers, 2003.

[46] Stefan Thurner/Peter Klimek/Rudolf Hanel, *Introduction to the Theory of Complex Systems*, Oxford: Oxford University Press, 2018.

[47] Stephane Tuery, *Data mining and statistics for decision making*, Oxford: John Wiley & Sons, 2011.

[48] Fritz Vahrenholt/Sebastian Lüning, *Unerwünschte Wahrheiten: Was Sie über den Klimawandel wissen sollten*, München: Langen Müller, 2020.

[49] Joseph Weizenbaum, *Die Macht der Computer und die Ohnmacht der Vernunft*, Frankfurt am Main: Suhrkamp, 1977.

# Anhang

# Personenregister

X



Z

## Die Autoren

**Hanna-Barbara Gerl-Falkovitz**, Jg. 1945, wurde in Oberwappenöst/Oberpfalz geboren. Sie ist eine deutsche Philosophin, Sprach- und Politikwissenschaftlerin. Sie studierte Philosophie, Germanistik und Politische Wissenschaften in München und Heidelberg und wurde im Jahr 1970 zum Dr. phil. promoviert. Im Jahr 1979 habilitierte sie sich über die italienische Renaissancephilosophie. Sie lehrte als Privatdozentin an den Universitäten in München, Bayreuth, Tübingen und Eichstätt und erhielt eine Professur für Philosophie an der Pädagogischen Hochschule Weingarten. Seit 1993 war sie Inhaberin des Lehrstuhls für Religionsphilosophie und vergleichende Religionswissenschaft an der Technischen Universität Dresden. Inzwischen leitet sie das neu gegründete Institut EUPHRat („Europäisches Institut für Philosophie und Religion") an der Philosophisch-Theologischen Hochschule Benedikt XVI. in Heiligenkreuz bei Wien. 2019 wurde sie mit dem Josef-Pieper-Preis ausgezeichnet. Zu ihren zahlreichen Veröffentlichungen zählen *Verzeihung des Unverzeihlichen? Ausflüge in Landschaften der Schuld, der Reue und der Vergebung*, Dresden 2013, und zuletzt *Spielräume. Zwischen Natur, Kultur und Religion: der Mensch*, Dresden 2020.

**Wolfgang Huber**, Jg. 1942, wurde in Straßburg geboren, wuchs im Schwarzwald sowie in Freiburg auf. Er studierte Theologie und war nach theologischem Examen und Promotion in Tübingen Vikar in Reutlingen-Betzingen. Von 1968 bis 1980 war er wissenschaftlicher Mitarbeiter sowie stellvertretender Leiter der Forschungsstätte der Evangelischen Studiengemeinschaft. Nach Professuren in Marburg und Heidelberg war er von 1994 bis 2009 evangelischer Bischof in Berlin und von 2003 bis 2009 Ratsvorsitzender der Evangelischen Kirche in Deutschland. Er nimmt eine Reihe von Ehrenämtern wahr; unter anderem ist er Dechant des Domstifts Brandenburg/Havel sowie Kuratoriumsvorsitzender der Stiftung Garnisonkirche Potsdam. Er erhielt zahlreiche Auszeichnungen und ist mehrfacher Ehrendoktor sowie Honorarprofessor an der Humboldt-Universität zu Berlin sowie an den Universitäten Heidelberg und Stellenbosch (Südafrika). Mehrere Jahre gehörte er dem Deutschen Ethikrat an. Ethische Fragen bilden nach wie vor einen Schwerpunkt seiner Arbeit, seiner Veröffentlichungen und seiner Vorträge. Sein jüngstes Buch ist dem Leben und der Theologie Dietrich Bonhoeffers gewidmet: *Dietrich Bonhoeffer. Auf dem Weg zur Freiheit. Ein Porträt,* München 2019.

**Sebastian Kleinschmidt**, Jg. 1948, wurde in Schwerin geboren. Er ist ein deutscher Essayist und Autor zahlreicher Schriften zur Literatur, Philosophie und Theologie. Von 1970 bis 1971 studierte er Geschichte in Leipzig, von 1972 bis 1974 Philosophie in Berlin, anschließend folgte ein Forschungsstudium der Ästhetik, das er 1978 mit der Promotion zum Dr. phil. abschloss. Von 1978 bis 1983 war er wissenschaftlicher Mitarbeiter am Zentralinstitut für Literaturgeschichte der Akademie der Wissenschaften der DDR, von 1984 bis 1987 Redakteur der von der Akademie der Künste herausgegebenen Zeitschrift „Sinn und Form“, von 1988 bis 1990 stellvertretender Chefredakteur und von 1991 bis 2013 Chefredakteur. Er ist Mitglied des PEN-Zentrums Deutschland. 2018 erschien bei Matthes & Seitz Berlin sein Essayband *Spiegelungen* und 2019 im Verlag Ulrich Keicher in Leonberg *Hans-Georg Gadamer – Philosoph des Gesprächs.*

**Jobst Landgrebe,** Jg. 1970, wurde in Bergisch-Gladbach geboren. Mit seiner Frau Katja hat er fünf Kinder. Er studierte Philosophie, Medizin, Biochemie (Approbation als Arzt und Promotion 1998) und Mathematik. Er ist Unternehmer und Publizist. Bis 2002 war er Assistent für Biochemie und Biomathematik am MPI für Psychiatrie in München und anschließend bis 2006 am DFG Forschungszentrum für Zellbiologie in Göttingen und am Lehrstuhl für Statistik und Biometrie. Von 2006 bis 2013 war er Unternehmensberater. Seit 2013 ist er selbständiger Unternehmer für Künstliche Intelligenz (Cognotekt GmbH). Das von ihm gegründete Unternehmen bietet Lösungen zur Automatisierung von Geschäftsprozessen, in denen Texte relevant sind. Seine Publikationsschwerpunkte sind Künstliche Intelligenz und Wissenschaftstheorie. Zuletzt erschienen: *Making AI meaningful again (2019)* und *There is no general AI* (2020, beide mit Barry Smith), *Gewissheit in der Wissenschaft und Ungewissheit in der Klimaforschung* (2021).

**Klaus Raschzok,** Jg. 1954, wurde in Nürnberg geboren. Er studierte in Erlangen Evangelische Theologie sowie Christliche Archäologie und Kunstgeschichte. 1984 wurde er in Erlangen zum Dr. theol. mit einer Arbeit über den Lutherischen Kirchenbau im Zeitalter des Absolutismus promoviert und habilitierte sich dort 1991 für das Fach Praktische Theologie mit einer Studie zum Verhältnis von Christuserfahrung künstlerischer Existenz. Neben der Tätigkeit als Gemeindepfarrer in Zusmarshausen und als Dekan in Nördlingen lehrte er als Privatdozent an der Theologischen Fakultät der Universität Erlangen-Nürnberg. 1997 wurde er auf den Lehrstuhl für Praktische Theologie an der Theologischen Fakultät der Friedrich-Schiller-Universität Jena als Nachfolger von Prof. Dr. Klaus-Peter Hertzsch berufen und wechselte 2003 an die Augustana-Hochschule Neuendettelsau. Dort hatte er bis zu seiner Emeritierung 2020 den Lehrstuhl für Praktische Theologie inne und war Direktor des von ihm mitgegründeten „Instituts für evangelische Aszetik". Er nimmt gegenwärtig noch einen Lehrauftrag „Protestantische Spiritualität" an der Katholisch-Theologischen Fakultät der Universität Augsburg im dortigen berufsbegleitenden Masterstudiengang „Spirituelle Theologie" wahr. Zu seinen zahlreichen Veröffentlichungen zählen *Predigt als Leseakt. Essays zur homiletischen Theoriebildung,* Leipzig 2014, und *Lutherische Liturgische Identität. Zur Phänomenologie des liturgisch-räumlichen Erlebens,* Leipzig 2020.

**Klaus Scholtissek,** Jg. 1962, in Kelkheim/Taunus geboren, ist Theologe und Diakoniker. Er studierte Theologie in Münster, Freiburg und Würzburg, promovierte und habilitierte im Neuen Testament. Es folgten Lehrtätigkeiten an verschiedenen Hochschulen. Als Studiendekan leitete er mehrere Jahre das Ökumenische Studienjahr in Jerusalem, seit 2008 Geschäftsführer bzw. Vorstand in der Diakoniestiftung Weimar Bad Lobenstein und den mit ihr verbundenen Gesellschaften sowie Mitglied in mehreren Leitungsgremien der diakonischen Verbandsarbeit, seit 2019 zudem außerplanmäßiger Professor für Neues Testament an der Friedrich-Schiller-Universität Jena. Zahlreiche Veröffentlichungen, zuletzt: *Textwelt und Theologie des Johannesevangeliums. Gesammelte Schriften (1996–2020)* (WUNT 452), Tübingen 2021; Klaus Scholtissek/Karl-Wilhelm Niebuhr (Hg.), *Diakonie biblisch. Neutestamentliche Orientierungen* (BThS 188), Göttingen 2021.

**Thomas A. Seidel,** Jg. 1958, Dr. theol., wurde in Neukirchen a. d. Pleiße geboren. Er ist ein deutscher evangelischer Theologe und Historiker. Er war ab 1988 Gemeindepfarrer in Ollendorf (zwischen Erfurt und Weimar), Direktor der Evangelischen Akademie Thüringen von 1996 bis 2005, danach von 2005 bis 2010 Beauftragter der Evangelischen Kirchen bei Landtag und Landesregierung Thüringen, von 2010 bis 2018 Reformationsbeauftragter des Freistaats Thüringen. Seine Dissertation *Im Übergang der Diktaturen. Eine Untersuchung zur kirchlichen Neuordnung in Thüringen (1945–1951)* zur Entnazifizierung der Thüringer evangelischen Kirche ist 2003 in Gütersloh erschienen. Seit 2018 ist er Leiter der Diakonen-Ausbildung im Diakonischen Bildungsinstitut Johannes Falk (dbi) Eisenach/Erfurt, seit 2019 Vorstandsvorsitzender der Internationalen Martin Luther Stiftung. Von 2004 bis 2019 war er Spiritual der Evangelischen Bruderschaft St. Georgs-Orden, seit 2019 ist er deren Großkomtur. Zu seinen jüngeren Veröffentlichungen zählen: *Die Reformationsdekade „Luther 2017" in Thüringen. Dokumentation, Reflexion. Perspektive.* (zusammen mit Annette Seemann und Thomas Wurzel), Leipzig

2018, sowie *Tod, wo ist dein Stachel? Todesfurcht und Lebenslust im Christentum*, GEORGIANA 2 und *Würde oder Willkür. Theologische und philosophische Voraussetzungen des Grundgesetztes*, GEORGIANA 3 (beide zusammen mit Ulrich Schacht), Leipzig 2017 und 2019; *Die Evangelische Kirche in Mitteldeutschland. Schlaglichter der Kirchengeschichte vom frühen Mittelalter bis heute* (mit Axel Noack), Weimar 2021; zuletzt: *Wegmarken und Widerworte. Ulrich Schacht zum 70. Geburtstag*, GEORGIANA 5 (zusammen mit Sebastian Kleinschmidt), Leipzig 2021.

**Friedhelm Wachs**, Jg. 1963, wurde in Berlin geboren. Er ist Unternehmer und Autor und studierte in Berlin (Otto Suhr Institut), Leipzig (HHL Leipzig Graduate School of Management) und Boston (Harvard Business School) Politikwissenschaften und Betriebswirtschaft. Neben einer Vielzahl von internationalen Auszeichnungen gilt er mit einem kleinen Werk über die Ethik des Engagements als meistübersetzter deutscher Autor, übersetzt in über 220 Sprachen. Als Unternehmer ist er unter anderem im Bereich der humanoiden Robotik tätig und Partner von laxwachssebenius.com, einer internationalen Verhandlungsberatungsgesellschaft. Seit 1987 betätigt er sich in China und den USA. In leitender Rolle beschäftigt er sich mit den ethischen Auswirkungen der Digitalisierung, IoT-Projekten und KI unter anderem im Arbeitskreis Evangelischer Unternehmer in Deutschland (AEU), dessen Vorsitzender er ist. Sein ehrenamtliches Interesse umfasst die Bereiche Kirche und Glauben, Bildung sowie Kunst und Design.

# Kleine Geschichte der Evangelischen Bruderschaft St. Georgs-Orden

*Die Restauration der Kirche kommt gewiss aus einer Art neuen Mönchtums, das mit dem alten nur die Kompromisslosigkeit eines Lebens nach der Bergpredigt in der Nachfolge Christi gemeinsam hat. Ich glaube, es ist an der Zeit, hierfür die Menschen zu sammeln.*

(Dietrich Bonhoeffer, aus einem Brief vom 14. Januar 1935)

Die Evangelische Bruderschaft St. Georgs-Orden wurde im Frühjahr 1987 auf der dänischen Ostseeinsel Falster auf einem Hof in Marielyst gegründet. Die Gründungsmitglieder, zu denen neben Ulrich Schacht (der Ordensname lautet, gemäß dem Geburtsort, *Ulrich von Wismar*) der Pfarrer Peter Voss (… von Raben Steinfeld) und Jürgen K. Hultenreich (… von Erfurt) zählen, stammten in der Mehrheit aus der damals noch existierenden zweiten deutschen Diktatur. Sie kannten sich zum Teil aus der Jugendarbeit der Evangelisch-Lutherischen Landeskirche Mecklenburgs, hatten ausnahmslos im Widerstand zu den politischen Verhältnissen des SED-Staats gestanden, waren in unterschiedlicher Weise politischer Verfolgung ausgesetzt gewesen und aus diesem Grunde in den Westen Deutschlands ausgereist oder im Zuge des Freikaufs politischer Häftlinge dorthin gelangt. Zu den Erfahrungen in der Bundesrepublik der 1970er und 1980er Jahre gehörte ein Kirchenalltag vor Ort, der sich in nahezu allen Zeitfragen primär linksliberal bis linksradikal konnotiert äußerte und nicht bereit war, von seinen kritiklos vorgetragenen Sozialismus-Hoffnungen durch vermittelte Erfahrungen mit dem „real existierenden Sozialismus“ abzulassen oder auch nur hinzuhören. Das bewirkte Entfremdungen, die dazu führten, dass sich die Gründungsmitglieder der Bruderschaft entschlossen, sozusagen auf neutralem, in diesem Falle dänisch-lutherischem Boden, christliche Gemeinschaftsformen zu entwickeln und zu praktizieren, die an ihre Erfahrungen in und mit der Kirche in der SED-Diktatur anschlossen. Zugleich nahmen sie ältere Traditionen streitbarer christlicher Gemeinschaft wie dem Deutschen Orden oder der Bekennenden Kirche der NS-Zeit auf.

Mit der Friedlichen Revolution 1989/90, dem Fall der Mauer und dem Zusammenbruch des SED-Staats veränderten sich die Rahmenbedingungen für die Entwicklung der Bruderschaft grundlegend. Bis dahin hatte sie sich nach einem symbolischen Ort in Mecklenburg benannt und als „geistig-geistliche Gemeinschaft ritterlicher Tradition" definiert. Mit Hilfe früherer kirchlicher Verbindungen kehrte sie nun nach (Ost-)Deutschland zurück und nahm Quartier auf einem Pfarrhof in Mecklenburg, dem ein Rüstzeitheim der Jugendarbeit angeschlossen war. Bald darauf trat sie in Verhandlungen mit dem Oberkirchenrat der Evangelisch-Lutherischen Landeskirche Mecklenburgs, um den kirchenrechtlichen und kirchenorganisatorischen Status der Bruderschaft innerhalb der Landeskirche abzusichern. Die Verhandlungen führten im Jahre 1997 zu zweierlei Ergebnissen: Der endgültige Ordensname *Evangelische Bruderschaft St. Georgs-Orden* wurde gefunden, anknüpfend an das Patrozinium einer der Hauptkirchen Wismars, der Heimatstadt des Ordensgründers. Die Anregung dazu hatte der Landesbischof Hermann Beste im Gespräch mit dem Landessuperintendenten Carl-Christian Schmidt und den Mitgliedern der Ordensleitung, Ulrich Schacht, Thomas Dahnert (… von Dresden) und Friedhelm Mäker (… von Wismar), höchstselbst gegeben. Außerdem konnten die Ordensverfassung und die Ordensregeln im brüderlichen Gespräch weiterentwickelt und gebilligt werden. Auf diesem Wege wurden das Selbstverständnis der Bruderschaft und ihr missionarischer Auftrag als biblisch gegründet, bekenntnisgemäß orientiert und als gemeindepraktisch legitim anerkannt. Neue, neugierige Mitglieder, sowohl aus der „alten" Bundesrepublik, aber vor allem auch jüngere Brüder, die ausnahmslos aus den Reihen der DDR-Dissidenten kamen und zu Kritikern einer unkritischen „Kirche im Sozialismus in der DDR" zählten, näherten sich der Bruderschaft an. In diese Phase fielen auch weitere Verhandlungen zu einer festen Übernahme eines mittlerweile vakant gewordenen Pfarrhofes, die aber nicht erfolgreich abgeschlossen werden konnten. In der Folge verließ die Bruderschaft Haus und Gelände und schlug vorübergehend ihr Quartier in Berlin-Mitte auf (*Gedenkbibliothek zu Ehren der Opfer des Kommunismus,* unmittelbar neben der Nikolaikirche), suchte aber zugleich nach einer längerfristigen Alternative für eine konkrete lokale, landeskirchliche Beheimatung.

Nach Kontaktaufnahme mit dem vormaligen Direktor der Evangelischen Akademie Thüringen im Zinzendorfhaus Neudietendorf, Dr. Thomas A. Seidel, entschied sich die Leitung der Bruderschaft zu einem Neustart ihrer Arbeit mit Schwerpunktsetzung im Bereich *intellektueller* Basisarbeit und *geistig-geistlicher* Missionstätigkeit in Thüringen. In diesem Zusammenhang fand vom 26. bis 28. April 2002 das I. *Neudietendorfer Gespräch zur geistigen Situation der Zeit* statt. Das Generalthema lautete: *Gottlos, Wertlos, Sinnlos? Die Krise der materialistischen Gesellschaften des Westens und die Antwort des Christentums.* Die Tagung, eingebettet wie alle weiteren *Neudietendorfer Gespräche* in die regulären Konvente der Bruderschaft, geriet zu einem als Gottesgeschenk dankbar wahrgenommenen, ermutigenden Erfolg.

Zu weiteren Erfahrungen dieser Art gehörte auch das gemeinsam mit der Evangelischen Akademie Thüringen und der Stiftung Aufarbeitung der SED-Diktatur veranstaltete IV. *Neudietendorfer Gespräch* zum Thema: *Man muss Gott mehr gehorchen als den Menschen – Christlicher Widerstand in zwei deutschen Diktaturen,* das vom 7. bis 9. Mai 2004 stattfand und u.a. Gespräche mit Zeitzeugen umfasste, darunter die letzten Überlebenden des Hitler-Attentats vom 20. Juli 1944, Freiherr Philipp von Böselager sowie Franz von Hammerstein, Theologe und Mitbegründer der *Aktion Sühnezeichen,* der nach dem 20. Juli als Mitglied einer unter Verdacht der Beteiligung am Staatsstreichversuch stehenden Familie in Sippenhaft geriet. Zu den bleibenden Ergebnissen gehört eine gemeinsame Publikation der wichtigsten Beiträge dieser und einer zeitgleichen, thematisch ähnlich angelegten Tagung der Universität Jena in einem Sammelband des angesehenen Verlagshauses Vandenhoeck & Ruprecht, der 2005 unter dem Titel *Gott mehr gehorchen als den Menschen – Christliche Wurzeln, Zeitgeschichte und Gegenwart des Widerstands* veröffentlicht wurde.

Vom 25. bis 28. Mai 2006 konnte zum VII. *Neudietendorfer Gespräch* eingeladen werden. Aus Anlass des 100. Geburtstages von Dietrich Bonhoeffer beschäftigte es sich mit der „Ethik" des 1945 von den Nationalsozialisten hingerichteten christlichen Widerstandskämpfers und ihrer Relevanz für das 21. Jahrhundert. Am Abend zuvor fand in der Erfurter Predigerkirche ein durch umfangreiches Sponsoring ermöglichtes Gedenkkonzert für Dietrich Bonhoeffer statt. Unter Leitung von Prof. George Alexander Albrecht brachten die Weimarer Staatskapelle und der mdr-Rundfunkchor das „Deutsche Requiem" von Johannes Brahms in der vormaligen Wirkungsstätte des großen deutschen Mystikers Meister Eckhart zu einer einzigartigen Aufführung.

Seit Herbst 2006 lädt nun die Bruderschaft ihre Mitglieder zu den Klausurkonventen und darüber hinaus weitere wache und interessierte Zeitgenossen zu den öffentlichen Tagungen in das Evangelische Augustinerkloster nach Erfurt, in Luthers Kloster, ein. Die *Neudietendorfer Gespräche* werden seitdem als *Erfurter Gespräche zur geistigen Situation der Zeit* fortgeführt. So fand beispielsweise vom 16. bis 18. November 2007 das VIII. *Erfurter Gespräch* statt zum Thema *Protestantismus. Quellen und Horizonte einer christlichen Konfession* mit bekannten Theologen, Philosophen, Politikern und Journalisten, darunter Landesbischof Prof. Dr. Christoph Kähler, Landtagspräsidentin Prof. Dr. Dagmar Schipanski und Dr. Michael J. Inacker, dem Vorsitzenden der Internationalen Martin Luther Stiftung, die in den Mauern des Augustinerklosters seit 2007 ihre Geschäftsstelle hat.

Eine große, grundlegend ökumenisch angelegte Tagung organisierte die Bruderschaft vom 26. bis zum 28. September 2008.

Unter der Überschrift *Gottesmutter und Seelenbraut. Evangelische Annäherungen an Maria* unternahm dieser erneut sehr gut besuchte XXXIV. Konvent im Erfurter Augustinerkloster eine protestantische Positionsbestimmung und Wiederannäherung an jene, die weltweite Christenheit verbindende Credo-Aussage „geboren von der Jungfrau Maria". Die Sammlung der Beiträge dieser Tagung – ergänzt um weitere, inhaltlich dazu passende, um einen Reigen eindrucksvoller fotografischer Marien-Darstellungen und um den Nachdruck von Martin Luthers Magnificat-Auslegung von 1521 – markiert (nach einer sporadischen Verlags-Kooperation mit dem Sammelband „*Gottlose Jahre? Rückblicke auf die Kirche im Sozialismus der DDR*" von 2002) den Beginn einer intensiven Zusammenarbeit der Bruderschaft mit der Evangelischen Verlagsanstalt GmbH Leipzig unter der Federführung der Verlagschefin Annette Weidhas. 2011 wurde diese Frucht gemeinsamer geistig-geistlicher Arbeit im Weinberg des Herrn, dem ökumenischen Anliegen entsprechend, mit dem Bonifatius Verlag, Paderborn, unter dem Titel *Maria. Evangelisch* publiziert. 2014 schloss sich eine zweite, korrigierte Auflage an.

Zwanzig Jahre nach der friedlichen Revolution und der Wende organisierten vom 18. bis 20. September 2009 die Bruderschaft und der ihr angeschlossene Bonhoeffer-Haus e. V. gemeinsam mit der Konrad-Adenauer-Stiftung und der Landesbeauftragten für die Unterlagen des Ministeriums für Staatssicherheit der ehemaligen DDR, Hildigund Neubert, eine Tagung unter der Überschrift *Geist und Revolution. Geschichtstheologische Fragen an die Umbrüche 1789 und 1989*. Die Erträge dieser Tagung sowie die des XLVI. Konventes, der unter dem Generalthema *Realitätsfinsternis. Reformation – Utopie – Politik* am 16. und 17. November 2014 in Erfurt stattfand, bilden nun die Grundlage für die neue Schriftenreihe GEORGIANA. *Neue theologische Perspektiven,* deren erster Band 2015 unter dem Titel *... wenn Gott Geschichte macht! 1989 contra 1789* bei der Evangelischen Verlagsanstalt Leipzig veröffentlicht wurde. Der mittlerweile 2017 vorgelegte zweite Band schließt als GEORGIANA 2 inhaltlich an das X. „Erfurter Gespräch" (vom 12. bis 14. November 2010) an und somit an das Tagungsthema: *Tod, wo ist dein Stachel? Todesfurcht und Lebenslust im Christentum.*

In einer Situation der Anfechtung und des Konfliktes innerhalb der Bruderschaft zu Beginn des Jahres 2012 wurde ihr dreierlei hilfreich vor Augen gestellt, was zwar in der Ordensregel und in der Ordensverfassung angelegt ist, aber bislang noch nicht in die tägliche Praxis überführt worden war: 1. Die bewusste Besinnung auf die „Gaben", den Geschenkcharakter dieser kleinen geistlichen Gemeinschaft. 2. Die mit dem Motto aus dem Petrus-Brief „Dienet einander …" verbundene, intensive Frage nach den „Gaben und Aufgaben", die die einzelnen Brüder in und für die Bruderschaft und für die Kirche und die Welt mitbringen. Und 3. Das in kleineren Einheiten organisierte bruderschaftliche Gespräch, das in den drei im zeitigen Frühjahr einberufenen *Regionalkonventen* im Norden (Hamburg), in der Mitte (Berlin) und im Süden (Erfurt) Deutschlands seither rege gepflegt wird. Diese Regionalkonvente treten nun, ca. einnmal pro Quartal, zu den drei (internen bzw. öffentlichen) Jahreskonventen und tragen zu einer Vitalisierung des geistlich-kommunitären Lebens bei. Am Ende dieses Jahres 2012, fünfundzwanzig Jahre nach der Gründung, blickte die Bruderschaft dankbar und hoffnungsfroh auf ihre evangelisch-lutherische Weggemeinschaft zurück. Der XLII. Jubiläumskonvent vom 16. bis 18. November 2012 thematisierte im Evangelischen Augustinerkloster zu Erfurt die selbstgewählte Aufgabe des Ordens: *Vom Sinn des gemeinschaftlichen Lebens. Tradition – Symbolik – Auftrag.* Die Eröffnungsrede hielt der Rektor der Friedrich-Schiller-Universität Jena, Prof. Dr. Klaus Dicke, den Hauptvortrag, unter der Überschrift *Mit Ernst Christ sein: Luther, Bonhoeffer, Stählin. Zur Bedeutung geistlicher Gemeinschaften heute,* Thomas A. Seidel (… von Neukirchen). Die Ergebnisse dieser Tagung wurden – ergänzt um weitere für das Selbstverständnis und den Auftrag der Bruderschaft relevante Aufsätze und ganz persönliche Zeugnisse von Georgsbrüdern und Ordensdokumente – unter der Überschrift *Dienet einander … Die Evangelische Bruderschaft St. Georgs-Orden* in einer reich bebilderten Jubiläumsbroschüre gebündelt und 2014 im Eigenverlag veröffentlicht.

Diese weitgehend positiven Erfahrungen, zu denen sowohl die konstruktiven Gespräche mit Christoph Kähler in seiner Amtszeit als Bischof der Evangelisch-Lutherischen Kirche in Thüringen als auch finanzielle Zuschüsse zu offenen Konventen der Bruderschaft durch den Landeskirchenrat gehören, führten dazu, dass sich die Ordensleitung und das Ordenskapitel entschlossen, den Freistaat Thüringen, die mitteldeutschen Lutherländer und die seit 2009 gebildete Evangelische Kirche in Mitteldeutschland (EKM) als kirchenorganisatorische und landsmannschaftliche Ausgangsbasis für die öffentliche wie interne Tätigkeit der Bruderschaft in Zukunft dauerhaft zu nutzen. Zu dieser Perspektive gehörte die feste Absicht, die weitere Arbeit der Bruderschaft von einem festen Haus aus mit Geschwistern vor Ort intensiv zu betreiben.

Das Anknüpfen der Bruderschaft an die trikonfessionelle Tradition des Deutschen Ordens sowie ihr konsequenter Bezug auf Theologie, Persönlichkeit und Folgewirkungen Martin Luthers sowie Dietrich Bonhoeffers geben den Mitgliedern der Bruderschaft zusätzliche spirituelle Gründe und Anregungen, ihre Anwesenheit in Thüringen, dem Land, in dem der Deutsche Orden schon früh eine starke kirchliche und diakonische Stellung innehatte und wo die lutherische Reformation sich rasch und nachhaltig etablieren konnte, nicht einfach als Zufall, sondern durchaus als göttliche Fügung und wundersame Führung anzusehen.

Ende 2010 ergab es sich, dass die Etappe der „Heimatsuche" abgeschlossen zu sein schien, indem die Bruderschaft ihren festen Sitz in der *Erfurter Georgenburse* (Luthers Studentenquartier 1501–1505), unweit der weltweit bekannten Lutherstätte Augustinerkloster (1505–1511) und der Elisabeth-Kapelle im Nikolaiturm (vormalig zur Deutschordenskomturei Erfurt gehörig) nehmen konnte. Dort verwaltete sie in Kooperation mit dem

Augustinerkloster und im Auftrag eines Trägervereins, zu dem auch der Bonhoeffer-Haus e.V. gehört, eine ökumenische Pilgerherberge sowie die öffentliche Nutzung der in der Georgenburse errichteten kleinen musealen Präsentation „Studienort der Lutherzeit". Seit 2011 zählt zu dieser Praxis, die Gaben und Aufgaben der Bruderschaft mit Blick auf die eigenen „theologischen Mentoren" Luther und Bonhoeffer in die Auseinandersetzungen der Zeit und der Gemeinden vor Ort einzubringen, der *Bonhoeffer-Studienkreis,* der seitdem drei bis vier Mal pro Jahr in Erfurt stattfindet. Aus finanziellen Gründen konnte die Nutzung der Georgenburse leider nicht fortgeführt werden. Gemeinsam entschied der Trägerkreis 2018, das Haus zu verkaufen. Noch im gleichen Jahr bezog die Bruderschaft auf Anregung des Kurators des Augustinerklosters, Carsten Fromm, ein „Ordensbüro" im „Haus der Versöhnung" (dem Neubau der vormaligen Klosterbibliothek).

Die *praxis pietatis* – das regelmäßige, tägliche geistliche Leben der Brüder in der Bruderschaft – erhielt unter Leitung des Ordensspirituals (seit 2004) Pfarrer Thomas A. Seidel weitere Impulse. Dazu zählt die tägliche Lesung der Herrnhuter Losung, das abendliche Bruderschaftsgebet und die Meditation des *Stundenbuchs* des Ordens, das 2013 – versehen mit Bildern des Ersten Landkomturs Jürgen K. Hultenreich – herausgegeben wurde. Der Ordensspiritual bildet das orden(t)lich und kirchlich legitimierte Bindeglied zwischen der Bruderschaft und der Landeskirche.

Die Bruderschaft besteht aus Mitgliedern in abgestuften Bindungsgraden (Orden, Ordensschild) und einem breiten Freundeskreis (Gastbrüder), der deutschlandweit wohnhaft ist. Seit dem 20. Dezember 2010 ist die Bruderschaft in die Liste der geistlichen Gemeinschaften und Kommunitäten der Evangelischen Kirche in Deutschland (EKD) aufgenommen. Die Approbation der *Evangelischen Bruderschaft St. Georgs-Orden* als anerkannte geistliche Gemeinschaft der Evangelischen Kirche in Mitteldeutschland (EKM) wurde durch den Landeskirchenrat am 7. Dezember 2013 beschlossen.

Eine weitere Erfahrung guter, ertragreicher Zusammenarbeit mit der Konrad-Adenauer-Stiftung war der Offene (L.) Konvent vom 14. bis 16. Oktober 2016 unter dem Thema: *Würde und Willkür. Theologische und philosophische Voraussetzungen des Grundgesetzes.* Der textliche Ertrag dieser Tagung, an der u. a. Prof. Dr. Wilfried Härle, Prof. Dr. Heinrich Oberreuter und Dr. Nino Galetti mitwirkten, bildete – erweitert um Beiträge von Thibaut de Champris, Prof. Dr. Dr. Udo Di Fabio, Dr. Dr. Benjamin Hasselhorn, Dr. Alexander Kyrleschlew, Dr. Friedemann Richert, Ulrich Schacht und Dr. Thomas A. Seidel – die Grundlage für die Veröffentlichung von GEORGIANA 3.

Im unmittelbaren Vorfeld zu dieser Tagung fand eine Sonderveranstaltung in der Reihe des *Bonhoeffer-Studienkreises* statt. Dabei diskutierten am historischen Ort, im Kapitelsaal des Augustinerklosters, wo sich fünf Jahre zuvor, am 23. September 2011, die Delegationen von EKD und katholischer Bischofskonferenz mit dem deutschen Papst Benedikt XVI. getroffen hatten, der Propst von Halle-Wittenberg, Dr. Johann Schneider, die katholische Systematikerin Prof. Dr. Johanna Rahner und der Leiter der Bruderschaft Ulrich Schacht zum Thema und zur Frage: *Der Papst und Martin Luther heute. Ökumenische Impulse von Benedikt XVI.?* Der Band 3 der GEORGIANA-Reihe erschien 2019 unter dem Titel *Würde oder Willkür. Theologische und philosophische Voraussetzungen des Grundgesetzes.*

Ein besonderes, die Bruderschaft beglückendes Erlebnis bildete im 30. Jahr ihres Bestehens die kurzzeitige Rückkehr auf dänisch-lutherischen Boden. Vom 9. bis 12. Juni 2017 konnten die Brüder gemeinsam mit dänischen Pfarrerinnen und Pfarrern einen Festkonvent in den eindrucksvollen Räumlichkeiten in Kloster Løgum gestalten und genießen. Prof. Dr. Eberhard Harbsmeier – vormaliger, langjähriger Direktor des Predigerseminars, das in diesem ehemaligen Zisterzienserinnenkloster untergebracht ist – sorgte gemeinsam mit dem Ordensspiritual und dem Kopenhagener Propst Mikkel Wold maßgeblich für ein überaus geist- und erlebnisreiches Wochenende. Das Vokalensemble des Løgumklosters führte während des klangvollen Konzerts am 10. Juni in der Klosterkirche (darunter auch das „Ave Maria") „Three sacred peaces" des amerikanischen und 2013 in Bayern verstorbenen Komponisten Gordon Sherwood auf, zu dem Ordensmarschall Heiner Sylvester (… von Saalfeld) bereits 1996 eine eindrucksvolle Filmdokumentation unter dem Titel *Der Bettler von Paris* gedreht hatte. Die Tage in Dänemark standen unter der Überschrift: … *und üben gute Ritterschaft. Bernhard von Clairvaux und Martin Luther – ein theologischer Dialog und seine aktuellen Konsequenzen.*

Das Jahr 2018 brachte mit dem plötzlichen Tod des Ordensgründers und Großkomturs große Trauer und Leid über die Brüder und den Freundeskreis des Ordens. Am 16. September ist Ulrich Schacht, friedlich lächelnd im Sessel sitzend, in seinem traumhaften roten Schwedenhaus oberhalb von Förslöv in Skåne, mit dem weiten Blick aufs Meer, dorthin gegangen, von wo wir alle kommen. Am 10. Oktober 2018 fand in der Hamburger St.-Gertrud-Kirche die Trauerfeier statt, an die sich ein schmerzvolles und (gewiss im Sinne des Verstorbenen) mitunter auch recht heiteres Zusammensein mit Familie, Freunden und Weggefährten im Hamburger Literaturhaus am Schwanenwik anschloss. Er wurde in seiner schwedischen Wahlheimat, unweit von Förslöv, auf dem Friedhof der Marienkirche von Båstad beigesetzt.

Im (internen) Frühjahrskonvent vom 26. bis 28. April 2019 wählte die Bruderschaft in geheimer Wahl ihren bisherigen Spiritual Thomas A. Seidel (der bereits im Frühjahrskonvent am 16. April 2016 unter Mitwirkung des Leiters der Michaelsbruderschaft Frank Lilie als *Landkomtur Br. Thomas von Neukirchen* in die Bruderschaft aufgenommen worden war) zum neuen Großkomtur. Am 27. April 2019 erfolgte im Konventsgottesdienst der Bruderschaft in der Augustinerkirche seine Investitur und Einsegnung. Bei der feierlichen Einführung in sein Amt wurde ihm von der Ordensleitung das Ordenskreuz seines Vorgängers Bruder Ulrich, selig, um den Hals gelegt und – neben der Ordensregel und der Ordensverfassung – auch das Ordensschwert überreicht. Damit obliegt ihm nun die Leitung der Evangelischen Bruderschaft St. Georgs-Orden, die unter dem Segen des dreieinigen Gottes stehen möge, getreu dem Leitwort aus der Heiligen Schrift: *Dienet einander; ein jeder mit der Gabe, die er empfangen hat, als die guten Haushalter der mancherlei Gnade Gottes* (*1. Petrusbrief* 4,10).

Während des Klausurkonvents vom 1. bis 3. November 2019, der unter der Überschrift *Feuerzeichen* die Viten und (zeichenhaften) Selbstverbrennungen von Oskar Brüsewitz (1929–1976), Roland Weißelberg (1933–2006) und Jan Palach (1948–1969) untersuchte und diskutierte, wurde Pfarrer Christian Dietrich (… von Jena) zum *Spiritual* der Bruderschaft gewählt. Im Anschluss an einen intensiven Austausch zur Aufgabe und zum Wirken des Ordens in der EKM mit Landesbischof Friedrich Kramer (am 30. Januar 2020) wurde Christian Dietrich am 20. März 2020 durch Beschluss des Landeskirchenrats der EKM in seinem Amt bestätigt. Seine festliche Einführung mit der Überreichung des Spiritualkreuzes und dem Anlegen der Ordensstola erfolgte im Gottesdienst des Offenen Konventes am 10. Oktober 2020.

Dieser, unter „Corona-Bedingungen", d. h. mit einer begrenzten Teilnehmerzahl organisierte Offene (LIX.) Konvent fand vom 6. bis 11. Oktober 2020 unter der Überschrift *Im Anfang war das Wort. Sprachgewalt in Kirche, Kultur und Politik* wiederum im Augustinerkloster statt. Die Beiträge der Tagung u. a. von Philipp Gessler, Jobst Landgrebe, Klaus-Rüdiger Mai, Christoph Meyns, Michael Daishiro Nakajima, Senthuran Varatharajah, Annette Weidhas und Harald Seubert werden 2022 als GEORGIANA-Band 7 veröffentlicht.

Als besonderes „Geburtstagsgeschenk" erschien anlässlich des 70. Geburtstages von Ulrich Schacht (am 9. März 2021) der Band 5 der GEORGIANA unter dem Titel *Wegmarken und Widerworte*. Der somit vorliegende literarische Gruß hätte unseren Bruder Ulrich von Wismar, selig, ganz gewiss erfreut. Er kann nun von den Georgsbrüdern und von der interessierten Öffentlichkeit in Kirche und Gesellschaft mit Neugier und, so hoffen wir, mit Gewinn gelesen werden.

Der lange (noch mit Ulrich Schacht) geplante LIV. Konvent fand mit freundlicher Unterstützung durch die EKM vom 26. bis 28. Oktober 2018 unter dem Generalthema *Coram Deo versus Homo Deus. Christliche Humanität statt Selbstvergottung* im Augustinerkloster statt. In diesen Konvent eingebunden war ein feierlicher Gedenkgottesdienst für den verstorbenen Großkomtur am 27. Oktober in der von ihm geliebten Klosterkirche. Die Erträge aus dieser Tagung legen wir hiermit als GEORGIANA-Band 6 vor. Thomas A. Seidel konnte in Abstimmung mit der Ordensleitung den renommierten Publizisten, Schriftsteller und langjährigen Freund der Bruderschaft, Dr. Sebastian Kleinschmidt, als künftigen Mitherausgeber gewinnen.

Kontakt und weitere Informationen:
Dr. Thomas A. Seidel, Großkomtur (Leiter)
der Evangelischen Bruderschaft St. Georgs-Orden (StGO)
& Vorstandsvorsitzender des Bonhoeffer-Haus e.V.
im Evangelischen Augustinerkloster Erfurt
Augustinerstraße 10, 99084 Erfurt

bonhoefferhaus@t-online.de
www.georgsbruderschaft.de